Richard Boeckh

Die geschichtliche Entwicklung der amtlichen Statistik des preussischen Staates

Richard Boeckh

Die geschichtliche Entwicklung der amtlichen Statistik des preussischen Staates

ISBN/EAN: 9783743363458

Hergestellt in Europa, USA, Kanada, Australien, Japan

Cover: Foto ©ninafisch / pixelio.de

Manufactured and distributed by brebook publishing software
(www.brebook.com)

Richard Boeckh

Die geschichtliche Entwicklung der amtlichen Statistik des preussischen Staates

DIE GESCHICHTLICHE ENTWICKELUNG DER AMTLICHEN STATISTIK DES PREUSSISCHEN STAATES.

IM AUFTRAGE

DES

DIRECTORS DES KÖNIGLICHEN STATISTISCHEN BUREAUS

HERRN Dr. ENGEL

DARGESTELLT

VON

RICHARD BOECKH.

EINE FESTGABE FÜR DEN INTERNATIONALEN STATISTISCHEN CONGRESS IN BERLIN.

BERLIN.
KÖNIGLICHE GEHEIME OBER-HOFBUCHDRUCKEREI
(R. DECKER).
1863.

INHALTSVERZEICHNISS.

DIE

GESCHICHTLICHE ENTWICKELUNG

DER

AMTLICHEN STATISTIK DES PREUSSISCHEN STAATES.

Einleitung.

Bezugnahme auf die vorhandenen Arbeiten.

Als im October 1860 die Zeitschrift des königlich preussischen statistischen Bureaus ins Leben gerufen wurde, zu dem ausgesprochenen Zwecke, dass dieses amtliche Organ der statistischen Centralstelle des preussischen Staates den Leistungen der officiellen Statistik die möglichste Verbreitung geben sollte, damit die volle Oeffentlichkeit derselben ebensowohl nach aussen hin belebend und befruchtend wirke, als von aussen her ihren bessernden und fördernden Einfluss auf die amtliche Statistik selbst übe, erschien es als eine der ersten Aufgaben, die wichtigsten Data aus der Geschichte des Bureaus selbst der Oeffentlichkeit zu übergeben. Hierzu lag noch ein besonderer Anlass vor: der October 1860 bezeichnete den Ablauf einer funfzigjährigen Periode seit dem denkwürdigsten Ereigniss der preussischen amtlichen Statistik der Ernennung J. G. Hoffmanns zum Director des statistischen Bureaus. So wurde als eine »Erinnerungsfeier« in der ersten Nummer der Zeitschrift eine Reihe von Actenstücken mitgetheilt, welche sich auf die Thatsachen bezogen, welche Hoffmanns Ernennung vorangingen, nämlich fünf Cabinets-Ordres in Betreff der Errichtung des statistischen Bureaus unter der obersten Leitung des Ministers Freiherrn von Stein aus dem Jahre 1805, ferner Hoffmanns Organisationsplan für das statistische Bureau vom Jahre 1809, vier Ministerialrescripte in Betreff der Anstellungs- und Besoldungsverhältnisse der Beamten des Bureaus von demselben und dem folgenden Jahre, die Cabinetsordre vom 4. October 1810, durch welche Hoffmanns Ernennung erfolgte, und dessen Bericht vom 21sten desselben Monats, auf Grund dessen die Kriegsräthe Krug und Engelhardt bei dem Bureau angestellt wurden.

Bereits früher war der allgemeine Entwickelungsgang der amtlichen Statistik von 1805 ab in einem Aufsatze bezeichnet worden, den der Director W. Dieterici in der achten Nummer der Mittheilungen des statistischen Bureaus, Jahrgang 1851, veröffentlicht hatte: Ueber den Begriff der Statistik, deren Bedeutung für die Wissenschaft und die praktische Anwendung auf das Leben mit besonderer Beziehung auf den preussischen Staat etc. Es waren hier die Ressortverhältnisse und die Thätigkeit des Bureaus besprochen unter Bezugnahme auf die in Anwendung befindlichen Tabellen und auf die statistischen Publicationen des Bureaus.

Von den neuesten Entwickelungsmomenten, welche in der amtlichen Statistik dieses Staates, während der Leitung derselben durch den zeitigen Director eingetreten sind, ist ein ausgedehnter Leserkreis durch die Zeitschrift des Bureaus vollständig unterrichtet worden, so namentlich durch die Artikel in Nummer 8 (Seite 231 ff.) des ersten Jahrganges: die königlich preussische Centralcommission für Statistik, und in Nummer 7, 8 des zweiten Jahrganges (Seite 161 ff.) über die neuesten Fortschritte in der Organisation der amtlichen Statistik in Preussen.

Anlass zu dieser Arbeit.

Wenn nach diesen Aufsätzen und nachdem die Arbeiten der Directoren des Bureaus selbst in zahlreichen namhaften Werken veröffentlicht worden, die Geschichte der preussischen Statistik nicht mehr als unbekannt vorausgesetzt werden kann, so liegt doch gegenwärtig eine neue Veranlassung vor, auf diesen Gegenstand weiter einzugehen; sie wird durch die Feier dieses Jahres geboten, welche der preussischen statistischen Centralstelle den ehrenden Besuch der Statistiker aus den verschiedenen Staaten in Aussicht stellt. Es muss hier unser Wunsch sein, durch eine gedrängte Zusammenstellung Dessen, was in der preussischen amtlichen Statistik geleistet worden ist, Denjenigen, welche neben den Zwecken allgemeiner Art, auch das Interesse an der preussischen Statistik selbst hierherführt, die Kenntnissnahme derselben zu erleichtern. Dass die bedeutenderen Leistungen derselben, namentlich aus der neueren Zeit, bekannt sind, dürfte eine systematische Zusammenstellung um so weniger entbehrlich machen, als man in der Statistik, deren eigentliches Aufblühen dieser Zeit angehört, nur zu leicht versucht ist, anzunehmen, dass, soweit nichts mitgetheilt ist, auch nichts vorhanden sei.

Benutzte Quellen.

Allerdings muss insofern dieser Aufsatz die Nachsicht der Leser in Anspruch nehmen, als eine wirklich vollständige Uebersicht auch hier noch nicht gewährt werden kann, sondern nur eine Uebersicht Dessen, was aus den Sammlungen des statistischen Bureaus, so wie dieselben zur Zeit liegen, entnommen werden konnte. Unzweifelhaft würde eine sorgfältige Durchsicht anderer archivalischer Quellen noch manches zur Vervollständigung beitragen können, und das nicht nur für die älteste, sondern auch für unsere Zeit. So lange nicht eine vollständige organische Gliederung der amtlichen Statistik durchgeführt ist, und diese ist gegenwärtig im Werke, aber noch keineswegs nach allen Richtungen hin vollzogen, ist es schwer, einen bestimmten Kreis von Aufnahmen und Bearbeitungen als den der amtlichen Statistik zu bezeichnen. Noch schwieriger ist dies allerdings, wenn es sich um die Darstellung einer Zeit handelt, in welcher statistische Behörden überhaupt noch nicht vorhanden waren; denn es finden zwar in jedem Staate für die Zwecke der Verwaltung tabellarische Aufnahmen statt, welche in grösserem oder geringerem Grade statistisches Interesse darbieten; zu den statistischen Aufnahmen aber würden dieselben erst dann zu rechnen sein, wenn bei ihrer Anordnung statistische Gesichtspunkte wirksam sind. Für die Zeit vor dem Regierungsantritt Friedrich Wilhelms III. mit Sicherheit bestimmen zu wollen, inwieweit dies der Fall war, würde eine genauere Kenntniss des statistischen Materials aus jener Zeit voraussetzen, als sie bei aller Reichhaltigkeit der aus derselben vorhandenen Ueberreste schon jetzt gewonnen werden kann.

I. Vorgeschichte.

1. Die ersten statistischen Aufnahmen.

Populationslisten (Geburten, Trauungen, Sterbefälle).

Mit Sicherheit können diejenigen Aufnahmen als statistische bezeichnet werden, welche der grosse Kurfürst Friedrich Wilhelm in Betreff der Entwickelung der Bevölkerung veranlasste. »Am 5. Januar 1683«, meldet Büsching, »unterschrieb der Kurfürst Friedrich Wilhelm den Befehl an das kurmärkische Consistorium, dass es ihm von dem folgenden Jahre an ein Verzeichniss schicken solle, wieviel Personen im verwichenen Jahre in den vier Residenzstädten Berlin, Cöln, Friedrichswerder und Dorotheenstadt gestorben, verheirathet und geboren wären. Wenn es wahr ist, dass 1682 die Pest in denselben gewesen, so kann dieses den grossen Kurfürsten veranlasst haben, solche Nachricht zu fordern. Er mag aber zu dieser Untersuchung gehabt haben, welche Ursache er wolle, so war sie seiner würdig und dem gemeinen Wesen nützlich. Der Kurfürst ging weiter und verlangte in einem vom 8. Januar 1685 auch eigenhändig unterschriebenen Befehl und dessen Nachschrift, dergleichen Verzeichnisse aus dem Jahre 1684 aus allen Städten und Flecken der Kurmark zu haben; es sollte auch künftig, ohne neuen Befehl zu erwarten, jährlich gemacht und gedruckt werden. Das Consistorium liess sich von den Kircheninspectoren alles berichten und hierauf zum erstenmal ein nachrichtliches Verzeichniss drucken, wieviel in den Städten der Altmark, Mittelmark und Ukermark im Jahre 1684 getauft, vertraut und gestorben sind.« Da Brüggemann in seinen pommerschen Beiträgen beider Anordnungen gleichfalls gedenkt, da ferner nach den Acten des statistischen Bureaus die Nachrichten über die Zahl der Geborenen, Getrauten, Gestorbenen im Herzogthum Preussen ebenfalls mit dem Jahre 1684 beginnen, und da Weddigen in seinem Werke über die Grafschaft Ravensberg die betreffenden Zahlen für 1685 mittheilt, so ist anzunehmen, dass die Einrichtung dieser Aufnahmen zu gleicher Zeit in allen Theilen des brandenburgisch-preussischen Staates erfolgt ist; die erste Zusammenstellung der Geburten, Trauungen und Sterbefälle in allen Ländern des Kurhauses Brandenburg hat nach Büsching im Jahre 1693 stattgefunden.

Historische Tabelle (Einwohner, Gebäude, Communalverhältnisse etc.).

Als das Anfangsjahr der Aufnahmen über den Stand der Bevölkerung der brandenburgisch-preussischen Länder kann mit ziemlicher Bestimmtheit das Jahr 1719 bezeichnet werden. Schon vorher finden sich Angaben über die Zahl der Feuerstellen (z. in Büschings Magazin für 1646 u. s. w.), und über die Zahl der bäuerlichen Wirthe und anderer bestimmter Bevölkerungsclassen (aus dem 16ten und 17ten Jahrhundert), aber noch die Aufnahmen von 1716 beschränken sich auf die Zahl der Wirthe, d. h. der Hausväter. Für 1719 wird bei Bratring zuerst die ganze Civilbevölkerung der kurmärkischen Städte (Wirthe, Kinder, Gesinde) angegeben, mit demselben Jahre beginnen die Angaben über die Zahl der Häuser und die Bedachung derselben, sowie über die Einnahmen, Ausgaben und Bestände der städtischen Gemeindecassen in der Kurmark; kurz, es ist hier der Anfang derjenigen Aufnahmen, welche die historische Tabelle vom Zustande der Städte bildeten. In Betreff der Aufnahmen auf dem platten Lande sagt Borgstede (S. 375): Die ersten Spuren wirklicher Volkszählung in der Kurmark finde ich in den Jahren 1720 bis 1728; in einer Vorstellung vom 3. März 1723 beschweren sich die kurmärkischen Landräthe, dass sie die Tabelle von der Zahl aller Einwohner, vom Hufenstand und vom Beitrage zu den öffentlichen Lasten nach dem angefertigten Schema jährlich zweimal einsenden sollten; sie führen dabei an, dass sie bei genauer Aufzeichnung der Zahl der Einwohner eine besondere Furcht, Misstrauen und Argwohn wahrgenommen, dass die mehresten sich dabei gefährliche Dessins einbildeten, sich viele gar retirirt hätten oder sonst in undienlicher Verfassung begriffen sein möchten u. s. w. Hierauf wurde vom General-Directorium genehmigt, dass die Tabelle vom platten Lande nur von 3 zu 3 Jahren eingesendet werden solle. Auch diese Aufnahmen beschränkten sich nicht auf die Kurmark; schon für 1722 sind sie von Cleve und Moers bekannt und zwar nicht nur für die Städte, sondern auch für das platte Land. Für die Städte trat bereits 1724 dadurch eine Erweiterung ein, als die sogenannte General-Bautabelle, die Zahl der neugebauten und die der reparirten Häuser enthaltend, aufgestellt werden sollte, die betreffende Verfügung findet sich in der für Ostpreussen bei einem Bericht der dortigen Kammer. Im Jahre 1725 wurde, wie Borgstede angiebt, ein neues detaillirtes Schema für die Tabelle vom platten Lande gegeben, welche bis dahin nur wenige Classen der ländlichen Wirthe unterschieden hätte; auf diese Verfügung bezieht sich Brüggemann in Betreff der Aufnahmen für das platte Land des Herzogthums Pommern. Die Tabelle vom Zustand der Städte wurde (nach einer aus den königsberger Kammeracten ersichtlichen Verfügung des General-Directoriums) im Jahre 1730 umgestaltet.

Die historische Tabelle vom Zustand der Städte enthielt nach Borgstede von 1730 ab folgende Angaben: Die Bevölkerungszahl in neun Rubriken (Wirthe männlich, weiblich, Kinder männlich, weiblich, Gesinde, nämlich Gesellen, Knechte und Diener, Jungen, Mägde), — die Zahl der Häuser (mit Ziegeldach, mit Strohdach), Scheunen, wüste Stellen, — neugebaute Häuser, reparirte Häuser, Baufreiheitsgelder, — städtische Besitzungen (Dörfer, Vorwerke, Krüge). Die Tabelle für das platte Land enthielt die Zahl der Wirthe (Männer) in 24 Rubriken nach dem Beschäftigungsstand, dann Weiber, Wittwen, Söhne, Töchter (und zwar über oder unter 10 Jahre), Knechte, Jungen und Mägde, und 3 Rubriken in Betreff der Cantonpflicht der Einwohner. Ausserdem bei den Städten die Angaben in Betreff der Kämmerei (Einnahme, Ausgabe, Bestand, Activa, Passiva der Kämmereicasse), beim platten Lande in Betreff der Hufenzahl und bei beiden in Betreff gewisser Abgabenleistungen; 1734 treten der historischen Tabelle der Städte 9 weitere Colonnen für die Wollmanufactur (die Zahl der Tuchmacher, Zeugmacher, Hutmacher, Strumpfmacher, Meister und Gesellen, und das Quantum der verarbeiteten Wolle) hinzu. Dass die Bevölkerungs-Aufnahmen wie in dem vorerwähnten, so auch in den übrigen brandenburgischen Ländern gleichzeitig wenigstens versucht worden sind, ist wohl nicht zu bezweifeln, wenn auch aus Friedrich Wilhelms I. Zeit von den Resultaten derselben (selbst aus Preussen und Pommern) nur weniges erhalten ist. Die Militärbevölkerung war in diesen Aufnahmen nicht mit begriffen.

Unterbrechung der Populationslisten.

Während in Betreff der Ermittelung des Bevölkerungsstandes die Regierung Friedrich Wilhelms I. und das neuerrichtete General-Directorium diesen wichtigen Fortschritt begründete, trat andererseits ein Rückgang dadurch ein, dass die Aufstellung der Listen der Geborenen, Getrauten und Gestorbenen in einzelnen Landestheilen eine Unterbrechung erlitt. Durch Cabinetsordre vom 2. Januar 1738 wurde der Druck dieser Listen verboten, da man die Veröffentlichung derselben für bedenklich hielt; in Folge dessen wurde in der Kurmark und wie es scheint auch in anderen Landestheilen die Aufnahme dieser Listen eingestellt. Nachdem seit einigen Jahren die directen Aufnahmen über die Bevölkerungszahl angeordnet waren, lag es für den Standpunkt der damaligen Zeit nahe, die Aufnahmen über die Zahl der Geborenen und Gestorbenen für überflüssig zu halten, und es kann hieraus der damaligen Zeit umsoweniger ein Vorwurf gemacht werden, als erst vor wenigen Jahren von einem hohen Staatsbeamten in Antrag gebracht wurde, den Regierungen die Aufnahme der Bevölkerungslisten zu erlassen, da die Resultate der in den Bevölkerungsverhältnissen eintretenden Veränderungen in den alle drei Jahre aufzunehmenden statistischen Tabellen enthalten seien.

2. Die statistischen Aufnahmen unter König Friedrich II.

Wiederaufnahme der Populationslisten.

Die Wiederaufnahme, Fortführung und Verbesserung der sogenannten Populationslisten (auch Propagationslisten findet man sie mitunter genannt) wird dem herrlichen Werke von J. P. Süssmilch verdankt: der göttlichen Ordnung in den Veränderungen des menschlichen Geschlechts aus der Geburt, dem Tode und der Fortpflanzung desselben erwiesen. Wie sehr Friedrich II. den Nutzen dieses Werkes erkannte, spricht Süssmilch in der Vorrede zur zweiten Auflage aus; welche Wichtigkeit Friedrich II. den zur Kenntniss der Entwickelung der Bevölkerung erforderlichen Materialien beilegte, zeigt sich darin, dass er im Juni 1747 nicht allein die Aufstellung dieser Listen in allen Provinzen befahl, sondern auch bestimmte, dass sie für die letzten 15 Jahre nachträglich zusammengestellt werden sollten. Seit 1747, beziehungsweise 1748 finden sich die Resultate der Populationslisten für alle Provinzen, einschliesslich Ostfriesland, jedoch mit Ausschluss von Neufchatel; in Schlesien wurde die Zahl der Geborenen und Gestorbenen (nicht die der Trauungen) schon einige Jahre vor der preussischen Besitznahme zusammengestellt. — Während des siebenjährigen Krieges gerieth die Aufstellung der Populationslisten in verschiedenen Provinzen wieder ins Stocken; im Jahre 1764 wurde dieselbe jedoch aufs Neue geregelt und von 1766 an ist die Aufstellung derselben in allen Landestheilen (in Neufchatel von 1768 an) vollständig erfolgt. Durch die Anordnung von 1764 wurden ausser der Haupttabelle, welche die Zahl der Getrauten, Geborenen, Gestorbenen und der Communicanten mit Unterscheidung des Geschlechts (bei den Geborenen auch mit Unterscheidung der ausserehelich Geborenen) enthielt, noch vier Specialtabellen in Betreff der persönlichen Verhältnisse der Heirathenden, der Jahreszeit der Sterbefälle, des Alters der Gestorbenen und der Todesursachen erfordert. Es waren dies Unterscheidungen, welche Süssmilch bereits berücksichtigt hatte, soweit sie damals zu erlangen waren (wie bei Süssmilch für Pommern und für die Stadt Berlin sogar die Sterbefälle nach Alter und Krankheit combinirt mitgetheilt wurden), oder auf deren Wichtigkeit er hingewiesen hatte. So ist offenbar die Specialtabelle, welche die persönlichen Verhältnisse der Heirathenden unterscheidet, nach Süssmilchs Anschauungen entworfen, die Ausführung ist jedoch eine so wenig systematische gewesen, dass man Süssmilch wohl nicht für den Urheber derselben halten kann, und dass man sich wundern muss, wie dieselben fast ein halbes Jahrhundert hindurch in Anwendung bleiben konnten. Es wurden nämlich unterschieden: Trauungen der Junggesellen mit Jungfern, — mit Wittwen unter 45 — mit Wittwen über 45 Jahr, — Trauungen der Wittwer unter 60 Jahr mit Jungfern — mit Wittwen unter 45 Jahr, — Trauungen der Wittwer und Männer über 60 Jahr mit Jungfern und Wittwen unter 45 — Trauungen der Wittwer und Wittwen, wo der eine oder der andere Theil über 60 und 45 Jahre wäre, — und Trauungen Geschiedener, d. h. wo ein Theil geschieden wäre (die Neufchateller Liste enthält statt dieser Rubrik Divorces). Bei der Unterscheidung der Sterbefälle nach der Jahreszeit standen die Monate December, Januar, Februar, dann März, April, Mai u. s. w. als Vierteljahre zusammen; es folgte diese Abtheilung schon daraus, dass die jährliche Aufnahme mit dem Kirchenjahre abschloss. Die Specialtabelle der Sterbefälle nach den Altersclassen enthielt die Todtgeborenen, die im ersten Lebensjahr Gestorbenen, die bis zum vollendeten 5ten Jahre Gestorbenen und so weiter fünfjährige Altersperioden bis 95 Jahre, darüber hinaus wurden die im Alter von 99, 100, 101, 102 Jahren und darüber Gestorbenen unterschieden. Die Specialtabelle der Todesursachen enthielt 56 Columnen, und zwar zunächst die Sterbefälle der Kinder (männlichen, bez. weiblichen Geschlechts), unzeitig und Todtgeborene, an Epilepsie und Zahnen im ersten Jahre, bez. später gestorben, an Pocken, an Masern und Rötheln, am Stickhusten, an Schwämmen, Würmern u. s. w., an Verstopfung u. s. w. bis zum siebenten Lebensjahre, beziehungsweise von da bis zum vierzehnten; dann die Sterbefälle der Frauen bei der Geburt, beziehungsweise im Wochenbette; dann die Sterbefälle der Erwachsenen (männlichen, bez. weiblichen Geschlechts): an Schlagfluss, an Lähmung und Gicht, an Podagra, an Schwindsucht und Dörrsucht, an Stickfluss und Engbrüstigkeit, an Wassersucht, an Durchlauf und Kolik, an kaltem Fieber, an Brust- und Fleckfieber, an Seitenstechen, an Steinschmerzen, an Geschwüren, an Blutfluss und Verblutung, an Bruchschaden, an Krebsschaden, aus Schwachheit und Altershalber, an ausserordentlichen und unbekannten Krankheiten, durch Unglücksfälle, durch Selbstmord. In einigen Landestheilen finden sich noch weitere Krankheiten besonders aufgeführt; in Berlin insbesondere wurden sowohl seit 1780 beim Ober-Medicinal- und Sanitäts-Collegium die Zeiten des Eintritts der Sterbefälle specieller behandelt, als auch, wie aus Formeys medicinischer Topographie hervorgeht, die Todesursachen mehr specialisirt. Eine Unterscheidung der Gestorbenen (und ebenso der Getrauten) nach dem Civilstande findet sich in Pommern bereits vom Jahre 1758 ab. — Die Populationslisten wurden im Allgemeinen von den Geistlichen aufgestellt und gingen an das geistliche Departement; doch erhielten die Ortsbehörden Extracte davon, welche an die Landräthe und Steuerräthe zur Zusammenstellung gingen und weiter an die Kriegs- und Domainenkammern; diese stellten auch (seit 1769) die Listen von den Trauungen, Geburten und Sterbefällen der Juden auf; die Populationslisten der Militärbevölkerung wurden (schon vor 1764) von den Feldpredigern besonders aufgestellt und besonders zusammengerechnet.

Erweiterung derselben.

Verbesserung der historischen Tabelle.

Der Wiederaufnahme der Populationslisten folgte binnen Kurzem die Verbesserung und Erweiterung der einstweilen nach dem früheren Schema beibehaltenen historischen Tabellen. Schon 1747 warden die Ergebnisse der polizeilichen Zählung zu Berlin in der Weise controlirt, dass auch durch die Militärbehörde unmittelbar darauf eine zweite Zählung veranstaltet wurde. Von 1749 ab mussten diese Tabellen alljährlich aufgestellt und dem Könige Generalextracte der Einwohnerzahl in Verbindung mit den Resultaten der Populationslisten vorgelegt werden; zur ersten Zusammenstellung dieser Art bemerkte schon ein Geheimer Finanz-, Kriegs- und Domainenrath: man werde sich wohl zum Detail präpariren müssen, wenn Seine Majestät wissen wollen u. s. w. Durch Cabinetsordre vom 17. Februar 1751 wurden bei der historischen Tabelle des platten Landes sieben neue Rubriken in Zugang gebracht; man habe wahrgenommen, heisst es in dieser Ordre, dass die Familien der von Adel, Beamten, Förster, Geistlichen u. s. w. nicht mit unter dem Denombrement angetroffen wurden. Die Vermehrung der Bevölkerungszahlen, welche in den Tabellen von 1752 und 1753 sich zeigte, wird in der für Pommern erhaltenen Tabelle ausdrücklich dadurch begründet, dass seit dieser Zeit auf die accurate Designirung der Leute gedrungen worden sei. 1753 wurden die Zählungsaufnahmen auf Neufchatel erweitert, 1756 auf Schlesien, wo indess nach Zimmermanns Angabe auch schon unter österreichischer Herrschaft drei Zählungen stattgefunden haben sollen. Auch in das vorige Jahrhundert zurück wünschte Friedrich II. vergleichende Ermittelungen über die Bevölkerungszahl (der Kurmark) zu erhalten, was jedoch nach Lage des Materials nur auf indirectem Wege zu bewirken war. — Nachdem die Aufnahme der historischen Tabelle während des siebenjährigen Krieges in vielen Landestheilen unterbrochen war, wurde sie 1764 wieder in Gang gebracht; Friedrich II. verfolgte die Ergebnisse der Aufnahme mit grossem Interesse, wie die von ihm persönlich auf die Generalextracte gesetzten Bemerkungen zeigen. Wiederholentlich wurde auf Verbesserung der Aufnahme gedrungen; unter dem 6. Januar 1770 erliess zu diesem Zwecke das General-Directorium bestimmte Anweisung: die Land- und Steuerräthe müssten durch die Kammern mit Instruction versehen werden, dass die bisher vorgekommenen Errores dupli vermieden würden; auf dem platten Lande sollten die Prediger die von den Schulzen oder Dorfvorstehern jedes Orts, oder wem dies sonst aufgetragen ist, aufgenommene Designation ganz eigentlich revidiren und wegen ihrer Richtigkeit attestiren; zu diesem Behufe müsse jeder Schulze u. s. w. die im Orte befindlichen und zur Dorfgemeinde gehörigen Personen, sie mögen in dem Orte selbst, oder unfern davon in Gasthöfen, Mühlen, Förstereien u. s. w., oder sonst wohnen, insgesammt n a m e n t l i c h   u n t e r   d e n   g e w ö h n l i c h e n   R u b r i k e n specificiren, solche Specification dem Prediger vorlegen und dieser, wenn er sie richtig befunden, sie der Hauptsumme wegen attestiren; in dieser Beziehung erging in Betreff Dessen, was die Prediger zu beobachten hätten, besondere Instruction von Seiten des geistlichen Departements; dieselbe wurde auch aufrecht erhalten, obwohl die königsberger Regierung darstellte, wie lästig diese Nebenarbeit den Geistlichen sein würde. — Unmittelbar nach der Besitznahme von Westpreussen und dem Netzedistrict wurden die Aufnahmen auf diese Landestheile erweitert, die Zählungsergebnisse jedoch vom Könige für sehr unvollständig gehalten.

Das Zählungsverfahren.

Erweiterung der historischen Tabelle. Militärbevölkerung.

Im Jahre 1778 wurde das Formular der historischen Tabelle in einigen Stücken erweitert. Dieses Formular, welches übrigens für die einzelnen Provinzen nicht völlig gleichlautend war, enthielt nun folgende Rubriken: die Tabelle vom Zustande der Städte: die oben bemerkten 9 Rubriken (Wirthe, Kinder, Gesinde) und die Zahl der darunter befindlichen Wallonen und Franzosen, Böhmen und Salzburger, Juden (diese Angaben waren zuerst 1745 erfordert), dann folgten 5 Rubriken für die Militärbevölkerung (Erwachsene und Kinder, männlich und weiblich unterschieden). Die Zählungen der Militärbevölkerung haben erst seitdem begonnen, alle früheren Aufnahmen sind in dieser Beziehung unvollständig; statt dessen fielen hier nun die Angaben hinweg, welche in Betreff der Wollmanufacturisten etc. bisher erfordert waren und die Angabe, wie viele derselben noch angesetzt werden könnten, in einzelnen Provinzen wurden diese Aufstellungen jedoch fortgesetzt. Dann folgten die Angaben in Betreff der Accise, des Servises, der Einquartirung, der Einnahmen und Ausgaben, Bestände, Activa und Passiva der Kämmereien; die Rubriken für die Häuser (ob massiv mit Ziegeldach, mit Strohdach, die Zahl der Kirchen, Scheunen, wüsten Stellen); die Rubriken für das städtische Eigenthum an Dörfern, Vorwerken, Krügen, wozu jetzt die Angaben der Zahl der Mühlen, Ziegeleien, Theeröfen traten. Beibehalten wurden die Angaben in Betreff des verbrauchten Braumalzes und Branntweinschroots, des verzapften Biers und Branntweins, der Anzahl der Braustellen und Branntweinblasen, der öffentlichen Brunnen und Feuerrüstungen (Spritzen, Leitern, Eimer, Haken, Kufen). Hinzugesetzt wurden die Rubriken vom Viehstande und von der jährlichen Aussaat, wovon unten die Rede sein wird. — Die Tabelle vom platten Lande enthielt die Unterthanen in 44 Col., nämlich zunächst (seit 1751) die Adligen, die Generalpächter und Beamten, die Verwalter und Unterpächter, die Förster und Jagdbedienten, die Prediger, die Küster und Kirchen- und Schulbedienten, die Freischulzen, Käthner und Freien, die Bauern, Halbbauern und Krüger, die Kossäthen, Gärtner und Häusler, die Instleute, Losgänger, Einlieger, die Rubriken der Handwerker in alphabetischer Folge und die Rubriken für Frauen und Kinder wie oben angegeben, ferner die Zahl der Dörfer und Güter, die Hufenzahl und den Betrag gewisser Grundabgaben (Contribution, Viehsteuer, Cavalleriegeld etc.). Tabellen, welche die Zahl der Handwerker etc. angaben, waren übrigens in den Städten ebenfalls vorhanden. Bratring theilt eine solche Tabelle schon für 1750 mit, die nicht weniger als 460 Rubriken enthielt (sie hiess »Tabelle von denen Künstlern, Gewerkern auch allen anderen Metiers und Personen in den kurmärkischen Städten«), für Schlesien findet sich eine solche Tabelle mit 120 Rubriken (und zwar schon 1756), auch aus anderen Provinzen kommen dergleichen Specialtabellen vor, doch ist die Zeit ihrer Einrichtung nicht nachgewiesen.

Handwerker-Tabellen.

Controle der Aufnahmen.

Noch in seinen letzten Lebensjahren zeigte Friedrich II. sein Interesse an den Aufnahmen in Betreff der Bevölkerung. Durch Rescript des General-Directoriums vom Mai 1785 wurde den Kammern so ernstlich als nachdrücklich anbefohlen, bei Aufnahme dieser Listen (der Generalextracte aus den historischen Tabellen und Populationslisten) mit der äusserst möglichen Vorsicht zu verfahren und gewiss versichert zu sein, dass man in Zukunft darauf die grösste Aufmerksamkeit richten und vorkommenden Umständen nach specielle Nachrecherchen unmittelbar anstellen werde, und wo sich alsdann Unrichtigkeiten finden würden, alsdann die bewusste Sorglosigkeit nicht nur empfindsam ahnden, sondern der Allerhöchsten Person darüber selbst Bericht erstatten würde.

Tabellen betreffend besondere Bevölkerungsclassen. Zu- und Abzüge.

Als Aufnahmen über einzelne Bevölkerungsclassen würden aus der Zeit Friedrich's II. die General-Judentabelle (oder Provinzial-Judenfamilienlisten), welche nebst der Tabelle von den Judenhäusern 1769 eingerichtet wurde, — ferner die Vasallentabelle zu erwähnen sein, welche 1777 ein verbessertes Schema erhielt und nicht nur über die persönlichen Verhältnisse der Vasallenfamilien Auskunft gab, sondern auch über den Werth der Güter, — dann die 1782 eingerichtete Tabelle der Garnisonen, endlich für Schlesien insbesondere die umfangreiche Nachweisung der geistlichen Ordenspersonen (von 1746). — In Betreff der Bewegung der Bevölkerung finden sich in den schlesischen Städten schon vor 1750 Tabellen der zu- und abgegangenen Bürger, und in anderen Provinzen kommen um 1770 die betreffenden Data vor; Tabellen der etablirten Colonisten (Retablissements-Tabellen) finden sich 1758 in Preussen, 1768 im mindener Departement, vor 1774 in Schlesien, später in Westpreussen, und werden jedenfalls auch in anderen Provinzen schon unter Friedrich II. bestanden haben; sie enthielten nicht nur Rubriken für die persönlichen Verhältnisse der Colonisten, sondern auch ihr Vermögen (Geld- und Viehinventarium).

Landwirthschaftliche Aufnahmen. Preise. Aussaat, Ernte.

Aus der landwirthschaftlichen Statistik sind die ältesten Nachrichten die über die Getreidepreise; durch eine Cabinetsordre vom 18. März 1747 bestimmte Friedrich II., sowohl dass dieselben in gewissen Städten regelmässig (alle 14 Tage) tabellarisch angegeben werden sollten, als auch dass weiter zurück die Ermittelung bez. Zusammenstellung derselben erfolgen solle. Angaben in Betreff der Getreideaussaat wurden, wie oben angeführt, zur historischen Tabelle im Jahre 1778 erfordert, und zwar für Weizen, Roggen, Gerste, Hafer und Hülsenfrüchte. Es finden sich jedoch für das Herzogthum Magdeburg nicht allein diese Angaben (für 1777), sondern auch die Ernteerträge, und wieviel davon consumirt bez. verkauft worden. Dass schon Friedrich's II. Aufmerksamkeit auf die Feststellung dieser Verhältnisse in Zahlen gerichtet war, geht auch aus einem Rescript des Ministers für Schlesien, Grafen Hoym, vom Jahre 1796 hervor, in welchem derselbe erinnert, dass der verstorbene König einen Kammerpräsidenten seines Amtes enthoben habe, weil er die Getreideproduction und Consumtion der Provinz im Allgemeinen nicht anzugeben wusste und Schwierigkeiten der Ermittelung vorschützte. — Besondere tabellarische Aufstellungen finden sich aus der Zeit Friedrich's II. in Betreff der Urbarmachung von Ländereien (die Nachweisungen der Deckung von Sandschollen in Preussen etc., der neugewonnenen Aecker in Schlesien, des ausgesäten Holzsamens).

Viehstand u. Viehzucht.

Viehstands-Tabellen kommen für mehrere Provinzen schon 1756 vor (Kurmark, Schlesien), die regelmässige Aufstellung derselben dürfte erst 1768 bis 1770 in den meisten Provinzen begonnen haben. Ob die oben erwähnte Verbindung mit der historischen Tabelle durch alle Provinzen stattfand, ist zweifelhaft.

Die Aufnahmecolonnen waren provinziell verschieden, in der Kurmark: Pferde, Bullen und Ochsen, Kühe, Jungvieh, Melkschafe, güste Schafe und Hammel, Schweine; im mindener Departement wurden die Fohlen unterschieden, in Schlesien unterschied die Tabelle des Pferdestandes seit 1765 sechs Arten derselben. Besondere Tabellen der Pferdezucht finden sich in der Kurmark und Schlesien. — In Betreff des Rindviehs wurde in der Kurmark nicht nur die vorhandene Stückzahl, sondern auch die Zahl der zur Wirthschaft erforderlichen, der in dem betreffenden Jahre consumirten, verkauften und sonst abgegangenen Stücke angegeben (Bratring theilt die Zahlen für 1756, 1770 und einige spätere Jahre mit). Besondere Nachweisungen des an Seuchen crepirten Rindviehs wurden seit 1768 alljährlich aufgestellt.

Wollproduction. Die Zahl der Schafe wurde ausserdem in der Tabelle angegeben, welche für das Fabrikendepartement über den Schafstand und Wollgewinnst aufgestellt wurde; das hierfür im Jahre 1731 vorgeschriebene Schema enthielt die Stückzahl der Schafe, die gefallene Wolle (Gewicht), die vom Vorjahre unverkauft gebliebene, die Summe beider, davon ist verkauft worden, wohin, zu welchem Preise, und es ist Vorrath geblieben. Die Tabelle wurde später erweitert, indem namentlich die Qualität der Wolle unterschieden und die Wolleinfuhr berücksichtigt wurde; die aus den einzelnen Provinzen vorhandenen Schemata stimmen jedoch nicht überein.

Flachsbau, Seidenbau, Tabak, Hopfen etc. Auch von verschiedenen anderen Zweigen der Rohproduction, namentlich solchen, welche die Rohstoffe für inländische Fabrication lieferten, wurden unter Friedrich's II. Regierung Tabellen eingerichtet, von denen die nachweislich über mehrere Provinzen verbreiteten hier noch erwähnt sein mögen. Vom Leinbau und Hanfbau kommen seit 1766 in der Kurmark, seit 1782 in Preussen, ausserdem auch im mindener Departement Tabellen vor, welche namentlich die Aussaat, den Gewinn an Saamen und Flachs (und entsprechend beim Hanf), die Consumtion und die verkauften Quanta angeben. — Ferner die Tabellen von den Maulbeerbäumen und dem Seidengewinn, die ersteren in Schlesien 1763 eingerichtet, sie enthalten dort 15, in den brandenburgischen Provinzen z. B. 22 Rubriken; daneben die Tabellen der ausgelegten Seidengrains, der gehaspelten reinen Seide und Floretseide, und der gewonnenen Seidengrains, von 19 bis 23 Rubriken; sie finden sich schon 1767 in Schlesien, bestanden jedoch auch in den brandenburgischen und preussischen Provinzen. — Dann die Tabellen von der Cultur, der Fabrikation und dem Export des Tabaks, welche 1770, damals aber schon nach dem Muster anderer Provinzen, in Schlesien eingeführt wurden, — die Tabellen von den Hopfenstühlen, in den einzelnen Provinzen zu verschiedener Zeit (1743 in Preussen, 1756 in Schlesien) und in verschiedener Schematisirung (theilweise in Verbindung mit anderen Ermittelungen) eingeführt. — Endlich dürften hier zu erwähnen sein die Tabellen von den Bienenstöcken, welche seit 1774 und den folgenden Jahren in Preussen, der Kurmark und Schlesien vorkommen, und die Tabelle von den Obstbäumen, in Preussen 1776 eingerichtet, jedoch auch in anderen Provinzen mit verschiedenem Schema bestehend.

General-Fabrikentabelle. Tabellen über die Fabrikation in einzelnen Gewerbszweigen wurden schon in der früheren Regierungszeit Friedrich's II. aufgestellt, so die bei Zimmermann erwähnten Tabellen der Leinenmanufactur (von 1748 ab) und der Wollmanufactur (seit 1752). Die Generaltabelle der Fabrikanten, sowie der fabricirten und debitirten Waaren scheint am frühesten in der Kurmark eingeführt zu sein; nach dem Muster derselben wurde die schlesische Fabrikentabelle 1772 eingerichtet, seit 1776 finden sich die Resultate der pommerschen Tabelle bei Brüggemann, 1784 wurde die General-Fabrikentabelle in Preussen und in der Neumark (ob auch in den übrigen Provinzen bleibt dahingestellt) durch Rescript des General-Directoriums erweitert und gleichzeitig die in letzterer Provinz bis dahin bestandenen besonderen Tabellen der Wollen-, Baumwollen- und Leinenmanufactur und der fabricirten und debitirten Wollen- etc. Waaren abgeschafft. Die General-Fabrikentabelle ergab bereits 1772 die Zahl der Webstühle, der Meister, Gesellen und Lehrlinge, Nebenarbeiter und Gehilfen (in einigen Provinzen nur der Metiers und Ouvriers), Zahl und Geldwerth der Fabrikate, und den Werth der verbrauchten Materialien (in Schlesien unterschieden: der Hauptmaterialien, der Nebenmaterialien, der Feuerung); seit 1784 wurde auch der Werth der im Inlande und der im Auslande abgesetzten Waaren unterschieden, ausserdem findet sich in dem späteren Formular noch die Angabe, wohin die Waaren abgesetzt und woher die Materialien bezogen wurden. Besondere Rubriken wurden für die Zeit der Errichtung, für die Concessionsbedingungen, für Vorschläge, für Bemerkungen ausgeworfen. Nach dem Rescript von 1784 waren die Kammern angewiesen, die Fabriken unter die gemeinsamen Rubriken aus dem animalischen, vegetabilischen und mineralischen Reich zu einer Hauptübersicht zusammenzustellen; hierbei scheint den Kammern freie Hand gelassen worden zu sein, wenigstens finden sich die Schemata nach den einzelnen Provinzen verschieden eingerichtet, wobei namentlich solche Verschiedenheiten auch zwischen den für die Städte und den für das platte Land aufzustellenden Tabellen bemerklich sind. — Ausser dieser alljährlich an das Fabrikendepartement eingehenden Tabelle erhielt dasselbe noch monatlich, seit 1782 aber nur vierteljährlich, den sogenannten Fabrikenextract, welcher sich in 20 Colonnen über die in den Städten gefertigten Tücher und Zeuge, den Preis der Wolle, die angesessenen Manufacturiers und Professionisten, und die Ab- und Zunahme des Commercii (bei Ostpreussen auch über die ein- und ausgegangenen Schiffe und die Getreideausfuhr) verbreitete; etwas ausführlicher war das in Schlesien ausgefüllte Schema, welches bereits vor 1774 in Anwendung war. Eine besondere tabellarische Aufstellung (das Tableau der mineralischen und metallischen Fabriken) ging an das Bergwerksdepartement, dasselbe wird bereits 1785 erwähnt; der Provinz Schlesien eigenthümlich war eine Zusammenstellung der Steinkohlenfeuerung und der consumirten Steinkohlen (nach den Arten der Fabriken), welche 1783 angeordnet wurde. Tabellen über die Torfnutzung wurden ebenfalls für das Bergwerksdepartement in verschiedenen Provinzen nach einer 1767 getroffenen Anordnung alljährlich aufgestellt.

Fabrikenextract.

Berg- und Hüttenwerke.

Nachrichten über den Schiffsverkehr der grösseren Handelsplätze kommen (vereinzelt) seit 1751 bez. 1766 vor, Tabellen der Schiffsgefässe auf der Oder wurden in sämmtlichen anliegenden Provinzen (in Schlesien seit 1762) aufgestellt, Listen der Seeschiffe in Pommern und Preussen (seit 1782), wahrscheinlich auch damals schon in Ostfriesland, Listen der neuerbauten Schiffe nach der Lastenzahl und ob im Inlande oder im Auslande erbaut, wurden für Preussen 1781 angeordnet. — Sehr reichhaltig waren ferner die Aufstellungen, welche von den Acciseämtern gefertigt wurden und welche neben andern statistischen Nachrichten die Consumtion an accisepflichtigen Artikeln in den Städten ergeben; derartige Tabellen sind auf dem statistischen Bureau aus den Jahren 1764 bis 1768 von einzelnen Bezirken vorhanden, sie sind untereinander verschieden und theils deutsch, theils französisch aufgestellt. In den Bereich der Zoll- und Acciseämter fielen ferner die Nachweisungen, welche Friedrich II. in Betreff des auswärtigen Handels erforderte; schon für 1752 theilt Büsching einen Extract mit, wieviel an fremden und ausländischen Waaren in den Kammerdepartements (mit Ausnahme der rheinisch-westfälischen) eingegangen, wieviel ihr Werth in Gelde beträgt, wieviel davon im Lande geblieben, und wieviel wieder ausgeführt worden. Als die Zollverwaltung mit dem Juni 1766 den Accise- und Zolldirectionen übertragen war, schrieb Friedrich II. an den Minister von der Horst: *Je vous avertis par les présentes, que je ne peux plus demander maintenant aux Présidents de la Chambre l'Extrait des Marchandises du païs et étrangères, qui sortent du païs et y entrent, qu'ils ont été tenus autrefois de faire et m'envoyer vers la fin de l'année, mais l'attendrai de la Regie generale des Accises et peages. Mon intention est donc, que vous en avertissiés de ma part la dite Regie et de ce que cet Extrait doit être fait avec la derniere exactitude etc.* Die Aufstellung derselben war inzwischen bereits durch ein in deutscher und französischer Sprache erlassenes Rescript angeordnet worden. Auf dem statistischen Bureau sind diese Nachweisungen für die Jahre 1774/5 und 1777/8 vorhanden; sie sind theils deutsch, theils französisch, wie auch die bezügliche Correspondenz in einer von beiden Sprachen stattfand; sie beziehen sich auf die Einfuhr (wieviel in den letzten drei Jahren an solchen Waaren und Sachen, sowohl aus der Fremde, als aus andern königlichen Provinzen in die Provinz gekommen, wovon entweder bereits Fabriken im Lande vorhanden sind, oder noch welche angelegt werden könnten), und unterscheiden die einzelnen Gegenstände (70 bis 100 Arten), das Land, woher sie gekommen, ihren Geldwerth, wieviel hier consumirt und wieviel bez. wohin es weiter gegangen. Ein späteres Rescript vom 31. Januar 1784 betrifft zugleich die Ausfuhr: es müsse dem Könige, heisst es im Eingange desselben, jährlich eine Balance von sämmtlichen im Staate ein- und durchgegangenen fremden und den nach fremden Ländern ausgeführten inländischen Producten und Fabrikwaaren vorgelegt werden, aber wegen der mangelhaften Vorschriften und der fehlerhaften Bearbeitung seien diese Extracte seither so unrichtig und zum Theil so offenbar falsch gerathen, dass davon überhaupt kein zweckmässiger Gebrauch hätte gemacht werden können. Es wurden nun zwei Schemata vorgeschrieben, eines in Betreff der fremden Waaren, und ein zweites in Betreff der Rohproducte und Fabrikate, welche in der Provinz verfertigt und ausgeführt seien. Für 1786 wurden von den Directionen bereits fünf Extracte aufgestellt. Der erste enthielt die Ausfuhr von ausländischen Waaren, der

Schifffahrt.

Consumtions- und Handelsnachweisungen der Accise- und Zollbehörden.

zweite die Ausfuhr inländischer Waaren, der dritte die Einfuhr aus anderen Provinzen, der vierte die Durchfuhr nach dem Auslande, der fünfte die Durchfuhr nach anderen Provinzen; in den Berichten wurde demnächst zusammengestellt, wieviel Verlust oder Gewinn die Provinz bei der Balance der Einfuhr, Ausfuhr und Durchfuhr gehabt habe. Eigenthümlich waren die entsprechenden Tabellen im Herzogthum Schlesien, sie erstreckten sich hier gleichfalls auf den Waaren-Ein- und Ausgang (Quantität und Werth), den Consum der Waaren, den Intermediär- und Transitohandel: ihre Einrichtung datirt vom 17. Januar 1747.

Mangelhafte Gliederung des Tabellenwesens.

Wenn es schon nach dem Vorstehenden klar ist, dass bereits unter Friedrich II. nicht nur das statistische Tabellenwesen des preussischen Staates in verschiedener Richtung entwickelt worden, sondern sogar die Methode der Aufnahme schon damals beachtet worden war, so fällt doch andererseits der Mangel einer systematischen Gliederung des Tabellenwesens ins Auge; derselbe zeigt sich namentlich in der Verschiedenheit der meisten Aufnahmen in den einzelnen Kammerdepartements, eine Verschiedenheit, welche umsomehr auffallen kann, als die leitenden Ideen für die Aufnahmen nicht nur von der für alle Provinzen, ausser Schlesien, massgebenden Centralstelle, sondern offenbar sogar von dem grossen Könige selbst ausgingen. Nimmt man hinzu, dass, des Erinnerns ungeachtet, die Aufstellung schwerlich immer regelmässig, jedenfalls aber unpünktlich erfolgte — wie Krug erzählt, dass im Jahre 1781 die westpreussische Kammer an die Einsendung von 36 jährlich, 2 halbjährlich, 7 vierteljährlich, 2 monatlich, einer halbmonatlich einzureichenden tabellarischen Nachweisungen und Uebersichten erinnert wurde, welche seit 1779 noch rückständig geblieben seien — so möchte man fast glauben, dass auf die Anordnungen mehr Gewicht, als auf ihre Ausführung gelegt worden sei. Und allerdings scheinen an der Centralstelle selbst, wie sich dies auch aus der damaligen Behördenorganisation erklärt, Zusammenstellungen nur in geringem Umfange stattgefunden zu haben. Desto bedeutender ist aber die Thatsache, dass in den einzelnen Departements nicht allein mehrfach eine Fortschreitung der Tabellen stattfand, sondern namentlich hier auch diejenigen statistischen Aufnahmen mit einander in Verbindung gebracht wurden, welche in den an das Generaldirectorium etc. eingesendeten Tabellen vereinzelt erscheinen. Solche regelmässig fortgeführten Aufstellungen begannen in den schlesischen Städten mit dem Jahre 1768; eine davon erhaltene Probe enthält 240 Spalten. Sie ergiebt die Nachrichten von den Feuerstellen und Einwohnern, von Bierbrauereien und Branntweinbrennereien und dem Ausschank, dem Weinertrag, der Stärke- und Tabaksfabrikation, der Viehmästung und Schlächterei, den Mühlen, den Handwerkern, den Kaufleuten, den Märkten, dann die versteuerten Quantitäten und Acciseeinnahmen, die Acciseausgaben, die Waareneinfuhr und die Zollgefälle, sowie die Handelsnachrichten von wollenen und leinenen Waaren. Für die Städte des mindesten Departements finden sich ungefähr von derselben Zeit ab Zusammenstellungen, welche den ganzen Inhalt der historischen Tabelle mit Zusatz verschiedener Colonnen (z. B. die Feuersocietätstaxe, das Areal der Aecker, Wiesen, Waldungen), die Nachrichten über die Consumtion, die Accise-Einnahmen und -Ausgaben, die Wollfabrikation, die zu- und abgegangenen Bürger, die Getrauten, Geborenen, Gestorbenen enthalten. Dem nahezu entsprechend ist der Inhalt des neumärkischen Finanzbuchs, dessen Einrichtung aus dem Jahre 1771 datirt; noch vollständiger ist der Inhalt des im Anfange dieses Jahrhunderts bei den pommerschen Städten citirten historischen Büchleins, welches indess vielleicht im Laufe der Zeit eine weitere Ausdehnung erhält. Das aber ist wohl gewiss, dass in den Orts- und Departementsbehörden schon damals das Gefühl einer inneren Zusammengehörigkeit der statistischen Aufnahmen bestand, und so kann man wohl schon in der Regierung Friedrich II. und specieller in der Periode, welche auf den siebenjährigen Krieg gefolgt ist, die Zeit der Gründung der preussischen Statistik erblicken, wenn auch sowohl unter diesem Könige, wie auch wahrscheinlich unter seinem Nachfolger, eine besondere Behörde für die Landesstatistik noch nicht errichtet ward.

Die Finanz- und historischen Bücher.

3. Die statistischen Aufnahmen unter Friedrich Wilhelm II.

Die Zählungsaufnahmen von 1787.

Dass in den 11 Jahren der Regierung Friedrich Wilhelm II. die preussische Statistik nicht stillstand, dafür sind, wenn auch gerade aus dieser Periode die beim statistischen Bureau vorhandenen Tabellen und Acten verhältnissmässig geringe Auskunft geben, doch einzelne Anzeichen in ziemlicher Anzahl vorhanden. Krug führt an, dass grosse Aufnahmen aus Veranlassung der Thronbesteigung im Jahre 1787 stattgefunden haben; ein Generaldirectorial-Rescript vom Januar 1789 erwähnt, dass 1787 eine ganz genaue Zählung der Menschen und Feuerstellen vorgenommen worden, bei welcher sich gegen die Angaben des vorigen Jahres ein beträchtliches Plus gefunden habe. Diese Aufnahme scheint wenigstens in Schlesien ausserordentliche Thätigkeit in Anspruch genommen zu haben, denn es wurde nach derselben die Bestimmung getroffen, dass die historische Tabelle dort erst nach 10 Jahren wieder aufgenommen werden solle, inzwischen sollte nur alljährlich im Mai oder Juni die sonst gewöhnliche Aufnahme der Personenzahl geschehen. Schon im folgenden Jahre wurde jedoch die Zeit der Aufnahmen auf den December verlegt, damit die jährliche Balance mit dem Ueberschuss der Geburten über die Sterbefälle ausgeführt werden konnte. Das Schema für diese jährliche schlesische Aufnahme enthält nur 6 Colonnen, nämlich: den Soldatenstand (Officiere besonders und Unterofficiere und Gemeine), die Civilbevölkerung mit den Soldatenweibern und Kindern (männlich, weiblich) und die Juden (männlich, weiblich). Weniger mangelhaft als die vorgenannte ist die General-Seelentabelle, welche in anderen Provinzen in dieser Zeit (und zwar neben der historischen Tabelle) alljährlich aufgenommen wurde: sie enthält eine Classification der Bevölkerung nach Alter und Geschlecht in 25 bis 30 Colonnen; die Grenzen der Altersclassen waren 2, 6, 9, 12, 15, 40 und 60 Jahr. Auch in den neuerworbenen polnischen Provinzen wurde die Aufnahme der historischen Tabelle gefordert, indess war dieselbe, wie aus den Mittheilungen Holsche's (Regierungsdirectors in Bialystok) hervorgeht, hier mit grösseren Schwierigkeiten verbunden, da die meisten Schulzen nicht lesen und schreiben konnten, und alle für die Tabelle erforderlichen Zahlen im Kopfe zusammenrechneten. Auch die Populationslisten wurden auf die neuerworbenen Theile erweitert, diese auch auf die fränkischen Provinzen (wenn auch vielleicht nicht in derselben Ausführlichkeit). — Ob im Jahre 1787 die Aufnahmen in Betreff der Aussaat und Ernte in erweitertem Maasse stattfanden, ist nicht anzugeben: dafür spricht, dass aus diesem Jahre in den Marken auch über den Kartoffelbau, über den Anbau von Klee und Futterkräutern statistische Angaben vorhanden sind, ferner, dass die in Preussen erwähnte Tabelle der gewonnenen Landesproducte (Hanf, Flachs, Buchweizen, Hülsenfrüchte, Hopfen, Kartoffeln, Tabak, Rübsamen, Honig, Wachs) dieser Zeit angehört, — dagegen aber, dass in einzelnen Provinzen bei der später aufgetragenen Vergleichung mit der Aussaat und Ernte aus dieser Zeit (1786) die betreffenden Zahlen nur für solche Zweige, von denen besondere Nachweisungen aufgestellt wurden, angegeben sind. Auch aus den Zwischenjahren werden Angaben über Aussaat und Ernte nur vereinzelt mitgetheilt (für die Kurmark bei Bratring), dagegen ist für 1797 eine beim Generaldirectorium angefertigte Nachweisung vorhanden, welche für sämmtliche Provinzen rechts der Weser angiebt, wieviel daselbst in guten, mittleren, schlechten Jahren an Getreide (Weizen, Roggen, Gerste, Hafer) gewonnen, wieviel davon zur Saat und zur Consumtion gebraucht wird, und wieviel übrig bleibt; für das mindener Departement ist die entsprechende (jedoch auf andere Fruchtarten erweiterte) Nachweisung von 1798 datirt. In Schlesien stellte der dortige Minister Graf Hoym an die dortigen Kammern die Anforderung, ebenfalls solche Nachrichten zu liefern, es geschah dies auf Veranlassung des Kammercalculators Zimmermann, welcher damals bereits seine topographische Beschreibung von Schlesien herausgegeben hatte, und dem Minister eine überschlägliche Berechnung des Getreideerzeugnisses etc. vorlegte. In dem Anschreiben an die Kammern berief sich der Minister darauf, dass diese Aufnahmen in andern Kammerdepartements schon existirten, als Zweck derselben wurde bezeichnet, dass man, um den Mittelpreis des Getreides zu erhalten und zu bestimmen, ob und wann der Export gestattet werden könne, das Verhältniss der Production und des Bedarfs wissen müsse. Beide Kammern sprachen ihre Bedenken hiergegen aus und meinten, dass auch bei den genauesten Recherchen ein Resultat nicht zu erlangen sei, welches irgend der Wahrheit nahe käme, der Bauer kenne den Ertrag seines Landes nicht, der Gutsherr möge ihn nicht richtig angeben; dennoch wurden die Aufnahmen durchgesetzt und zwar getrennt für Wintersaat und Sommersaat (Aussaat ins Sommerfeld, ins Brachfeld), die Ernte gab die Breslauer Kammer als »eingeerntet sind«, die Glogauer als »zu hoffender Ertrag« an.

Aufnahmen über Aussaat und Ernte.

Auch in den übrigen Tabellen, welche zur Zeit Friedrichs II. eingeführt waren, traten unter der folgenden Regierung Veränderungen und Erweiterungen ein, wie dies daraus hervorgeht, dass bei den später gesammelten Tabellenschematen mehrfach auf Verordnungen aus dieser Zeit Bezug genommen wird. So wurde 1794 die Viehstandstabelle in drei getheilt, für Pferde, Rindvieh und Schafe, wobei der Zweck der Theilung nur der war, die Balance gegen das Vorjahr hinzuzufügen. Die Tabellen des Schafstandes und des Wollgewinnes wurden durch die Unterscheidung der einschürigen und zweischürigen Schafe er-

Andere Erweiterungen des Tabellenwesens.

weitert, für die Tabakscultur etc. wurde 1795 ein neues Schema vorgeschrieben, in welchem das bepflanzte Areal, die Production, die Fabriken und die Zahl der Spinner und Arbeiter, die Menge des von den Fabrikanten gekauften und selbstconsumirten Landtabaks, der importirten fremden Blätter und der exportirten Blätter, Rollen und des Schnupftabaks anzugeben war. Andere Verfügungen geschahen in Betreff der Tabellen der angesetzten Colonisten, der vorhandenen und noch fehlenden Handwerker, Künstler und Professionisten (deren Aufstellung in Schlesien nur in fünfjährigen Perioden stattfand), der Maulbeerbäume und des Seidengewinnes, der Obstbäume, der Bienenstöcke; vielleicht gehört hierher auch die Erweiterung der Generalfabrikentabelle auf die fünfte und sechste Hauptabtheilung der luxuriösen Fabriken und der Mühlenwerke, mit welchen dieselbe selbst schon im gumbinner Departement 270 Colonnen enthielt, indem die einzelnen Fabrikationszweige mindestens 4 Spalten, höchstens 10 bis 15 (bei der Seiden-, Leinen-, Baumwollen-, Wollenwaarenfabrikation) Spalten einnahmen; die accisepflichtigen Fabrikationsanstalten blieben nach wie vor unerwähnt. Ausserdem traten mehrere Tabellen neu hinzu, wie die ausführliche Tabelle von den Mennoniten, von den zum Besten der Wollmanufactur etablirten Magazinen, von den gemeinschaftlichen Backöfen, von der Stallfütterung des Rindviehs u. s. w. Auch wurde eine allgemeine Zusammenstellung angefertigt, wieviel bis 1786 zur Errichtung von Fabriken, und zur Erhaltung dieser Anstalten und der Arbeiter vom Staate aufgewandt worden war.

Wir müssen uns mit diesen sporadischen Nachrichten für eine Periode begnügen, welche schon deshalb nicht unwichtig ist, weil in ihr (wie in dem letztvorausgegangenen Jahrzehnt) die Provinzialstatistik durch die Veröffentlichung schätzbarer Privatarbeiten bereichert wurde. Und vielleicht, dass die Einsicht der Acten des Generaldirectoriums aus dieser Zeit, auf welche später der mit allen Verhältnissen der preussischen Verwaltung vertraute Staatsminister vom Stein den Statistiker Krug ausdrücklich hinwies, Thatsachen ergeben würde, welche die Entwickelung der amtlichen preussischen Statistik in diesen elf Jahren deutlicher bezeichnen könnten.

4. Die Arbeiten der Finanzcommission von 1798.

Errichtung der Finanzcommission und Anordnungen derselben.

Die Finanzcommission, welche Friedrich Wilhelm III. kurz nach dem Antritte seiner Regierung niedersetzte, kann als die erste statistische Behörde des preussischen Staats betrachtet werden; der Geheime Finanzrath Borgstede, der verdienstvolle Verfasser der Topographie der Kurmark Brandenburg, war der eigentliche Träger der Thätigkeit derselben. Der König, hiess es in der Ordre vom 13. März 1798, wollte von dem Zustande seiner sämmtlichen Staaten genau unterrichtet sein, und habe daher befohlen, eine genaue Tabelle und Nachweisung darüber aufzunehmen; unter andern wichtigsten Gegenständen der Staatswirthschaft habe er auch diese Angelegenheit einer besonders niedergesetzten Commission zum Zweck vorgeschrieben. Schon hieraus würden die Kammern den Werth abnehmen, welchen der König selbst auf eine richtige, vollständige und getreue Darstellung des Zustandes der verschiedenen Provinzen lege, und hiernach die Sorgfalt abzumessen wissen, welche jener Zweck und ihre Pflicht in Ansehung der Bearbeitung erfordere. Dem Generaldirectorium sei nicht unbekannt, dass bisher auf die statistischen Tabellen (sic!) nicht derjenige Fleiss verwendet worden, welchen die Wichtigkeit der Sache erfordere; es läge dies theils in der zu grossen Anzahl der Tabellen, die sich successive vermehrt hätten, und in der Form derselben, welche füglich das Zusammenziehen mehrerer in eine gestatte, theils in der unrichtigen Vorstellung, welche die Eingesessenen der Provinzen sich von der Verbindlichkeit zu getreuen Angaben und vom Zweck und Nutzen der statistischen Tabellen machten. In ersterer Beziehung wurde nun eine Vereinfachung des Tabellenwesens in Aussicht gestellt, und wurden die Kammern angewiesen, Nachweisungen sämmtlicher bisher in der Provinz aufgenommenen, theils an die Kammern selbst, theils von diesen an das Generaldirectorium eingereichten Tabellen vorzulegen. Den Eingesessenen aber müsse klar gemacht werden, dass bei den wichtigsten Angelegenheiten der Staatswirthschaft die Resultate der statistischen Tabellen zu Grunde gelegt werden müssten, mithin durch unrichtige Tabellen die Maassregeln und Berechnungen der Staatsverwaltung irre geleitet würden. Es müssten aber auch die Land- und Steuerräthe und die Kammern die Angelegenheit aufmerksam behandeln; gewöhnlich liessen erstere durch ununterrichtete Subalternbeamte, Kreisausreiter etc. die Tabellen aufnehmen, und bei den Kammern geschähe das Zusammentragen der Specialien nicht selten ohne Prüfung, so dass daraus nur ein Product des Schlendrians entstehe. Für die

Aufnahme des laufenden Jahres wurden die Kammern angewiesen, Proben machen zu lassen, ob die Tabellen von den Land- und Steuerräthen mit Genauigkeit aufgenommen seien, und diesen zu eröffnen, dass derjenige, welcher nicht seine Pflicht gethan, sich nicht wundern werde, wenn auf seine Kosten der ganze Kreis noch einmal aufgenommen würde.

Statistische Tabelle.

Für das laufende Jahr wurde hiermit die Aufstellung der statistischen Tabelle der Städte (sonst Tabelle vom Zustande der Städte genannt), der historischen Tabelle vom platten Lande, der Productentabelle und der Viehstands-Tabelle angeordnet. Die erstere unterschied sich wenig von der bisherigen Form, nur einzelne Colonnen wurden eingeschoben (Ausländische Colonisten, Mennoniten etc.), und der Zu- und Abgang (zugekommene Inländer, Ausländer, Stadtkinder, abgegangen durch den Tod, durch Wegzug) an Einwohnern mit erwähnt, dagegen fielen die Angaben fort, welche sich auf die Kämmereiverwaltung bezogen. Auch die historische Tabelle vom platten Lande schloss sich an das bisherige an, sie enthielt die Bevölkerung nach Beschäftigungsclassen etc. (wobei nur einige Unterscheidungen, wie zwischen angesessenen und nicht angesessenen Edelleuten, Ganz- und Halbbauern etc. hinzugefügt wurden), dann die Zahl der im letzten Jahre neu angebauten Familien, dann die Zahl der Aemter, der Zeitpacht- und Erbpacht-Vorwerke, der Meiereien, der emphyteutischen Güter, der adligen Vorwerke und Meiereien, der Dörfer, der Feuerstellen, Ziegeleien, Theeröfen, Wasser- und Windmühlen und der Feuergeräthschaften (die Unterabtheilungen der letzteren: Feuerspritzen, metallene Spritzen, hölzerne Spritzen, grosse Spritzen sind bezeichnend für die geringe Ausbildung der Schematisirung); die Abgabenverhältnisse blieben unerwähnt. — In Betreff dieser historischen Tabelle ist übrigens zu bemerken, dass sie schon damals nicht nur ortschaftsweise aufgestellt wurde, sondern auch, wie diess wenigstens das von dem litthauischen Kammerdepartement erhaltene zeigt, die Specialtabellen bereits so angelegt wurden, dass die Angaben für jedes Haus und seine Bewohner auf besonderer Linie standen. — Die Productentabelle sollte das Material gewähren, den Ertrag der Provinz wenigstens ungefähr berechnen zu können, sie sollte die Durchschnittsangaben für die letzten drei oder für die letzten sechs Jahre enthalten; die bisherigen Angaben nach guten, mittelmässigen und schlechten Ernten hätten nicht genügt. Für die 4 Getreidearten (sowie für Erbsen, Linsen, Wicken, Hirse, Kartoffeln, Buchweizen) wurde in der Tabelle nur die Angabe der Aussaat verlangt; im Bericht selbst aber sollte die Kammer angeben, das wievielte Korn durchschnittlich in jedem Kreise gewonnen werde, und zwar wie sich dies in trockenen und wie in nassen Jahren verhalte (nach dem Flächeninhalt der hohen gegen die niedrigen Aecker), ferner wieviel Consumtion auf jeden Kopf zu schätzen und wieviel für das Vieh erforderlich sei. Wenn die Präsidenten Lust und Eifer hätten, in die Sache zu entriren, so würden sie ihre Bekanntschaft mit ihren eigenen oder anderer Angesessener Gütern benutzen können, um aus Wirthschaftsrechnungen Probe-Ueberschläge zu machen, welche der Wahrheit ziemlich nahe kämen. Die übrigen erforderten Angaben betrafen, wieviel Land mit Tabak bepflanzt und wieviel Centner etc. gewonnen; wieviel Leinsaat ausgesäet, wieviel Wispel etc. gewonnen, zur eigenen Consumtion verbraucht, verkauft; ähnlich beim Flachs, Werg und Hanf; wieviel Land mit Klee besäet, wieviel ausgesäet und gewonnen, wieviel Stück Rindvieh damit gefüttert seien; wieviel Wispel etc. Hopfen gewonnen, consumirt, verkauft seien; wieviel Wolle, gewöhnliche Seide, Floretseide, Krapprötlie gewonnen; wieviel Areal mit Wein bepflanzt, wieviel Wein gewonnen; wieviel Honig, Wachs, Obst. Endlich wie gross die Waldfläche sei und wie beschaffen, wieviel Holz zum Verkauf bliebe; man müsste wissen, auf wieviel hinsichtlich der Privatgüter zu rechnen sei, ein auf Wahrheit gegründeter Calcul könne nie dem Eigenthümer schaden, in mehrerer Rücksicht aber Vortheil bringen. — Die Viehstands-Tabelle unterschied 9 Arten (Pferde, Ochsen, Kühe, Jungvieh, Kälber, Hammel, Schafe, Lämmer, Schweine) und stellte die Fragen: wieviel zum Betriebe der Wirthschaft nöthig sei, wieviel in diesem Jahre zur Consumtion gebraucht, wieviel verkauft, wieviel zugezogen seien. — Alle vier Tabellen sollten in den alten Provinzen mit den entsprechenden Angaben von 1797 und 1786 balancirt werden.

Producten-Tabelle.

Viehstands-Tabelle.

Erfolg der Aufnahmen.

Die Anordnungen der Finanzcommission fanden verschiedene Aufnahme, die westpreussische Kammer meinte, wenn auch nicht ein ganz zuverlässiges Werk, so doch ein der Wahrheit sehr nahe kommendes vorlegen zu können; andere Kammern sprachen gegen die Sicherheit der Angaben (insbesondere in Betreff der Consumtion) ihre Bedenken aus. Für die in den Bericht aufzunehmende Berechnung wurden von einzelnen Kammern besondere Schemata mit grösserer oder geringerer Ausführung der dabei interessirenden Angaben ausgearbeitet, hierbei setzte eine Kammer geradezu die Resultate der aufgenommenen Productentabelle, welche zu niedrig schienen, um ein Achtel höher, von einzelnen Kammern scheint zu diesen Berechnungen die Tabelle vom Probedrusch benutzt worden zu sein, deren Errichtung in diese Zeit fällt und welche neben der Quantität der Aussaat und Ernte (in Fudern und Stiegen) die gedroschenen Quanta und den Kornertrag enthält. — Aus einzelnen Departements befriedigten die Aufnahmen nicht; »ihr werdet selbst fühlen«, erging das von Borgstede verfasste Rescript an eine Kammer, »dass davon gar kein Gebrauch zu machen sein wird, und wie nothwendig es daher ist, dass ihr an die Unterbehörden solche Verfügungen erlassen müsst, die Nachrichten zu der historischen Tabelle für die Folge mit aller möglichen Accuratesse zu fertigen, weil es euch sonst selbst an der nöthigen Uebersicht und Kenntniss von dem Zustande und dem Interieur der Provinz fehlt, welche doch der Zweck solcher statistischen Nachrichten ist.«

In Schlesien wurden die Erhebungen nicht nach diesen Formularen ausgeführt, hier vielmehr die vom dortigen Minister eingeführten Schemata beibehalten, und diese durch Rescript vom April 1798 durch Aufnahme in Betreff der Aussaat und Ernte und bez. Consumtion an Leinsamen, Flachs, Kartoffeln, Klee etc. ergänzt. In Schlesien gingen die Aufnahmen seitdem regelmässig fort, in anderen Provinzen nicht, wie daraus hervorgeht, dass Krug bei seinen Arbeiten sich genöthigt sah, Aufnahmen von verschiedenen Jahren zu benutzen und neben solchen von 1806 bis auf 1798 (bei Neu-Ostpreussen auf 1797) zurückzugehen. Nicht einmal die historische Tabelle wurde weiter alljährlich aufgenommen, sondern einzelnen Departements die Aufstellung derselben in dreijährigen Perioden gestattet.

Die Jahresberichte.

Wie fortdauernd die Mangelhaftigkeit der Aufnahme empfunden wurde, zeigt auch die gelegentlich der Resultate der Populationslisten ergangene Cabinetsordre vom 7. Januar 1799, in welcher der König aufs Neue hervorhob, wie wichtig es ihm sei, eine ganz genaue Kenntniss auch von den neuen preussischen und fränkischen Provinzen zu bekommen; er erwarte durch die angeordneten wirklichen Zählungen, welche mit der grössten Sorgfalt anzustellen seien, zu seiner Zeit ein ganz zuverlässiges Resultat zu erhalten. Es ist dies dieselbe Cabinetsordre, in welcher ausgesprochen wurde, dass die monatlichen Zeitungsberichte (für welche Friedrich II. 1743 bereits bestimmte Abschnitte vorgeschrieben) ungenügend seien, und dass alljährlich über den Zustand der Provinzen (in Ansehung der Bevölkerung, des Ackerbaues, des Handels und der Fabriken, des Commercii und des Fleisses und Wohlstandes der Einwohner etc.) umfassende Berichte von den Specialdepartements erstattet werden sollten; diese Jahresberichte gingen jedoch, wie aus späteren Ausführungen Krugs hervorgeht, in der Folge nicht aus allen Provinzen regelmässig ein. — In Betreff der Populationslisten wurde die Anordnung getroffen, dass sie von 1799 jedesmal das Kalenderjahr (statt des Kirchenjahres) umfassen sollten, auch wurde die Zusammenstellung dem geistlichen Departement allein überlassen. Das Ober-Medicinal- und Sanitätscolleg wurde aufgefordert, für die Todesursachen ein neues Schema zu entwerfen. Dies enthielt folgende Todesursachen: Unzeitig und todtgeboren, an Zahnen, Krämpfen, Würmern, Wasserkopf, Schwämmen, englischer Krankheit, Scropheln etc., Stickhusten, Pocken, Masern und Rötheln, Scharlachfieber, Frieseln und Fleckfieber, Entzündungsfieber, Gallenfieber, Faulfieber, Nervenfieber, kaltem Fieber, abzehrendem und schleichendem Fieber, Lungensucht, Engbrüstigkeit, Bräune, Gelbsucht, Wassersucht, Windgeschwulst, Blutsturz, Schlagfluss, Stickfluss, Epilepsie, Wasserscheu, Gicht, Krankheiten der Urinwege, Steinbeschwerden, goldener Ader, Kolik, Durchfall und Ruhr, Leibesverstopfung, venerischen Krankheiten, Scharbock, Melancholie und Wahnsinn, bei der Niederkunft, im Kindbett, an Bruchschäden, Knochenbrüchen, Knochenfäule, kaltem Brand, in Folge chirurgischer Operation, am Krebs, an alten Geschwüren, an Entkräftung Alters wegen, durch Unglücksfall, durch nicht bestimmte Krankheit, durch Selbstmord. Für die Aufstellungen der Zahlen der Geburten und Sterbefälle, welche bisher wöchentlich in einzelnen grösseren Städten stattfanden, wurde 1801 die monatliche Zusammenstellung und vierteljährliche Einsendung vorgeschrieben, dieselben aber in einer grösseren Anzahl von Städten eingeführt.

Verbesserung der Populationslisten.

Veröffentlichung derselben.

Bemerkenswerth ist, dass bereits 1799 vom Hofrentmeister Müller eine förmliche Publication dieser Tabellen in einer Vollständigkeit unternommen wurde, wie sie nicht wieder versucht worden ist, nämlich nach den einzelnen Superintendenturen; von dieser Arbeit, welche nur die Populationslisten umfassen sollte, ist jedoch nur das erste Heft hauptsächlich für die Jahre 1780 bis 1798 erschienen. Für die Geschichte der amtlichen Statistik bleibt dasselbe merkwürdig, da es die erste Publication war, die eben nur in der gleichmässigen Herstellung und Darlegung des Materials ihre Aufgabe fand, während alle früheren Veröffentlichungen dieser Art mehr eine wissenschaftliche Arbeit als den Stoff selbst dem Publicum vorzulegen suchten.

Fortbestand der übrigen Tabellenaufnahmen.

Die übrigen oben erwähnten statistischen Tabellen blieben grösstentheils unverändert, und zwar nicht nur die Handwerkertabellen und die General-Fabriktabelle, von welcher oben die Rede war, sowie die Nachweisungen für das Bergwerksdepartement (aus welchen die bei Krug für das Jahr 1798 mitgetheilten Tabellen vom Zustande des Berg- und Hüttenwesens im preussischen Staate zusammengestellt wurden, von denen die für den westfälischen Bergdistrict sich durch Reichhaltigkeit und zweckmässige Schematisirung auszeichnete), und die Tabellen der Zoll- und Accisedirectionen über die Consumtion und den Handel, Tabellen, welche man gewissermassen als Theile des von der Finanzcommission beibehaltenen Systems betrachten konnte; — sondern es blieb, wie es scheint, auch die ganze Summe der Tabellen, welche über so viele Specialgegenstände unter Friedrich II. und Friedrich Wilhelm II. eingeführt waren. Einzelne wurden verändert oder erweitert (wie die Schiffahrtstabelle für die Provinz Preussen, die neue Tabelle der Tabakscultur von 1803, die neue Tabelle vom Schafstand und Wollgewinn von demselben Jahre, welche die ganz veredelten, halb veredelten und Landschafe unterschied, u. s. w.), wesentliche Verringerungen können jedoch nicht eingetreten sein; auch kamen im Gegentheil einzelne Tabellen neu hinzu, wie die Tabelle der Cantonpflichtigen, in welcher die Grösse derselben nach einzelnen Zollen unterschieden wurde, die Tabellen der Schaarwerksbefreiungen in Preussen etc. Jedenfalls waren die Hoffnungen auf die Vereinfachung des Tabellenwesens getäuscht, welche der Erlass von 1798 erweckt hatte, und es tritt in diesem und den nächstfolgenden Jahren deutlicher die Abneigung der Behörden gegen die statistischen Aufnahmen hervor; so machte sich immer dringender — vielleicht noch gesteigert dadurch, dass nun auch die Aufgabe entstand, die preussischen statistischen Aufnahmen auf die sächsisch-westfälischen Entschädigungsländer auszudehnen — das Bedürfniss einer gründlichen Reform der preussischen Statistik geltend, einer Reform, welche zunächst in Krugs Hand gelegt, später nicht ohne seine Mitwirkung, doch nach anderer Richtung hin durch Hoffmann verwirklicht wurde.

II. Das statistische Bureau von 1805.

1. Krugs Betrachtungen über den Nationalreichthum.

Krugs erste statistische Arbeiten.

Von den reichhaltigen Ergebnissen der Aufnahmen aus den ersten Jahren der Regierung Friedrich Wilhelms III. hat Leopold Krug, dessen von rechter Liebe zur Sache getragenen Bestrebungen die nächsten Fortschritte der Entwickelung der amtlichen Statistik im preussischen Staate verdankt werden, einen grossen Theil in seinen Betrachtungen über den Nationalreichthum des preussischen Staates der Oeffentlichkeit übergeben.

Krug hatte bereits im Jahre 1796 sein topographisch-statistisch-geographisches Wörterbuch der preussischen Staaten veröffentlicht und sich hierdurch, sowie durch seine Schrift über die Leibeigenschaft dem Könige bekannt gemacht; die Schwierigkeiten, auf welche Krug bei seinem Vorhaben stiess, ein Journal unter dem Namen des preussischen Staatsanzeigers herauszugeben, in welchem zunächst ökonomische Verhältnisse der preussischen Militärverwaltung besprochen werden sollten, wurden die Veranlassung, dass Krug in den preussischen Staatsdienst übernommen wurde, und dort (statt der gewünschten Professur für preussische Staatskunde) eine Anstellung als Geheimer Registrator beim Lehnsdepartement erhielt. Krug bekam nun die Erlaubniss, die geheimen Departements-Registraturen zu benutzen, und dies war seinen Publicationen sehr förderlich. Er gab zunächst 1803 seinen Abriss der neuesten preussischen Statistik heraus, eine mit grossem Geschicke gearbeitete, in präciser Kürze gefasste Darstellung; im folgenden Jahre betheiligte er sich bei der vom Professor Jacob in Halle unternommenen Herausgabe der

Die Annalen der preussischen Staatswirthschaft u. Statistik.

Annalen der preussischen Staatswirthschaft und Statistik, und lieferte hier zunächst eine Abhandlung über das Nationaleinkommen des preussischen Staates und dann mehrere Monographien über einzelne Theile desselben, namentlich über Ostfriesland (dessen Kammer den Ruhm der grössten Pünktlichkeit in den statistischen Aufnahmen hatte), dann über Ostpreussen, Westpreussen und Paderborn. Diese Mittheilungen enthielten die statistische oder historische Tabelle nebst den Tabellen der gewerblichen Thätigkeiten, die Fabrikentabelle, Areal, Aussaat und Ertrag, Viehstand, Kämmereiverwaltung und Staatsabgaben; ausserdem wurden einzelne statistische Tabellen ohne Text zum Abdruck gebracht.

Wenn hiermit bereits ein Organ geschaffen war, welches die amtlichen Erhebungen durch Krugs Vermittelung dem Publicum zugänglich machte, so war dies doch für Krugs Bestrebungen nicht genügend: es kam ihm darauf an, seine staatswirthschaftlichen Theorien in einem eigenen Werke unter Anwendung

Die Betrachtungen über den Nationalreichthum.

auf den preussischen Staat darzulegen, und dies geschah in den 1805 erschienenen Betrachtungen über den Nationalreichthum des preussischen Staats. In diesem Werke wurden die statistischen Tabellen soweit benutzt, als sie zum Zweck der Berechnung des Nationaleinkommens und des Nationalvermögens gebraucht werden konnten, und nach der Richtung hin weiter verarbeitet. — Die Anschauungen, auf welchen dieses Werk sowohl, wie die sonstigen staatswirthschaftlichen Arbeiten Krugs beruhten, gehörten wesentlich dem physiokratischen Systeme an, wenn auch Krug selbst sich weder dieser noch einer anderen Schule beizählte. Das Nationaleinkommen berechnet Krug in der Weise, dass erst der gesammte Bodenertrag in Anrechnung gebracht und dann der Ueberschuss zugezählt wird, welchen der Handel mit dem Auslande gewährt, also derjenige Arbeitslohn und Capitalgewinn, welchen die inländische industrielle Bevölkerung vom Auslande verdient. Der jährliche Gesammterwerb der Einwohner wird hiernach in zwei Theile: das echte Einkommen und das Circulationseinkommen unterschieden; das letztere, welches dem Einzelnen zum Erwerb der Bodenerzeugnisse dient und aus einer Hand in die andere geht, wobei Krug wieder die natürliche Circulation durch die erwerbenden und die künstliche durch die besoldeten Classen unterscheidet. Von dem vorerwähnten Nationaleinkommen unterscheidet Krug das Reineinkommen der Nation in der Weise, dass der gesammte Consum von inländischen Rohproducten und im Lande verzehrten ausländischen Producten und Fabrikaten in Abzug gebracht wird. Diese an sich einfachen Gedanken wurden nun auf die thatsächlichen Verhältnisse unter Benutzung der über Production, Fabrication und Handel aufgenommenen Tabellen und unter schätzender Ergänzung desjenigen, was in den Tabellen nicht festgestellt war, angewendet und mit feiner Unterscheidung durchgeführt, namentlich in den Abschnitten, welche die Vertheilung des Reineinkommens auf die einzelnen Bevölkerungsclassen behandelten und sich über die wirthschaftliche Existenz derselben und ihren Antheil an den öffentlichen Lasten verbreiteten.

Werth der statistischen Aufnahmen.

Dass die in den Tabellen dargelegten Zahlen wirklich zutreffend seien, hat Krug nicht behauptet: »Der Werth aller statistischen Angaben«, sagt Krug S. 14, »wird zunächst durch ihre innere Glaubwürdigkeit bestimmt, welche zum Theil durch das Nachdenken ohne alle praktische Erfahrung geprüft und gemessen werden kann, deren Prüfung aber zum Theil auch die Kenntniss der Staatsverwaltung erfordert. Dass Ein- und Ausfuhrlisten der Handels-Städte und -Häfen wenig innere Glaubwürdigkeit haben, lehrt uns das Nachdenken, denn ihre Sicherheit gründet sich auf die Angaben von vielen Privatpersonen, welche bei einer falschen Angabe oft das grösste Interesse haben, und die Controle der Officianten, die bei den Zöllen und bei den Behörden, welche dergleichen Notizen sammeln, angestellt sind, kann durchaus nicht so genau sein und so ins kleine Detail eingehen, dass von solchen Angaben Wahrheit zu erwarten ist.« Krug zeigte dies näher an Zimmermanns Zusammenstellungen über den schlesischen Handel. — Ueber die Fabrikentabellen war Krug derselben Ansicht; er sagt in den Annalen, die Art, wie dergleichen Nachrichten eingesammelt würden, sei schon ihrer Natur nach unendlichen Mängeln unterworfen; es sei nicht zu glauben, dass ein Fabrikant dem Steuerrath oder dem Officianten, welcher sonst diese Tabellen anzufertigen habe, alle diese Dinge gewissenhaft angeben, und aus seinen Büchern, wenn er überhaupt dergleichen habe, richtig und vollständig mittheilen werde, oder wenn er auch wollte, mit Wahrheit mittheilen könnte. Krug wies nach, dass die in Brüggemanns Beiträgen für Pommern abgedruckte Fabrikentabelle unmöglich richtig sein könne.

Dagegen täuschte sich Krug in Betreff der eigentlichen Productionstabellen: »Die Tabellen von der Aussaat und dem Durchschnittsertrage aller Grundstücke und von der Menge des vorhandenen Viehes aller Art sind nicht bloss die brauchbarsten Quellen zu einer berechnenden Statistik, sondern sind glücklicherweise die glaubwürdigsten unter allen, und die fortgesetzte Aufmerksamkeit der hohen Staatsbehörden kann ihnen eine Vollkommenheit und eine über allen Zweifel erhabene Sicherheit geben, welche — bei allen vorhergenannten statistischen Notizen unmöglich ist. Diese Tabellen werden im Einzelnen durch die Schulzen auf den Dörfern, die Beamten auf den Aemtern und die Magisträte in den Städten aufgenommen, und hier kann der Aufnahme der örtlichen Behörde nicht leicht ein Scheffel Aussaat entgehen, da diese Officianten die Feldflur ihres Ortes genau kennen und die vielleicht willkürlichen und zu geringen Angaben einzelner Ackerbesitzer schon nach ihrer Kenntniss des Bodens zu beurtheilen wissen. Noch leichter ist es bei der Angabe vom Viehstande, Fehler zu vermeiden und Verleugnungen zu entdecken, und so kann dieses Tabellenwesen mit völligem Rechte die schönste Grundlage staatswirthschaftlicher Betrachtungen sein.« — Von den Populationslisten sagte Krug im Abriss der preussischen Statistik, die Todtenlisten seien nun in unserem Staate zu der wünschenswerthesten Vollkommenheit gekommen; die Zählungslisten seien noch wichtiger, völlige Genauigkeit zu erreichen sei nicht möglich, es komme bei Millionen nicht auf einige Hundert an. Auch hierin scheint Krug die Vollkommenheit der Aufnahmen überschätzt zu haben.

Errichtung des statistischen Bureaus.

Die consequente und scharfsinnige Durchführung der Grundsätze eines damals im allgemeinen noch sehr anerkannten staatswirthschaftlichen Systems in der Statistik des preussischen Staates musste grosse Aufmerksamkeit erregen; Krug erhielt ein sehr beifälliges Cabinetsschreiben und wurde zum Kriegsrath ernannt. Nach den in der Zeitschrift des statistischen Bureaus mitgetheilten beiden Cabinetsordres de dato Cörbelitz 28. Mai 1805 kann es nicht zweifelhaft sein, dass Krugs Werk über den Nationalreichthum zur Errichtung des statistischen Bureaus die Hauptveranlassung gegeben hat. »Seine Königliche Majestät«, heisst es unter Bezugnahme auf dieses Werk, »finden es wichtig, die aus diesen statistischen Tabellen genommenen Darstellungen zu berichtigen und jährlich fortzusetzen, um die Veränderungen, so vorgehen, zu übersehen. Zu diesem Ende wollen Sie bei dem Commercial-, Fabriken- und Accise-Departement, wo es am zweckmässigsten und ohne bleibende Kosten nur mit einem geringen temporären Zuschuss geschehen kann, ein Bureau errichten lassen, worin alle bei den verschiedenen Departements und Behörden des General-Directorii und des schlesischen Finanzministeriums, imgleichen bei den Special-Departements geführten statistischen Tabellen vereinigt und zu einem Ganzen bearbeitet werden sollen.« Andererseits ging der Plan zur Errichtung dieses Bureaus dem Erscheinen des Werkes höchst wahrscheinlich voran; die mehrfachen Verbesserungen statistischer Aufnahmen, welche der Staatsminister Freiherr vom Stein bereits im Anfang des Jahres 1805 in Anregung brachte und durch den Geheimen Finanzrath von Beguelin bearbeiten liess, zusammen mit dem Umstande, dass bei der äusseren Herstellung des Bureaus ausschliesslich der letztere mitwirkte, lassen darauf schliessen, dass ebensowohl in der Errichtung des Bureaus, wie nachmals bei den Arbeiten desselben der schöpferische Geist des grossen Stein thätig gewesen ist.

Die Mitglieder des Bureaus.

Es erklärt sich hieraus der eigenthümliche Dualismus, der in der ganzen Organisation und in den Arbeiten des Bureaus selbst eintrat: dass nämlich der Geheime Rath von Beguelin bei dem Bureau blieb, obwohl die Cabinetsordre vom 12. November 1805 die vom Minister beantragte Unterordnung Krugs unter denselben ausdrücklich abgelehnt und bestimmt hatte, dass Krug unter der unmittelbaren Leitung des Ministers stehen sollte. Krug war indess der einzige besoldete Beamte des Bureaus, (sein Gehalt betrug 1040 Thlr.), alle übrigen Beamten desselben blieben in ihrer früheren Stellung und vollzogen die übertragenen Arbeiten als Nebengeschäfte ohne Entschädigung. »Da verschiedene Behörden«, sagte Beguelin in dem an den Minister am 8. October erstatteten Bericht, »mit vielen Officianten wenig leisten, so möchte ich, dass das statistische Bureau sich dadurch auszeichne, dass es mit einem kleinen Personal viel leiste und so wenig als möglich Ausgaben verursache.« Und in der That, der Vorzug ist dem statistischen Bureau des preussischen Staates dauernd geblieben, dass die Leistungen desselben zu der Geringfügigkeit der auf dasselbe verwendeten Mittel ausser allem Verhältniss stehen. Auch eine besondere Localität wurde für das Bureau nicht beschafft, vielmehr blieb es in den Räumen des Accise-Departements. An der Sparsamkeit der Einrichtung mag es gelegen haben, dass auch manche tüchtige Kraft dem Bureau fremd blieb, so findet sich, dass der Geheime Rath Borgstede den Secretair Bratring, Verfasser der Topographie der Mark Brandenburg, zur Uebernahme an das Bureau empfohlen hatte. — Wie wenig übrigens die scheinbare Rivalität, welche in den in der Zeitschrift des statistischen Bureaus mitgetheilten Cabinetsordres vom Jahre 1805 zwischen Beguelin und Krug hervortritt, dazu diente, die Thätigkeit des letzteren zu beeinträchtigen, ergiebt sich nicht allein aus Krugs späteren eigenen Aeusserungen, sondern noch mehr daraus, dass Beguelin vorzüglich bemüht war, Krug eine seiner würdige Thätigkeit zu sichern, und die Ueberweisung des Kriegsraths Genz als Expedienten an das Bureau ausdrücklich dadurch motivirte, dass Krug seine Zeit besser als mit Expediren verwenden könne; es war vielmehr ein einträchtiges Zusammenwirken beider Männer, und die von Stein dem statistischen Bureau zugeschriebenen Arbeiten wurden theils von Beguelin theils von Krug bearbeitet; mitunter gab jeder von beiden gutachtliche Aeusserungen ab, oder Krugs Ausführungen wurden von Beguelin mit Bemerkungen und Zusätzen begleitet.

2. Die Aufgaben des statistischen Bureaus.

Instruction für das statistische Bureau.

Kurze Zeit nachdem er bei dem Bureau eingetreten, erhielt Krug den Auftrag, von dem Tabellenwesen in Südpreussen und Neuostpreussen an Ort und Stelle Kenntniss zu nehmen. Die von ihm entworfene Instruction für das statistische Bureau wurde vom Minister am 1. November dem Könige vorgelegt; ihr wesentlicher Inhalt wurde in einem Artikel der Annalen, »die Errichtung eines besonderen statistischen Bureaus für die preussischen Staaten«, der, wie es scheint, vom Professor Jacob verfasst ist, mitgetheilt. Dasselbe wird als Annexum des Generaldirectoriums bezeichnet, als Chef desselben der Staatsminister vom Stein, als Mitglieder desselben der Geheimerath von Beguelin und der Kriegsrath Krug. Der Hauptgegenstand der Thätigkeit des Bureaus sollte die möglichst genaue Bestimmung des Nationalvermögens dem Staates und der Stufe des Wohlstandes sein, auf welcher die verschiedenen Classen der Unterthanen stehen; es sollte daher alles thun, um über alle zur Bestimmung des Nationalvermögens nöthigen Punkte zur möglichst grössten Gewissheit zu kommen. Die Resultate seiner Untersuchungen und Notizen sollte das Bureau in einer Haupttabelle über die Fortschritte des Nationalvermögens dem Chef und dieser dem Könige vorlegen. Dieses Tableau sollte die Grösse der cultivirten Fläche, die Volksmenge, den Ertragswerth der verschiedenen Culturarten (der Aecker, Forsten, Seen, des Viehstandes, der Bergwerke), den Werth der Veredelung (Fabriken, Manufacturen, Schiffbau, Hüttenwerke) und die Vortheile des Handels in bestimmten, den wahren Preisen angemessenen Zahlen enthalten. Es sollte ferner eine Nachweisung über die Consumtion nach dem Ergebniss der Acciseregister entwerfen, die Production mit der Consumtion vergleichen, den Werth der ausgegangenen inländischen und eingegangenen ausländischen Producte und Waaren balanciren, und dadurch den Zustand der Handelsbilanz des preussischen Staates bestimmen. Es sollte auch die Veränderungen des Wechselcourses und des Disconts berücksichtigen, die Ab- und Zunahme der verschiedenen Zweige der Industrie, die Masse der productiven und unproductiven Capitalien, die hypothekarischen Schulden, insbesondere die der landschaftlichen Creditinstitute etc. Ausserdem sollte das Bureau am Ende jedes Jahres einen historischen Ueberblick ausarbeiten, von dessen Inhalt nachstehend die Rede sein wird. Zu diesem Zwecke sollte das Bureau alle bei den einzelnen Staatsbehörden üblich gewesenen Schemata zu tabellarischen statistischen Notizen einsehen, prüfen und dem befohlenen Zwecke gemäss einrichten, so das alle statistischen Tabellen in allen Provinzen übereinstimmend gemacht würden. Jeder Departementschef konnte von dem Bureau die Beantwortung solcher Fragen erfordern, die zu dessen Geschäftskreis gehörten; zu diesem Zwecke sollte aus allen Acten und Nachweisungen des Bureaus nach und nach ein statistisch geographisches Archiv gebildet werden, welches fortlaufend die neuesten und sichersten Notizen für jede einzelne Stadt und jeden Kreis, und für die einzelnen Zweige der Statistik geben könnte. Das Bureau sollte nicht auf die einmal angenommenen Grenzen beschränkt sein, sondern die Mitglieder desselben sollten unablässig bemüht sein, den Staat und dessen Theile in allen Beziehungen kennen zu lernen und nach der politischen Arithmetik zu beschreiben, und die gefundenen Resultate ihrem Chef vorlegen. Die Mitglieder des Bureaus sollten sich auch damit beschäftigen, staatswirthschaftliche Streitfragen mit statistischen Berechnungen zu beantworten, und den Nutzen oder Nachtheil einer vorzunehmenden Operation darzustellen, damit man bei wohlgemeinten Vorschlägen nicht durch die Vorspiegelung unüberwindlicher Hindernisse abgeschreckt würde, sondern das Bureau diese Hindernisse wo möglich in Zahlen darstellen könne. Wenn das statistische Bureau bei seinen Combinationen Maassregeln wahrnehme, die für das Wohl des Staates wünschenswerth seien, so habe es solche Vorschläge auszuarbeiten, mit Zahlen zu belegen und dem Chef vorzulegen.

Aus diesen der Instruction selbst entnommenen Bestimmungen erhellt, dass das statistische Bureau nicht allein den Zweck hatte, die gesammten statistischen Aufnahmen zu regeln und zu centralisiren, sondern, dass ihm auch die Aufgabe ihrer vollständigen Verarbeitung und namentlich ihrer Verwerthung für die Zwecke der Staatsverwaltung zugewiesen war; und das ist umsomehr hervorzuheben, als später die Behauptung aufgestellt wurde, dass dieser letzte Zweck erst dem im Jahre 1810 errichteten Bureau neu zugewiesen worden sei.

3. Die Arbeiten des statistischen Bureaus.

Die Mitglieder des Bureaus gingen die vorhandenen Materialien in kürzester Zeit durch; ausser den über die Aufnahmen für die einzelnen Kriegs- und Domainenkammern vorhandenen Nachrichten wurden auch von den Accisedirectionen Nachweisungen der dort in Anwendung befindlichen Schemata eingezogen, wobei sich dann, wie bei den für die einzelnen Kammern aufgestellten Tabellen, vielfache Ungleichförmigkeit in der Zahl und Einrichtung der Formulare ergab. Schon am 19. November legte Krug seinen Plan für die künftige statistische Tabelle vor, verbunden mit Vorschlägen für die bessere Bearbeitung der Statistik bei den Kammern, auf beides kommen wir unten. — Die nächste Thätigkeit war darauf gerichtet, für den Jahresbericht die nöthigen Angaben zu beschaffen. Es wurden die verschiedenen Departements aufgefordert, die rückständigen Tabellen einzusenden, und für diejenigen Landestheile, in welchen das Tabellenwesen noch nicht gehörig regulirt war, nur die hauptsächlichen Tabellen eingefordert. Verarbeiten.

Es wurden ferner die bei besonderen Verwaltungszweigen befindlichen Nachrichten eingezogen und, soweit dies nicht für das laufende Jahr mehr möglich war, wurde Fürsorge getroffen, dieselben für den nächsten Bericht vollständiger zu erhalten.

Der Jahresbericht.

Der Jahresbericht für das Jahr 1804/5: statistisch-historischer Bericht genannt, ist zum grösseren Theile von Krug's Hand geschrieben, er wurde von Beguelin mittelst Bericht vom 22. Mai 1806 vorgelegt. Er behandelt eine Reihe wichtiger statistischer Gegenstände unter acht Hauptrubriken, demselben beigefügt waren 24 statistische Tabellen. Er zeigt sich weder als abgeschlossen in Betreff der zu behandelnden Gegenstände, noch erschöpft er diejenigen, über welche er statistische Nachrichten beibringt; er giebt sich mehr als eine Probe desjenigen, was später das Bureau in weiterem Umfange würde leisten können. Für die Ausarbeitung dieses Berichts wurden Krug und den beim Bureau angestellten Subalternbeamten 500 Thaler angewiesen; eine Veröffentlichung desselben ist, wie es scheint, niemals erfolgt. Es dürfte zweckmässig sein, bei übersichtlicher Besprechung des Inhalts dieses Berichts die Thätigkeit des Bureaus nach den verschiedenen Richtungen der Statistik darzulegen:

Meteorologische Nachrichten.

Der erste Abschnitt behandelte die Meteorologie, und zwar in ähnlicher Weise, wie sie sich später regelmässig in den Zeitungsberichten der Regierungen behandelt findet. Die Nachrichten hatte Beguelin von dem Prediger Gronau eingezogen. Die mitgetheilten Tabellen ergeben den höchsten und niedrigsten Stand des Thermometers und des Barometers, die Windrichtung, die Zahl der Tage nach der Wärme (kalt, gelinde etc.), nach der Feuchtigkeit (trocken, feucht, gemischt) und nach der Himmelsklarheit (heitere, helle, trübe Tage) und die Zahl der Sturm-, Regen-, Hagel-, Schnee-, Gewittertage. Mit dem Anfang des Jahres 1806 kündigte das statistische Bureau an, sollten auf verschiedenen Stellen der Monarchie regelmässige meteorologische Beobachtungen beginnen.

Gesundheitszustand.

Der zweite Abschnitt, Gesundheitszustand, behandelte den Krankheitscharakter des betreffenden Jahres (gleichfalls in der Art der späteren Zeitungsberichte). Derselbe war nach dem eingezogenen Bericht des Ober-Medicinal- und Sanitätscollegs gearbeitet, welches zu diesem Zwecke besonders aufgefordert war, auf die Ursachen der betreffenden Krankheiten Rücksicht zu nehmen, ob dieselben in den Temperaturverhältnissen, den Luftbestandtheilen, den Nahrungsmitteln zu suchen seien. In demselben Abschnitt wurde der Gesundheitszustand der Thiere besprochen.

Die Populationsliste.

Der dritte Abschnitt behandelte die Population: hier hatte Krug probeweise die Nachrichten über die Ehen, Geburten und Sterbefälle im Fürstenthum Neuchatel bearbeitet und ausserdem allgemeine Zusammenstellungen der Einwohnerzahl, der Geburten etc., der Todesursachen gegeben. An der Besprechung der letzteren fand Beguelin Anstoss, die Ansichten beider gingen hier principiell auseinander und man sieht, dass Beguelin gleichfalls von selbständigen staatswirthschaftlichen Grundsätzen ausging. »Diese Bemerkungen über die Kuhpocken«, schrieb Beguelin, »würde ich weglassen: die Armuth nimmt zu, das heisst: es wird mehr consumirt als producirt, je mehr also die Zahl der Consumenten sich vermehrt, desto kleiner wird die Portion der Producte für jeden. Wozu also viel Mühe sich geben, Menschen vor einer Todesart zu schützen, um sie nachher verhungern zu lassen? Die Erfindung an sich ist sehr wohlthätig, und wenn die Menschen mehr produciren, als sie für sich und ihre Kinder brauchen, werden sie von selbst Gebrauch davon machen; wer aber kaum ein Kind ernähren kann, für den ist ein Mittel, die übrigen zu erhalten, keine Wohlthat«. Ueberhaupt war Beguelin in diesem Zweige der Statistik thätig, und er giebt gelegentlich an, dass er den Plan zu einer Populationstabelle ausgearbeitet habe. Abgesehen von einer Veränderung der Form der Aufstellung, wirkte er auch für die Verbesserung des Materials, er schrieb im April 1806 an das Ober-Medicinalcolleg: die Tabellen der Todesursachen seien offenbar falsch, da nach denselben Altersschwäche und Epilepsie die meisten Menschen getödtet haben würde; man müsse auf richtige Nachrichten dringen, um auf die Beseitigung localer Uebel wirken zu können: in den Tabellen müsse die primitive Todesursache angegeben werden, nicht die erst hinzugetretene Krankheitsart; die Prediger müssten eine Instruction erhalten, welche sie in den Stand setze, die Art der Krankheit an den Symptomen deutlich zu erkennen. Die betreffenden Verhandlungen hatten jedoch geringen Erfolg, das Medicinalcolleg rieth, dass in allen Fällen, wo der Kranke ärztlich behandelt sei, die Todesursache durch ärztliches Attest festgestellt werde; könnte dieselbe nicht durch einen Arzt, sondern nur von den Angehörigen in Erfahrung gebracht werden, so möchte der Geistliche lieber die Rubrik für unbestimmte

Krankheiten benutzen, als eine willkürliche Angabe aufnehmen; auch dieser Rath wurde in dem Rescript des Ressortministers noch abgeschwächt.

Flächeninhalt und Bodennutzung.

Der vierte Abschnitt behandelte die Production; ein Gesammttableau konnte nicht vorgelegt werden, da nicht in allen Provinzen die Nachrichten für 1804 aufgenommen waren. Es wurden die Schwierigkeiten der Ermittelung dargelegt; dieselben waren dadurch vermehrt worden, dass man die von den Gutsbesitzern für die statistischen Tabellen erforderten Angaben über die Aussaat als Maassstab zur Vertheilung der Getreidelieferung benutzt hatte. Das Bureau versprach neue Tabellenformulare für die Production and die Consumtion zu liefern, es seien alle Veranstaltungen getroffen, diese Notizen vollständig und möglichst sicher zu erhalten. — Das statistische Bureau legte ferner Gewicht darauf, dass specielle Landesvermessungen vorgenommen würden, es wurde ein Fall angeführt, in dem die Vermessung über das Doppelte des catastrirten Ertrages ergeben hatte. In Betreff der Vertheilung des Flächeninhalts auf die verschiedenen Nutzungarten war der Minister v. Schrötter, welcher in den Jahren 1796 bis 1802 die Vermessung und demnächst die Kartirung von Ost- und Westpreussen durch den Hauptmann v. Textor und den Baudirector Kriegsrath Fr. Bh. Engelhardt (von der Kammer zu Plock) hatte ausführen lassen, um Auskunft ersucht worden. Der Minister für Preussen erklärte eine genaue Feststellung zwar für nicht mehr möglich, war aber bereit, eine oberflächliche Berechnung anfertigen zu lassen, welche zwischen Genauigkeit und Wahrscheinlichkeit in der Mitte stehen werde; gleichzeitig aber wünschte er dringend, dass der Minister vom Stein von der Ermittelung der Production Abstand nehmen möchte, da seit die Aussaattabellen als Steuergrundlage benutzt seien, noch weniger als vorher ein richtiges Ergebniss zu erwarten sei. Die betreffende Aussaattabelle von allen Provinzen nebst den danach auf die einzelnen Provinzen vertheilten Quantitäten ist im ersten Theil der Kurmark Brandenburg vom Oberpräsidenten v. Bassewitz veröffentlicht worden. Die Berechnung nach der Schrötter'schen Karte wurde so aufgestellt, dass der Umfang derjenigen sechs Nutzungarten des Bodens, welche auf der Karte angedeutet waren, angegeben wurde. In Verbindung mit diesen Arbeiten wurde ein vollständiges Ortschaftsverzeichniss (topographische Nachrichten) von Ost- und Westpreussen aufgestellt, welches die Qualität der Ortschaften, die Kirchen, Mühlen, Feuerstellen (nach der Grundherrschaft und den landwirthschaftlichen Besitzverhältnissen unterschieden), sowie die Landeseintheilung, Patrimonial-, Verwaltungs-, Justiz- und Militärverhältnisse angab.

Werth und Verschuldung des Bodens.

In Betreff des Werths des Bodens wurde im Jahresbericht nur eine Tabelle der Besitzveränderungen der Landgüter mitgetheilt, welche vom Lehnsdepartement eingezogen war; in Betreff des Gebäudewerthes wurde auf die Angaben der öffentlichen Feuersocietäten Bezug genommen, welche nach einem bestimmten (später im wesentlichen beibehaltenen Schema) eingezogen waren. Ueber die Besitzverhältnisse an Grund und Boden liess Stein ebenfalls Auskunft aus den einzelnen Provinzen durch Vermittelung des Grosskanzlers einziehen. Von dem hypothekarischen Schuldenzustande wurde die Zusammenstellung noch vorbehalten; bereits im Juni 1805 war der Grosskanzler ersucht worden, diese Nachrichten aufstellen zu lassen, die Aufnahme war anfangs abgelehnt, auf wiederholtes Ersuchen aber zugesagt worden; indess kamen die Nachrichten nicht von allen Regierungen zusammen. In Betreff der Pfandbriefschulden wurden im Februar 1806 von den Creditinstituten statistische Angaben für den Zustand zu Ende des Jahres 1805 erfordert. Die Vasallentabellen beabsichtigte Krug so umzugestalten, dass sie über den Werth der Güter zuverlässige Auskunft gäben, namentlich durch Hinzufügung der Quelle, aus welcher die Werthangaben geflossen seien. — Auch über den Ertrag des Bodens und die Grundsätze der Veranschlagung des Ertragswerthes wurden von den Provinzialdepartements Nachrichten eingezogen; die Aufnahmen, welche in Schlesien über den Steuerertrag bestanden, gaben hierzu die nächste Veranlassung. Auch darüber, ob der Ueberschuss an Production durch die Parcellirungen vermehrt werde, wollte Stein Ermittelungen vornehmen, und zog hierüber bereits im November 1805 Gutachten ein.

Einzelne Productionszweige.

— Von den einzelnen Productionszweigen wurden in dem Jahresberichte nur die Tabaks-, Seiden- und Wollenproduction und Industrie nach den Zusammenstellungen des Fabrikendepartements behandelt, weitere Uebersichten vom Obst-, Wein-, Flachs-, Hopfen-, Krapp-, Kümmel- und Cichorienbau wurden vorbehalten. Die Fabrikentabelle wurde nicht vorgelegt, weil solche unvollkommen ausfallen müsste, für die Zukunft sei eine einfacher zum Zwecke führende Methode gewählt worden; ebenso wenig kommt in dem Jahresbericht die Tabelle der Production der Berg- und Hüttenwerke und Salinen vor, diese wurde vielmehr erst für das Jahr 1806 auf Requisition des Bureaus zusammengestelk.

Consumtion. Der fünfte Abschnitt des Jahresberichts behandelte die Consumtion: Hier wurde eine Zusammenstellung der wirklichen Consumtion der Städtebewohner nach den Tabellen der Accisebehörden mitgetheilt. Es waren diese Nachrichten bereits im Januar 1805 durch Beguelin für jede accispflichtige Stadt eingefordert worden, und zwar für die Jahre 1801 bis 1804; das vorgeschriebene Schema enthielt 7 Colonnen für den Getreideconsum zum Backen, Brauen und Brennen, 7 Colonnen für Schlachtvieh, 8 für Weine, Branntweine und Bier, 5 für Tabak und weitere für Zucker, Kaffee, Syrup und Südfrüchte. — Eine Getreidepreis-Tabelle wurde nur von 34 Städten beigelegt, doch erschienen diese Nachrichten dem Bureau nicht ausreichend und für 1806 wurden tabellarische Zusammenstellungen der Marktpreise des Getreides und der Feldsämereien (11 Artikel) von 113 Städten eingefordert. Zugleich wurden diese Nachrichten auch aus den auswärtigen Städten durch die Gesandtschaften und Consulate eingezogen. Bei weitem die interessanteste Tabelle war jedoch die, welche über die Preise der Lebensbedürfnisse zunächst aus 38 Städten durch Ausschreiben vom 20. December 1805 eingefordert und zusammengestellt worden war; sie wurde demnächst erweitert und durch Rescript vom 23. September 1806 die betreffenden Aufnahmen aus 74 Städten erfordert. Die Angaben der Preise bezogen sich auf die verschiedenen Lebensbedürfnisse unter 12 Hauptrubriken: Wohnung (anfangs 3, später 6 Arten derselben), — Feuerung (anfangs 4, dann 10 Arten), — Erleuchtung (5 Arten, z. B Kosten einer Laterne vor dem Hause), — Küche (127 Arten von Lebensbedürfnissen unter den Zwischenabtheilungen: Brod, Salz, Mehl, Fleisch, Milch, Sahne, Butter, Schmalz, Käse, Geflügel, Eier, Fische, Krebse, Gemüse, Wildpret, Material- und Italienerwaaren, bei diesen allein 39 Arten unterschieden, und Preise des Küchengeschirrs), — Keller (8, später 20 Rubriken), Garderobe (31, später 39 Rubriken), — Equipage (7 Rubriken), — Dienstpersonal (7, später 10 Arten), — Schreibmaterial (5, später 8 Rubriken), — öffentliche Lustbarkeiten und Preise in Gasthäusern (7 Rubriken), — Unterricht (6, später 8 Rubriken), — und bei der zweiten Aufstellung: andere Bedürfnisse (22 Rubriken, enthaltend Preise der Zeitungen, für Briefporto, Frisiren, Barbieren, Puder, Baumaterialien, Salpeter, Schwefel, allerdings eine sonderbare Zusammenstellung). Dieselben Nachrichten waren durch die Consuln aus 18 grösseren auswärtigen Städten eingezogen worden. — Auch über den Arbeitslohn und die Nachfrage nach Arbeit wollte Krug statistische Ermittelungen veranstalten.

Preise der Lebensbedürfnisse.

Einkommen. Krug ging noch weiter und beabsichtigte, durch die Accisebeamten auch Einkommentabellen in den Städten mittlerer Grösse aufstellen zu lassen, in der Weise, dass die Zahl der bestimmten Einkommenclassen der Bevölkerung (bis 300, 350, 400, 500 Thaler u. s. w.) angehörigen Personen ermittelt wurde. Die Beamten sollten diese nach ihrem besten Wissen aufstellen, ohne jedoch irgend einem Unterthanen mit officiellen Nachfragen über den Ertrag seines Gewerbes oder über seinen Verdienst beschwerlich zu fallen, und ohne überhaupt von diesen Arbeiten Andere Notiz nehmen zu lassen, als diejenigen, welche im Stande seien, die Arbeit und die Einkommensätze zu berichtigen. Diese Aufnahme scheiterte an der treffenden Randbemerkung des Ministers Stein vom 31. December: »das statistische Bureau wird mir zuvörderst die Möglichkeit einer solchen Veranschlagung darthun.«

Handel und Schiffahrt. Der sechste Abschnitt betraf den Handel. Auch hier wurden nur einzelne Zusammenstellungen gegeben, da die grossen Tabellen nicht für zuverlässig gehalten wurden; doch wurde in dem Bericht gesagt, dass zur Erlangung genauer und richtiger In- und Exportationstabellen das Nöthige eingeleitet sei. Die vorgelegten Tabellen betrafen den auswärtigen Handel der preussischen und pommerschen Seestädte nach den einzelnen Artikeln und den durch denselben gezogenen Reingewinn, den schlesischen Handel mit Wollen- und Leinenwaaren und den preussischen Holzhandel. Ferner wurden die Schiffstabellen der preussischen, pommerschen und ostfriesischen Häfen (die Schiffe nach der Lastenzahl classificirt) und die Seeschiffahrts-Tabellen, sowohl der inländischen Häfen, als die von den Consuln eingereichten Tabellen des Verkehrs preussischer Schiffe in den dortigen Häfen mitgetheilt; auch über Schiffsbauten lagen für 1804 die eingezogenen Nachrichten vor. Endlich Wasserstandstabellen von der Oder und Weichsel, weitere derartige Aufstellungen wurden vorbehalten. — Die von Beguelin eingezogenen Nachrichten über die Disconto- und Coursverhältnisse wurden so wenig wie die erforderte Auskunft über die Geldprägungen seit 1764 für den Jahresbericht benutzt.

Literatur, Unterricht. Der siebente Abschnitt behandelte die moralische und intellectuelle Cultur und sollte diejenigen Thatsachen enthalten, aus denen sich die Zunahme oder Abnahme derselben erkennen liesse; auch dieser blieb grösstentheils Programm. Es hatte hier die Zahl der Verbrechen und Selbstmorde, der Ehescheidungen, der unehelichen Geburten, der Bankerutte, der Bettler, der Erfindungen, die Frequenz der Unterrichtsanstalten jeder Art, die Zahl der erschienenen Schriften und der Geschmack in Betreff der Künste, der Schauspiele und öffentlichen Belustigungen besprochen werden sollen. Indess bewendete es bei der Tabelle der Frequenz der Universitäten und einer besonderen Aufnahme über die literarische Production; die letztere gab die Zahl der im Vorjahre erschienenen Schriften, die Bogenzahl derselben, den Preis und den Durchschnittspreis derselben an, und war zu zwei Zusammenstellungen verarbeitet, von denen die eine nach 26 Kategorien der behandelten Gegenstände, die andere nach Provinzen geordnet war.

Justiz, Strafanstalten.

Verhältniss der Stiftungen.

Die Tabellen der Elementarschulen finden sich nicht, obwohl sie in einzelnen Provinzen schon seit längerer Zeit aufgestellt wurden, und wie aus Krug's Betrachtungen etc. deutlich hervorgeht, sich dieser für die Verhältnisse des Elementarschulwesens speciell interessirte. Ebensowenig wurden die Tabellen der Civil- und Criminalprocesse und der Gefängnisse und Strafanstalten erwähnt, um deren Benutzung das statistische Bureau sich an den Grosskanzler gewendet hatte. Im Januar 1806 erstattete Krug einen Bericht, wie die regelmässigen Aufnahmen über die Strafanstalten einzurichten, und welche Nachrichten über die Stiftungen und Anstalten für Arme, Kranke, Nothleidende und Hilfsbedürftige zu erfordern seien. In Betreff des Vermögens und der Einkünfte aller Kirchen, Schulen und milden Stiftungen waren bereits im November 1805 sämmtliche betheiligte Departements um Beschaffung der statistischen Data requirirt worden.

Auswärtige Nachrichten.

Der achte Abschnitt des Jahresberichts sollte nach dem in den Annalen mitgetheilten Programm die Fortschritte des Ackerbaues, der Forstwirthschaft, der Fabrication, des Handels, der Literatur u. s. w. behandeln, statt dessen wurde hier eine Besprechung der Handels- und Finanzverhältnisse der benachbarten Staaten angeknüpft, insofern solche auf preussische Verhältnisse von Einfluss waren, z. B. die Ergebnisse auswärtiger Messen, die österreichischen Finanzverhältnisse in ihrer Bedeutung für die diesseitige Zollverfassung.

Aufnahmen über die Abgaben-Verhältnisse.

Bei Besprechung der Errichtung des statistischen Bureaus hatte J. (Jacob) seine Verwunderung ausgedrückt, dass unter den Gegenständen, deren Bearbeitung dem Bureau zugewiesen war, das Steuerwesen nicht erwähnt war; er sprach die Hoffnung aus, dass zur Bearbeitung der Statistik der öffentlichen Lasten (Staats-, Provinzial-, städtischen und localen Lasten) eine besondere Abtheilung bei dem statistischen Bureau errichtet, und von dieser auch die Organisation und der Aufwand der Staatsverwaltung in Betracht gezogen werden würde. Nach dieser Richtung hin wurden in der That bereits im Anfange des Jahres 1806 umfassende Aufnahmen veranlasst, unter Beguelins Mitzeichnung legte Krug einen Entwurf vor, nach welchem die Aufnahmen über alle an den Staat, die Communen und Grundherrschaften entrichteten indirecten und directen Abgaben veranlasst werden sollten. Dieser Entwurf wurde von Stein selbst wesentlich modificirt, er verwies auf die Nachrichten, welche über die Staatsabgaben bereits vorhanden wären und bezeichnete die Art und Weise, sie zu erlangen; die neuen Aufnahmen müssten sich auf die örtlichen Abgaben, die der Staat erhebe, die Provinzialabgaben zur Bestreitung der Provinzialbedürfnisse, die Communitätsabgaben und die Abgaben an Geistliche erstrecken; von jeder Abgabe sollte die Geschichte der Entstehung, die Erklärung ihres Namens, die Vertheilung der Abgabe, die Controle, Erhebung und Berechnung, die Höhe derselben und ihr Brutto- und Nettoertrag ermittelt werden. Diese Erhebungen stiessen bei den einzelnen Provinzialdepartements auf Schwierigkeiten, zu deren Beseitigung dann Stein selbst die Mittel bezeichnete. Der Minister für Schlesien stellte den ausserordentlichen Umfang der verlangten Ermittelungen vor, da für jede Dorfgemeinde, jede Kirchengemeinde besondere Aufnahmen gemacht werden müssten, eine solche Arbeit erfordere einen geübten Geschäftsmann, der dafür besonders bezahlt werden müsse. Hierauf beschränkte Stein seine Anforderungen und verlangte nicht mehr die Angabe der wirklich aufgekommenen Beträge; er schlug vor, die Arbeit einem geschickten Kammerreferendar als Probearbeit zu überweisen; der Minister für Schlesien lehnte das letztere ab, übersandte aber schon im August die fertige Zusammenstellung.

Nachrichten über Staatseinkünfte.

Besondere Ermittelungen erfolgten in Betreff der verschiedenen Arten von Staatsrevenuen, namentlich der Grundsteuern (auch hier mussten erst von den Verwaltungsbehörden erhobene Schwierigkeiten überwunden werden), ferner der Lotterieeinnahmen (von Beguelin bearbeitet), des Monopols des Salzhandels (von der Salzpartie der Seehandlung eingezogen) u. s. w. Auch an das Generalpostamt wurde in

Betreff der Einnahmen an Postgeld aus den einzelnen Provinzen geschrieben, das Generalpostamt lehnte aber die Auskunft ab. Das ablehnende Schreiben ging an das statistische Bureau, dessen beide Mitglieder ihre Ansicht dem Chef vortrugen. Beide hatten offenbar nicht das getroffen, was Stein im Auge hatte; auf der Rückseite des Schreibens des Generalpostamts entwarf Stein selbst das Schema für die Nachrichten, die er haben wollte, in fünf Colonnen. Das Generalpostamt beruhigte sich hierbei jedoch nicht, sondern nahm jetzt Veranlassung, Beschwerde zu erheben, dass Krug, der wohl als Urheber aller dieser Aufnahmen angesehen wurde, Nachrichten über die Posteinkünfte, welche nach einer älteren Ordre secret hätten bleiben sollen, veröffentlicht und irrige Schlüsse aus denselben gezogen hätte; Stein beantwortete diese Beschwerde damit, dass er auf die dem statistischen Bureau gestellten Aufgaben hinwies und zeigte, dass nicht Krug durch seine Veröffentlichung gegen die betreffende Ordre verstossen hätte, sondern diejenigen Postbeamten, welche ihm die Nachrichten mitgetheilt hätten.

Befugniss zur Veröffentlichung der statistischen Nachrichten.

Es blieb dies aber nicht der einzige Fall, in welchem die Oeffentlichkeit, welche Krug über die preussische Statistik nach allen Seiten hin zu verbreiten suchte, Anstoss erregte. In heftiger Weise wurde er wegen Veröffentlichung des Güterwerthes nach den Vasallentabellen durch einen Landrath von W. angegriffen, und dessen Beschwerde durch das niedersächsisch-westfälische Provinzialdepartement dem Minister Stein übersandt. Krug verlangte, dass der Landrath dafür zurechtgewiesen werde, dass er die vorgesetzte Behörde im Gebrauche der Tabellen einschränken wollte; »das ist auch ahndungswürdig« schrieb Stein an den Rand. »Die W.schen Behauptungen« schrieb Stein an den Minister von Angern, »zeugen nicht von der Wahrheitsliebe und Unparteilichkeit dieses Mannes«; »der Landrath von W. hat sich wohl vorzusehen, in seinen Aeusserungen vorsichtig zu sein, damit nicht von ihm Beweise (über das von demselben behauptete laute Murren der Unterthanen) gefordert würden«. Zugleich wies Stein nach, wie derartige Angaben für andere Provinzen und selbst in einem näher bezeichneten Werke für dieselbe Provinz unangefochten veröffentlicht worden seien. — Dennoch gab dies Stein Veranlassung, zunächst zu untersagen, dass von den Nachrichten des statistischen Bureaus anderer als officieller Gebrauch gemacht werde. Krug reichte hierauf am 5. Juni 1806 ein ausführliches Promemoria ein, indem er in mildester Objectivität diese ihn so lebhaft berührende Frage zergliederte und die Ansicht aussprach, dass »der Begriff von Geheimhaltung dem Begriff von Wissenschaft wohl widersprechen möchte«; er sprach den Wunsch aus, dass die statistischen Nachrichten auf officiellem Wege in das Publicum gebracht werden möchten, es werde dies ein besseres Mittel zur Vermehrung der Vaterlandsliebe sein, als etc. Die Sache wurde durch eine Cabinetsordre vom 16. October 1806 dahin erledigt, dass die Veröffentlichung der Daten über Population, Production, Fabrication, Cultur, Handel, Schiffahrt und bürgerliche Verfassung der Unterthanen mit Genehmigung des Chefs des Bureaus gestattet sein solle, nicht aber die Veröffentlichung der statistischen Data über Privateigenthum, Geldinstitute, Creditsysteme, Staatsschulden und öffentliches Einkommen.

4. Die projectirte Reform der statistischen Tabellen.

Unterbrechung der Aufnahmen.

Die Arbeiten des statistischen Bureaus wurden durch die französische Occupation des grössten Theiles der preussischen Länder unterbrochen, das Bureau hörte thatsächlich auf zu bestehen. Schon der Extract der Bevölkerungsaufnahme von 1805 kam nicht mehr aus allen Provinzen zu Stande. Die statistischen Aufnahmen waren in den fränkischen Ländern durch die Gebietsaustausche unterbrochen worden; in den niedersächsisch-westfälischen Provinzen war die Erhebung der Data aus den neu erworbenen Landestheilen theilweise erst im Werke, als unter dem 1. October 1806 die Aufnahmen daselbst förmlich sistirt wurden; in den übrigen Provinzen wurden für die nächsten Jahre nur diejenigen Aufnahmen, welche die Behörden nach der Lage der Umstände thunlich hielten, ausgeführt und selbst die Aufstellung der Populationslisten, deren Continuität am meisten zu wünschen gewesen wäre, wurde in einem Theile der dem Königreiche Preussen verbliebenen Provinzen in den Jahren 1806 und 1807 ausgesetzt. So kam auch die hauptsächliche Reform der statistischen Tabellen nicht zu Stande, zu welcher Krug in Verbindung mit den Verbesserungsvorschlägen für die Aufnahme und Controle derselben kurz nach der Errichtung des Bureaus seine Vorlagen gemacht hatte.

Krug's Organisations-Vorschläge für die statistischen Arbeiten.

In Betreff der Organisation der Statistik trug Krug vor: »Es sind gewiss bei jedem Provinzialcolleg einige Mitglieder, die durch ernstliches Studium der Staatswirthschaft und Nationalöconomie auf den wichtigen Einfluss der Statistik in diesen genannten Wissenschaften aufmerksam gemacht worden sind, und welche also dieses Geschäft nicht bloss aus Amtspflicht, sondern auch mit Neigung und Liebe zur Sache betreiben; dergleichen Staatsbeamten soll daher in Zukunft die Bearbeitung dieses Zweiges der höheren Landespolizei aufgetragen werden« (ähnliche Vorschläge, zugleich dahin gehend, dass der betreffende Rath der Kammer mit dem statistischen Bureau in unmittelbare Correspondenz treten möchte, hatte Krug schon im Juni 1805 dem Minister erstattet); »es soll diesen die Wahl der Personen überlassen werden, welche alle vorgeschriebenen Tabellen an Ort und Stelle aufnehmen und ausfüllen, wobei die damit beschäftigten Officianten für ihre Mühe verhältnissmässige Diäten zu liquidiren befugt sein sollen; dahingegen wird auch in Zukunft die Arbeit dieser Officianten einer Controle unterworfen und nach Befinden der Umstände in jedem Departement und Bezirk durch einen von uns unmittelbar bestimmten Commissarius untersucht werden«. Stein bemerkt hierzu: »Es kann kein besonderes, von der übrigen Polizeiverwaltung getrenntes Tabellen-Departement gemacht werden, sondern diese Geschäfte müssen durch die Landespolizei und Finanzcollegien, d. h. durch die Kammern gehen. In den Kammern kann dieses Geschäft einem besonderen Geschäftsmann, der Neigung zu statistischen Arbeiten hat, anvertraut und dieser von dem Präsidium namhaft gemacht werden«. Die Wahl der Officianten für die localen Aufnahmen etc. erklärte Stein für unausführbar, mit den Controlemaassregeln war er einverstanden. Krug schloss seine betreffenden Vorschläge damit: »Um eine Art von Wetteifer unter diese Officianten zu bringen, und ihnen zugleich zu zeigen, welchen Werth man auf die von ihnen zu sammelnden und einzusendenden Berichte legt, wäre es vielleicht zweckmässig, einige Prämien auszusetzen, welche die Officianten erhalten sollten, die von ihrem District die vollständigste und belehrendste statistische Beschreibung lieferten. Diese Prämien würden gewiss für viele, welche die Einsammlung der Notizen jetzt sehr leichtsinnig behandeln, dem Geschäft mehr Interesse geben und sie aufmuntern, neben ihren mechanischen Arbeiten sich mehr um wissenschaftliche Bildung zu bemühen, die sie zu brauchbaren Dienern des Staats und auch zu besseren Menschen machen würde«. In diesen Anschauungen stand Krug nicht allein; im April 1806 ging von dem Kammerdirector von Salis in Königsberg ein Promemoria ein, welches ausführliche motivirte Vorschläge zur Errichtung topographischer Bureaus bei den Provinzialkammern enthielt; zur vollständigen Sammlung, sorgfältiger Prüfung und besserer Benutzung der statistischen Nachrichten an denselben sollten ein Rath, ein Calculator und der Registrator, welcher die Kartensammlung hätte, verwendet werden.

Krugs Tabellen-Entwürfe.

Bei der Ausarbeitung der Schemata, welche Krug vorlegte, hatte er sich bestrebt, das Brauchbare der bisherigen Tabellen beizubehalten. Er hatte, wie er selbst sagte, im Allgemeinen die südpreussischen Formulare zu Grunde gelegt, vermuthlich neue Tabellen, welche damals bei dem Provinzial-Departement entworfen waren, jedoch die Abweichungen anderer Provinzen, namentlich der schlesischen Formulare berücksichtigt; er hatte aus den neben den hauptsächlichen Tabellen bestehenden kleineren Schematen einzelnes von allgemeinem Interesse übernommen, um die überflüssigen Tabellen ganz beseitigen und die Zahl der von den Kammern eingereichten Tabellen und periodischen Nachweisungen beschränken zu können. Er legte die Formulare zu drei Tabellen vor: zur statistischen Tabelle vom Zustande der Städte beziehungsweise des platten Landes, zur Bevölkerungs-Tabelle und zur Producten- und Viehstands-Tabelle. Jedem Formular war eine ausführliche Instruction beigegeben; gerade in dieser Beziehung hatte bisher in den einzelnen Provinzen grosse Verschiedenheit bestanden. — Die statistische Tabelle vom Zustande der Städte enthielt 69 Colonnen und behandelte hauptsächlich den Gebäudebestand. Die Art der Gebäude (öffentliche, königliche, städtische), Kirchen (nach der Confession), Klöster, Hospitäler, Armenhäuser, Schulen, Gasthäuser, Krüge, Privathäuser, Scheunen, Ställe, ferner die Unterscheidung nach dem Baumaterial und nach der Bedachung; dann folgten die Versicherungssummen, die gezahlten Prämien, die Hypothekenschulden, die Feuerlöschinstrumente und Strassenlaternen, die Kämmereibesitzungen und die Nachrichten über den Communalhaushalt, die Servisleistungen und Baufreiheits-Gelder, die Zahl der Märkte, die Zahl der Mühlen verschiedener Art und die der Bergwerke, Hütten, Hämmer, Ziegeleien, Theeröfen, Glashütten etc. und anderer Fabriken. Endlich kam hier die Zahl der ausgehobenen Rekruten vor, die allerdings wohl nicht hierhin gehörte. — Aehnlich waren die Angaben für die statistische Tabelle vom platten Lande, doch waren dort statt der Kämmereinachrichten etc. besondere Colonnen für die Zahl der Güter, mit Unterscheidung theils ihrer Grösse nach der Hufenzahl, theils ihrer rechtlichen Eigenschaft

Die statistische Tabelle.

(ob sie adlige Güter sind, ob einer Grundherrschaft unterworfen, ob sie Naturaldienste leisten) und für die Grösse der Gemeinheits-Ländereien ausgeworfen.

Die Bevölkerungs-Tabelle.

Die Bevölkerungs-Tabelle enthielt 405 Colonnen: zunächst die Zahl der Familien und Haushaltungen vom Civil mit den älteren Unterabtheilungen als Wirthe, Kinder, Hausgenossen, Dienstboten, und zwar männlichen, weiblichen Geschlechts (Colonne 2 bis 9), dann die Militärbevölkerung mit ähnlichen Unterabtheilungen (Colonne 34 bis 40), dann eine Classification nach dem Alter bis 1, 3, 5 Jahr, und so fort in fünfjährigen Perioden (Colonne 46 bis 67), und nach dem Civilstand: Zahl der Ehepaare (Colonne 16), Verwittwete und Geschiedene (Colonne 42 bis 45). Alle übrigen Rubriken behandelten den Beschäftigungsstand, hiervon waren die in Hospitälern, Findelhäusern und sonstigen milden Stiftungen befindlichen, ferner die in Zuchthäusern, Straf- und Correctionsanstalten befindlichen, vorweg ausgeschieden (Colonne 10 bis 15), ausserdem standen besonders die katholischen Welt- und Klostergeistlichen (Colonne 17 bis 19), die Enrollirten und Beurlaubten (Colonne 20 bis 22), die Adeligen (Colonne 23 bis 29), Mennoniten (30. 31), Juden (32. 33), dann folgten von Colonne 68 ab die dienstthuenden und pensionirten Beamten, die protestantischen Geistlichen, die Schullehrer, die Küster und Kirchenbediente und dann die übrigen Beschäftigungs- bez. Gewerbs-Arten nach dem Alphabet geordnet (darunter auch Aerzte, Almosenempfänger, Gelehrte ohne Anstellung, Jagd- und Forstbeamte, Invaliden und Renteniere), bei 53 Handwerken wurde die Zahl der Meister, Gesellen und Lehrlinge unterschieden, andere Unterscheidungen der Arbeitsstellung kamen bei den Kaufleuten, den Fuhrleuten und Scharfrichtern vor. In der Bevölkerungstabelle vom platten Lande waren die Colonnen für die Beamten zusammengezogen, und statt derselben 7 Colonnen für Gutsbesitzer, Pächter, Altsitzer, Einlieger etc. eingeschoben. — Wenn diese Tabelle in Betreff der Unterscheidung nach Alter und Civilstand entschiedene Fortschritte enthielt, so war dagegen nicht in Abrede zu stellen, dass die Einrichtung nach Beschäftigungsclassen der Kritik Seiten zum Angriffe bot, es fehlte die Unterordnung unter allgemeine Rubriken und es tritt auch die Unterordnung unter allgemeine Gesichtspunkte nicht deutlich hervor. So hatte z. B. Krugs Neigung, die vorhandenen Unterscheidungen zu erhalten, zu einer Ausführlichkeit in Betreff der Colonnen der Adligen geführt, die für ein Uebermaass von Vorurtheil gehalten werden konnte. Dass Krug einen derartigen Vorwurf nicht verdiente, zeigt seine unbefangene Besprechung in den Betrachtungen über den Nationalreichthum Theil II. Seite 480, wo er davon handelt, wie sehr der preussischen Regierung an der Zahl und dem Wohlstande der Adeligen gelegen sei, und welche Sorgfalt in der That die Verwaltung diesen Verhältnissen zuwendete, dafür ist uns ein statistisches Document in dem Formular zu dem kurmärkischen Extracte von den Jungen von Adel erhalten.

Die Einwohnerverzeichnisse.

Für diese Bevölkerungs-Tabelle schlug Krug vor, dass Polizeirollen eingeführt werden sollten, in welchen nach der Nummer der Häuser (eine Numerirung derselben sollte überall durchgeführt werden), alle Einwohner verzeichnet und alle bei denselben vorkommenden Veränderungen eingetragen werden sollten; ebenso sollten Quartierrollen über die Garnisonen, und Listen über die Fremden mit Bezeichnung des Tages des Abganges und Zuganges geführt werden. Bei der Aufstellung der Bevölkerungs-Tabelle sollte dann alle Jahr die Rolle Haus für Haus mit dem effectiven Bevölkerungsstande verglichen werden; jede Person sollte an ihrem Heimathsorte eingetragen werden, nicht da, wo sie zur Zählungszeit sich aufhielt; wer mehrere Gewerbe betrieb, sollte mit seinem Hauptgeschäft eingetragen werden.

Die Producten- und Viehstands-Tabelle.

Die Producten- und Viehstands-Tabelle enthielt die Aussaat (nach Berliner Maass, Wispel, Scheffel) für 14 Fruchtarten, und den Ernteertrag für dieselben, — dann mit Tabak bestelltes Land, gewonnene Centner Tabak, — Hopfen gewonnen, — Leinsaat, Flachs und Hanf ausgesäet, geerntet, — Krapp gewonnen, — Weinland, — Kleesaat, — Acker unter dem Pflug nach Vermessung, nach Schätzung, ähnlich Forsten, Wiesen und gesammtes urbares Land, — Zahl der Obstbäume (6 Arten), Zahl der wilden Bäume ausserhalb der Forsten, — und der Viehstand (Pferde, Fohlen, Bullen, Ochsen, Kühe, Jungvieh, Hammel, Schafe, Lämmer, Schweine, Ziegen, Esel), am Schluss: Bienenstöcke. Die Fortsetzung der Viehstands-Tabelle in der bisherigen Weise hielt Krug für unzweckmässig, da die angegebenen im Viehstand eintretenden Veränderungen nicht gehörig controlirt werden könnten; ebenso hielt er die Angaben, wieviel von dem Gewinn an verschiedenen Producten consumirt und wieviel verkauft worden sei, und verschiedene andere Rubriken, theils für zu schwierig zu ermitteln, theils für unnütz. In Betreff der Aussaat und Ernte hatte er nicht die gleichen Bedenken: die Grundeigenthümer sollten die Anzahl der geernteten Schocke angeben, die Behörde den wirklich geernteten Betrag durch Probedreschen ausmitteln; in Betreff der Richtigkeit der Angaben sollte dem Grundbesitzer die Androhung gestellt werden, dass man bei Verdacht der Unrichtigkeiten Nachrevisionen veranlassen und eventuell ihm die Kosten derselben zur Last legen werde. Die Aufnahme der Producten-Tabelle sollte in den Monaten März bis Mai jedes Jahres erfolgen, und die aufnehmenden Beamten besonders remunerirt werden.

Als einen Anhang zur Productentabelle wollte Krug Nachrichten in Betreff der Grundabgaben, der Pachtsummen für gute, mittlere, schlechte Aecker, für eine Milchkuh, — der Verkaufssummen für Acker, Wiese, Gartenland, — und in Betreff der Höhe des Tagelohns, des Gesindelohns und des Lohnes der Handwerksgesellen einziehen.

Verhandlungen über die Producten-Tabelle.

Bei dem Minister vom Stein fand besonders die Producten-Tabelle Anstoss, auf die Einwendungen gestützt, welche gegen die Richtigkeit der Tabelle von den Provinzial-Departements erhoben waren (das preussische Departement hatte erklärt, die Resultate seien so auffallend unrichtig, dass sie bei keiner statistischen Berechnung und keiner staatswirthschaftlichen Operation als Fundament angenommen werden könnten), schlug Stein vor, diese Ermittelungen fallen zu lassen und die Production auf indirectem Wege zu ermitteln; es sollte die Summe des productiven Landes extrahirt und die vorhandenen Anschläge von Domänen, Erbpacht-Vorwerken und Bauerhöfen, sowie die landschaftlichen Taxen benutzt werden; er erforderte hierüber das Gutachten des statistischen Bureaus.

Beide Mitglieder des Bureaus gaben ihr Gutachten dahin ab, dass die Producten-Tabelle beibehalten werden möchte. Krug führte an, dass auf dem bezeichneten Wege nur der Nettoertrag, durch die Producten-Tabelle aber das Totaleinkommen gewonnen werde. Beguelin bezog sich darauf, dass in einzelnen Provinzen schon jetzt die Aufnahmen befriedigten: Jeder schlesische Landrath könne schon jetzt ungefähr Aussaat und Einschnitt der Domainen, jeder Gutsbesitzer die seiner Unterthanen angeben, bei gutem Willen der Kammern würden die Angaben mit der Zeit ganz vollkommen ausfallen; die Production auf indirectem Wege zu ermitteln, sei Sache der Gelehrten, die directe Erhebung Sache des statistischen Bureaus. Beide aber überzeugten Stein nicht. »Die Nützlichkeit solcher Darstellungen der Production,« schrieb er an den Rand, »beweist noch nicht ihre Möglichkeit.« »Das Schliessen etc. wird immer besser sein, als falsche Declaration.« »Die Schwierigkeiten sind der Umfang der Arbeit, der Mangel an Arbeitern und die Neigung zu verheimlichen.« »Zur Probe wünschte ich, Herr Geheime Finanzrath von Beguelin versuchte eine solche Aufnahme an einem bei Berlin liegenden Gut.«

Am 7. Januar 1806 verfügte Stein, dass die Präsidenten von Auerswald zu Königsberg, Broscovius zu Plock, von Hövel zu Minden und von Vincke zu Münster zunächst um ihr Gutachten über die projectirte Einrichtung der Tabellen und über das Verfahren bei der Aufnahme zu bitten seien.

Krugs Ideen zu einer staatswirthschaftlichen Statistik.

Der hierauf zu erwartenden Kritik war allerdings die Krug'sche Vorlage nicht gewachsen; man würde indessen Krugs statistisches Talent falsch beurtheilen, wollte man in dieser Vorlage das Endziel seiner statistischen Bestrebungen erblicken. Zu wie viel bedeutenderen Resultaten Krug in der Gestaltung der preussischen Statistik gekommen sein würde, zeigt das Werk, welches er im Laufe des Jahres 1806 ausarbeitete und welches im darauf folgenden Jahre erschien, seine »Ideen zu einer staatswirthschaftlichen Statistik«. Er stellte hier seine Ideen der statistischen Aufnahmen und ihrer Umarbeitung in der Form der Statistik eines wirklich existirenden Landes dar; er erfand die Zahlen dazu; schon dieses Unternehmen bekundet eine hohe ideale Richtung. In Betreff der praktischen Ausführung sagte er: »Dass manche in meinen Berechnungen vorkommenden Notizen in manchem Staate schwer herbeizuschaffen, oder doch wenigstens mit irgend einem Grade von Glaubwürdigkeit schwer zu erhalten sein werden, weiss ich recht wohl; aber die Ursache dieser Schwierigkeit liegt nicht in der Wissenschaft, sondern in der Verfassung einzelner Provinzen und Staaten, im Mangel an Aufmerksamkeit von Seiten einzelner Behörden, oder im Mangel an wissenschaftlicher Bildung der Officianten, und alle diese Mängel können abgestellt werden, wenn die Regierung es ernstlich will.« Wie klar Krug in der Gliederung der Tabellen war, und wieweit er hierin der wirklichen Entwickelung der preussischen Statistik vorausging, zeigen z. B. seine Hauptabtheilungen der Einwohner, je nachdem sie Familienhäupter sind, mit Unterscheidung der Alters- und Civilstands-Verhältnisse, ferner seine Eintheilung der Einwohner nach nationalökonomischen Grundsätzen, wo sowohl in den Haupt- als in den Nebenrubriken durchweg die Zahl der Familienhäupter und der Familienglieder angegeben wurde, die Unterscheidung der geschlossenen und der einzeln liegenden Wohnplätze, die Unterscheidung des Areals nach 12 Nutzungsarten und nach den Classen der Besitzer, die Berechnung des Lebensbedarfs einer Familie, die Darstellung der öffentlichen Lasten und der Verwendung öffentlicher Einkünfte u. s. w.

Kurz nach der Versendung der Krug'schen Vorlage an die vier Kammern ging von Seiten der halberstädter Kammer ein Project für die künftige Gestaltung des Tabellenwesens ein, welches ähnlich wie Krugs Arbeit, die zweckmässige Verbindung und Vereinfachung der bisherigen Tabellen erstrebte, jedoch mit Beibehaltung des wesentlichen Inhalts der früheren Aufnahmen (sämmtliche Tabellen sollten in sieben: Seelentabelle, Gebäude-, Viehstands-, Aussaats-, Handwerker-, Fabriken- und Consumtions-Tabelle umgestaltet werden, welche zusammen die historische Tabelle bilden sollten, neben derselben sollte die Populationsliste und die Liste der Zu- und Abzüge beibehalten werden). Sehr abweichende Grundsätze sprechen dagegen die beiden Gutachten aus, welche aus Plock und Königsberg über die Krugschen Vorlagen eingingen. Von diesen hat das Gutachten, welches der Präsident von Auerswald übersandte, eine hohe Bedeutung gewonnen; dasselbe war, wie aus einem späteren Berichte des Präsidenten von Auerswald hervorgeht, von dem damaligen Bauassessor an der Kriegs- und Domänenkammer, dem Verfasser des berühmten Werkes gegen die Zunftverfassung (das Interesse des Menschen und Bürgers an den bestehenden Zunftverfassungen) Johann Gottfried Hoffmann nach mehrmaligen Conferenzen mit dem Präsidenten bearbeitet worden. Mit diesem Gutachten ist ein Wendepunkt in der Geschichte der preussischen Statistik in gleichem Maassé eingetreten, wie in unserer Zeit durch die Denkschrift über die Methoden der Volkszählung ein neuer Wendepunkt in derselben eingetreten ist.

Die eingegangenen Gutachten.

J. G. Hoffmann's Denkschrift gegen Krugs Vorlagen.

Die Aufnahmen über Aussaat und Ertrag verwarf das Gutachten gänzlich, ebenso die über den Flächeninhalt der Privatbesitzungen. »Nach meiner Ueberzeugung«, schrieb der Verfasser des gutachtlichen Berichts, sind »alle Tabellen durchaus falsch und mithin durchaus unbrauchbar, welche auf Angaben von Privatpersonen beruhen, die stets besorgen, dass eine solche Tabelle dereinst zum Maassstabe einer neuen Abgabe dienen könne.« »So interessant eine richtige Producten-Tabelle sein würde, so gefährlich ist eine unrichtige, da sie zu leicht in die Versuchung führt, derselben als einer Näherung zu trauen; denn die Angaben sind nicht in gleichem Maasse falsch.« In einem dem Gutachten beigefügten Promemoria wurden die Productions-Tabellen wie die beiden anderen Tabellen scharf kritisirt sowohl in Betreff der angegriffenen Unvollkommenheiten in der Formulirung, als insofern Hoffmann verschiedene der beabsichtigten Ermittelungen für unnöthig oder unzweckmässig hielt, und statt deren andere Ermittelungen hinzuzufügen wünschte. Hoffmanns Promemoria, das die Krugsche Vorlage speciell zergliederte, wurde von Stein bei der Durchsicht mit Randbemerkungen versehen, in denen er theils demselben beitrat, theils seine abweichende Ansicht ausdrückte und die Ausführungen kurz widerlegte, theils seine eigene Auffassung über die der Tabelle zu gebende Einrichtung darlegte. Auch in Betreff der Methode der Aufnahmen ging das Gutachten von ganz abweichenden Grundsätzen aus: »Die Populationsliste auf ein namentliches Einwohnerregister zu gründen, wie in der Anweisung zur Verfertigung der Tabellen erfordert wird, scheint mir ganz unausführbar. Dieses Register würde ein so mühsames und unübersehbares Werk werden, dass die Magistrate es neben ihren Berufsgeschäften unmöglich führen könnten. Werden auch, wie Ew. etc. beabsichtigen, Remunerationen für die Aufnahmen der statistischen Tabellen gegeben, so kann doch nie eine solche Arbeit bezahlt werden.« »Dagegen halte ich es für sehr nützlich, dass auch Schemata gedruckt und den Polizeibehörden zugefertigt werden, in welchen von Haus zu Haus, und von Gut zu Gut die Einwohnerzahl nur eingefüllt werden darf.« Für die Bearbeitung der Statistik bei den Verwaltungsbehörden gingen die in diesem gutachtlichen Berichte gestellten Anforderungen ebenfalls nicht soweit als die Krugs: »Sehr nützlich würde es sein, bei jeder Kammer eine nicht unbedeutende Remuneration für einen tüchtigen Calculator auszusetzen, damit dieser unter Aufsicht des Departementsrathes die eingehenden Tabellen sorgfältig revidirt, alles Auffallende monirt, auch jährlich an einem oder zwei Orten zur Stelle Nachrevision hält, um die Aufmerksamkeit beständig gespannt zu halten.«

Die Bemerkungen, welche Stein an den Rand des Auerswaldschen Berichts setzte, zeigen deutlich seine Ueberlegenheit und seine überaus klare Einsicht in die praktische Handhabung der Statistik. Bei der behaupteten Unmöglichkeit der Führung von Einwohnerregistern bemerkte er: »Es existirt dies wirklich im cleve- und märkischen Kammerdepartement«, setzte aber sogleich seine eigene Ansicht hinzu, wie die Aufnahme am besten zu bewirken sein würde. »Jeder (Einwohner, ausgestrichen) Hausbesitzer könnte in den grösseren Städten einen ausgefüllten Bogen mit den Namen seiner Haus- (zugesetzt) Eingesessenen geben, mit diesem würde nur in einzelnen Fällen Probe gemacht.« So hatte hier schon Stein die Individualaufnahmen durch Hauslisten (vielleicht sogar durch die vollständige Selbsteintragung in Form der Familienlisten) im Auge, während Krug die damals längst angeordneten Urlisten durch fortlaufende Einwohnerregister zu verbessern strebte, Hoffmann offenbar nicht einmal namentliche Urlisten verlangte, sondern schon die Aufnahme der Einwohnerzahl nebst den nöthigen Specialangaben durch umhergehende beauftragte Zähler für ausreichend hielt.

Hoffmanns Schema zur statistischen Tabelle.

Das von Hoffmann vorgelegte Tabellenschema fasste die gesammten statistischen Aufnahmen in eine Tabelle zusammen, welche 352 Colonnen enthielt, und abweichend für das platte Land und für die Städte entworfen war. Ihr grosser Vorzug vor der Krugschen Tabelle war die klare Gliederung, die consequente Durchführung allgemeiner Anschauungen bis in die einzelnen Rubriken hinab. Ihr Inhalt, dessen vollständige Aufnahme hier zu weit gehen würde, lässt sich dahin zusammenfassen: — Angaben, die Ortschaften oder Wohnplätze betreffend (70 Spalten der Tabelle vom platten Lande, 3 der Tabelle von den Städten); Hauptabtheilungen: landesherrliches Immediateigenthum, adelige Güter, bürgerliche Güter; Unterabtheilungen, nach der topographischen Qualität der Besitzungen, ferner nach der Art des Besitzrechts am Grund und Boden und der Unveräusserlichkeit desselben. — Dann Angaben, die Gebäude betreffend (Col. 77 bis 102 Land, 4 bis 38 Städte), Unterscheidung der Gebäude nach dem Eigenthümer, nach ihrem Zwecke, nach dem Baumaterial, nach der Bedachung; ferner Neubauten (und Bauhülfe), Abbauten (und Entschädigung), Immobiliar-Versicherung. — Drittens die Seelenzahl, und zwar nach Alter und Geschlecht (mit den Altersstufen 1, 7. 15, 25, 35, 45, 55, 65, 75, 80 Jahr), nach den ehelichen Verhältnissen (niemals verehelicht gewesen, durch religiöses Gelübde gebunden, verwittwet oder geschieden, zusammen wohnende Eheleute, getrennt wohnende Eheleute). Ferner Personen, welchen durch Geburt oder Religion besondere Rechte zustehen oder besondere Lasten obliegen (Adlige, Quäker und Mennoniten, Juden, Erbunterthanen). Hierauf folgte die Classification der erwachsenen Männer nach den Ständen (Col. 152 bis 170 Land, 87 bis 98 Städte); sie unterschied zunächst die Beamten, dann in den Städten die Bürger und Beisassen (letztere mit Unterabtheilungen je nach der Selbständigkeit ihrer Existenz), auf dem Lande die verschiedenen Besitzclassen, bez. die nicht besitzenden nach der Art ihrer Existenzmittel. Dann eine besondere Abtheilung für Personen, welche wegen individueller Verhältnisse unter Aufsicht stehen (Arme, Verlassene und Kranke 7 Colonnen, Gefangene 4 bez. 10 Colonnen). — Unter der Hauptrubrik: Zustand der öffentlichen Anstalten und Institute standen bei den Städten zunächst der Besitz, die Schulden, Einnahmen und Ausgaben der Kämmerei mit Unterscheidung der Arten des Besitzes, Quellen der Einnahme, Zwecke der Ausgabe, im Ganzen 16 Rubriken. In beiden Tabellen waren: die Polizeianstalten, und zwar Feuerlösch-Anstalten 5 Rubr., Anstalten für öffentliche Reinlichkeit und Sicherheit 5 Rubr., und bei den Städten: Armenanstalten 5 Rubr. (Zahl der Unterstützten, Einnahme und Ausgabe der Armenanstalten), Sanitäts-Anstalten 4 Rubr. (das Sanitätspersonal enthaltend). Oeffentliche Unterrichtsanstalten (Col. 196 bis 202 Land, 149 bis 163 Städte) mit Unterscheidung der Arten der Schulen (hierunter auch Sonntagsschulen und besondere Bildungsanstalten) und mit Angabe der Höhe des Lehrergehalts. Anstalten zur öffentlichen Ausübung des Religionscultus, enthaltend die Kirchen und Bethäuser (10 Col.), die Klöster und Congregationen (9 Col. mit Unterscheidung der Zwecke derselben und der Existenzmittel), die Weltgeistlichkeit (7 Col.) und die Personen, welche klösterliche Gelübde geleistet haben (9 Col.).

Die folgende Hauptrubrik: Zustand der Gewerbe, umfasste Col. 199 bis 313 in der Tabelle der Städte, 288 bis 333 in der Tabelle vom platten Lande. Angaben für die Feldwirthschaft waren nur bei den Städten erfordert (Areal nach der Nutzungsart), beim Viehstand waren 10 Colonnen eingerichtet (die Bullen besonders), dann die Zahl der besetzten Fischteiche und der beflogenen Bienenstöcke. Anstalten zur Gewinnung und Veredelung roher Producte gleichmässig für Stadt und Land mit Unterabtheilungen aus dem Mineralreiche, dem Pflanzenreiche, dem Thierreiche 37 Col. (hier unter anderen Fischerböte, Lachswehre); Anstalten zur Veredelung von einfachen Fabrikaten mit Unterabtheilungen für Weberei und Appretur, Metallwaaren, andere Fabriken, 24 bez. 31 Colonnen; Anstalten zur Beförderung des Verkehrs (Schiffe) 6 Col.; Personal, welches bei den Gewerben beschäftigt ist, 17 bez. 22 Col., nämlich beim Handel, bei mechanischen Künsten und Handwerken und bei anderen Gewerben (Bergbau, Hüttenwerken, Fischerei, Schifffahrt, Fuhrwesen, Gastwirthschaft).

Die letzte Hauptrubrik enthielt die Abgaben, und zwar die baaren Abgaben und die Naturaldienste. Die baaren Abgaben in 8 bis 10 Col. mit Unterscheidung der landesherrlichen, der Kreis-Lasten, der Kirchen- und Schul-Lasten und der Abgaben an andere öffentliche Behörden, bez. bei den Städten der Kämmerei-Abgaben, der Gewerks-Abgaben und der Abgaben an andere städtische Körperschaften. Die Angaben für die Naturaldienste, 12 bez. 11 Col., bestanden in der Zahl der Enrollirten und der Eingestellten beim Militär, in dem Betrage der Fouragelieferung, den extraordinären Lieferungen und den Vergütungen dafür bez. bei den Städten der Servisvergütung, und in dem Geldwerth der dem Landesherrn, dem Kreise oder der Commune, der Kirche und Schule, andern öffentlichen Behörden geleisteten Abgaben. Der städtischen Tabelle traten als Beilage hinzu: die Nachrichten des Accisesamts über Getreide-, Mehl-, Malz-, Branntwein- und Vieh-Consumtion. — Diese Tabelle sollte alljährlich aufgestellt werden, und zwar die Nachrichten über die Wohnplätze, Gebäude, Civilbevölkerung, und Zustand der Gewerbe durch die Civilbehörden, die Nachrichten über die Militärbevölkerung durch die Militärbehörden; die Nachrichten über die öffentlichen Anstalten sollten die Vorsteher derselben, die Nachrichten über die öffentlichen Abgaben die Rendanten einsenden und für die Richtigkeit derselben verantwortlich sein.

Bedeutung der Hoffmann'schen Vorlage.

Wenn diese Arbeit Hoffmanns einer unbefangenen Kritik gegenüber nicht in allen Einzelheiten vor Krugs Entwürfen den Vorzug erhalten wird, und wenn sie auch niemals in dieser ursprünglichen Weise, sondern nur ausserordentlich modificirt später zur praktischen Anwendung gebracht worden ist, so ist doch dieses Document das bedeutendste, was in einer langen Periode der preussischen Statistik geschaffen wurde, bedeutend dadurch, dass es den Gegensatz einer neueren Zeit der alten entgegensetzte, nicht fortbildend, wie die milde verbessernde, aber ungern ändernde Art Krugs gewollt, sondern das Alte verwerfend und das Neue an die Stelle setzend. Und noch eine andere Bedeutung hat Hoffmanns Gutachten von 1806, soviel bekannt, die erste statistische Arbeit Hoffmanns: aus der vollen Frische seines staatsmännischen Geistes hervorgegangen, spiegelt es die Anschauungen dieses Mannes in sicheren Zügen wieder; denn gerade, wo es sich darum handelt, in Tabellenform sich auszudrücken, tritt die Anforderung der präcisesten Darstellung an den Statistiker heran, und hier giebt jedes Wort einen Rückschluss auf den Ideenkreis, aus dem es hervorging. So mag selbst die vorstehende dürftige Uebersicht des Inhalts dieses Gutachtens dem technisch gebildeten Statistiker zeigen, von welchen Gesichtspunkten Hoffmann den Zustand des Landes betrachtete, wie bei ihm sich das Thatsächliche den höheren Anschauungen des Staatsmannes unterordnete.

Es ist bekannt, dass ein kurze Zeit hierauf verfasster Aufsatz die Ideen, wie die Verwaltung des Staats nach hergestelltem Frieden zu verbessern sei, den Anlass gab, dass Hoffmann demnächst die Professur für Staatswissenschaften zu Königsberg erhielt, ob derselbe Aufsatz oder die Schrift, welche er (wie Bassewitz erzählt) über die Abschaffung der Patrimonialgerichtsbarkeit im November 1808 überreichte, der Anlass wurde, ihm bei der neuen Organisation die Stellung eines Staatsraths in der von dem Geh. Staatsrath von Schön geleiteten Ministerialsection zu übertragen, kann dahingestellt bleiben. Dass aber hier fast selbstverständlich die Leitung der amtlichen Statistik in seine Hände gelegt wurde, ist eines der zahlreichen Zeugnisse, wie der Geist, der in jener Zeit die Auferstehung des Staates bereitete, nach allen Seiten hin das Richtige zu ergreifen wusste.

III. Das statistische Bureau unter J. G. Hoffmann.

1. Die Wiedereinrichtung des statistischen Bureaus.

Einleitende Maassregeln.

Durch das Publicandum vom 16. December 1808, betreffend die neue Verfassung der obersten Staatsbehörden, welchem wenige Tage später die Instruction für die Oberpräsidien und die Verordnung wegen verbesserter Einrichtung der Provinzial-Polizei- und Finanzbehörden folgten, war der gesammte Behördenorganismus des preussischen Staates umgestaltet, und waren die bisherigen Central- und Provinzialbehörden beseitigt worden. Der §. 20 des Publicandum hatte bestimmt: Der Minister des Innern ist auch Chef der Behörde, welche zur Sammlung und Zusammenstellung statistischer Nachrichten eingerichtet, und zu dem Ende mit einer besonderen Instruction versehen werden soll. Nach §. 55 der Geschäfts-Instruction für die Regierungen sollten wegen der statistischen Nachrichten und der davon einzureichenden Generalwerke besondere Vorschriften ergehen; mittlerweile bleibe es bei denjenigen, welche bis jetzt hätten eingereicht werden müssen. Im §. 91 derselben Instruction war die Sammlung zuverlässiger und zweckmässiger statistischer Nachrichten, ihr Ordnen und Zusammenstellen der speciellen Fürsorge der Regierungspräsidenten überwiesen; die Präsidenten sollten dieserhalb und wegen Abschaffung des »bisherigen nutzlosen Tabellenkrams« sobald als möglich Vorschläge machen. Von den Regierungen wurde schnell an die neuen Vorschriften gemahnt, vom Oberpräsidenten von Auerswald an das vom jetzigen Staatsrath Hoffmann erstattete Gutachten erinnert. Die Berichte der Regierungen gingen an Hoffmann selbst, der in der Gewerbe-Section des Ministeriums des Innern arbeitete; sein Bescheid stellte anheim, dass die Regierungen einstweilen zu ihrer Belehrung die Nachrichten sammeln möchten, welche ihnen nützlich schienen, jedoch mit der Rücksicht, dass die Einwohner nicht durch ungewöhnliches Eindringen in ihre häuslichen Verhältnisse und Gewerbe beunruhigt würden. Durch Ministerial-Verordnung vom 18. Februar 1809 wurden die Regierungen von der vollständigen Aufnahme der historischen Tabelle dispensirt und die Zahl der Feuerstellen, deren Versicherungswerth, die Einwohnerzahl und gewisse besondere Kategorien der Einwohner, ferner der Viehstand (7 Arten) wurden für ein Generaltableau vom Zustande der Provinzen in ihren wichtigsten Beziehungen erfordert; die zugehörige Flächeninhaltsberechnung wurde dem Geographen Sotzmann aufgetragen. Zwei Monate später wurden die Regierungen zur Einsendung zweier weiteren statistischen Aufstellungen aufgefordert: der Nachweisung der während des Krieges zerstörten Brücken und Fähren und eines Ortschaftsverzeichnisses, in welchem für jede Ortschaft die Qualität derselben, die Zahl der Gutshöfe, der Bauernhöfe, Einlieger- und Käthner-Häuser, der Mühlen und der Einwohner angegeben werden sollte.

Inzwischen geschahen die Vorbereitungen zur Errichtung des statistischen Bureaus: schon im December hatte Krug sich zum Wiedereintritt in seine frühere Thätigkeit gemeldet (er hatte bereits im April, als er den ersten Theil seiner Geschichte der staatswirthschaftlichen Gesetzgebung im preussischen Staate und seinen Abriss der Staatsökonomie dem Könige übersandte, die Zusicherung erhalten, dass ihm in der Folge ein angemessener Wirkungskreis angewiesen werden solle). Krug wurde nun aufgefordert, in Betreff der Verhältnisse des früheren Bureaus Auskunft zu geben. Die betreffenden von Krug eingereichten Actenstücke gingen an Hoffmann mit dem förmlichen Auftrage des Ministers, den Plan zur Organisation des statistischen Bureaus zu entwerfen und Vorschläge zu machen, wie die nöthigen statistischen Nachrich-

Hoffmanns Organisations-Plan für das statistische Bureau.

ten am zweckmässigsten zu sammeln und wie das Tabellenwesen zu vereinfachen sei. — Das Promemoria, welches Hoffmann unter dem 21. Februar vorlegte, ist in der Zeitschrift des statistischen Bureaus Seite 4, 5 abgedruckt, es wird daher hier genügen, den Inhalt desselben auszugsweise zusammenzufassen; zugleich dürfte es von Interesse sein, denselben mit einem Specialentwurf zusammenzuhalten, der sich darüber verbreitete, welche Nachrichten durch das statistische Bureau eingezogen werden sollten, und von welchen Behörden, — ein Entwurf, der kurz vorher, wahrscheinlich im Januar von Hoffmann verfasst wurde.

Einzuziehende Nachrichten: über das Land.

Die einzuziehenden Nachrichten sollten theils das Land, theils die Bevölkerung und das Nationalvermögen betreffen. In ersterer Beziehung sollte das Bureau die Karten von den Provinzen sammeln, und die Fortsetzung der trigonometrischen Aufnahme und Cartirung derselben veranlassen, es sollte ferner die vorhandenen Situationspläne und Vermessungsnachrichten sammeln und aufbewahren; es sollte für die Herstellung und Fortführung einer richtigen Topographie vom ganzen Staate sorgen; es sollte Stromkarten, Nivellements und Höhenmessungen sammeln, orographische und hydrographische Uebersichten entwerfen und die eintretenden Veränderungen nachtragen, die Bodenarten cartographisch darstellen und Auszüge aus den Witterungsbeobachtungen sammeln.

die Bevölkerung.

In Betreff der Populationslisten ergiebt der in den Acten befindliche Entwurf, wie Hoffmann nun diese Tabellen einzurichten gedachte: es sollten Geburtslisten, Ehelisten, Todtenlisten und Seelenlisten aufgenommen werden. Bemerkenswerth ist, dass bei den Sterbefällen nach dem Alter die Altersgrenzen 1, 3, 6, 9 und so fort, dreijährige Perioden bis zum 75. Jahre unterschieden werden sollten. — Die Seelenlisten bestanden in einer Classification der Haushaltungen (nach 6 Classen der Besitzverhältnisse) und in der Classification der Einwohner nach ihren bürgerlichen Verhältnissen. Die letztere enthielt eine übersichtliche Gliederung der Bevölkerung nach den Beschäftigungen, beginnend mit den Unerwachsenen (unter 15 Jahr), den erwachsenen in Familien lebenden Söhnen und Töchtern, den der Hauswirthschaft vorstehenden verheiratheten und unverheiratheten Frauen, den nur von ihren Renten lebenden Männern; dann folgten die verschiedenen Classen von Dienstboten; dann die in Landwirthschaften thätigen Personen in 10 Classen mit dem landwirthschaftlichen Gesinde anfangend bis zu den verschiedenen Classen der Landwirthe, welche nicht persönlich Hand anlegen; ferner die städtischen Tagelöhner und Dienstboten in Gewerben, die Gewerbsgehülfen, die Handwerksmeister, die Gastwirthe, Fuhrleute, Schiffer (mit Unterabtheilungen), Berg- und Hüttenleute (mit Unterabtheilungen), Fischer, Jäger, Gärtner, mehrere Arten kaufmännischer Gewerbtreibender, die Künstler, die Lehrer (mit Unterabtheilungen), die Studirenden, das Sanitätspersonal (6 Arten), die Geistlichen und Kirchenbedienten (8 Arten), die Beamten (6 Arten), Militärs (6 Arten), das diplomatische Corps und die Hofchargen. Die Tabelle enthielt 87 oder mit den Unterabtheilungen 105 Rubriken, darunter 25 für das weibliche Geschlecht. Als Anhang zur Seelentabelle sollten kleine Tabellen der in Armenhäusern und Hospitälern, Irrenhäusern, Straf- und Corrections-Anstalten unterhaltenen Personen, ferner der Adligen, der Cantonisten, der Mennoniten, der Juden und eine Uebersicht der Religionsparteien gegeben werden.

die Erwerbsverhältnisse.

An Nachrichten über den Erwerb der Bevölkerung (bez. des Nationalvermögens) werden in Hoffmanns Promemoria für die Landwirthschaft ausser den Viehstandstabellen: Schätzungen der Aussaat und Ernte, des Ertrages der Holzcultur und der kleineren ländlichen Erwerbsarten bezeichnet, welche aus Beobachtungen gewonnen werden sollten; diese Schätzungen kommen dagegen in dem in den Acten befindlichen Programm nicht vor (»Saat- und Erntetabellen zu sammeln«, heisst es daselbst, »lohnt nicht, sie sind alle falsch«). Dagegen sind in dem Promemoria nicht erwähnt: die in dem Programm beabsichtigten Aufstellungen über das »Bodeneigenthum« nach der Culturart (6 Rubriken), und die Gebäudetabellen, in welchen die Gebäude nach der Benutzung in 6, nach dem Baumaterial und der Bedachung in 5 Arten unterschieden werden sollten.

In Rücksicht der Fabrikation sollten nach dem Promemoria vom 21. Februar: Data gesammelt werden, nach welchen sich beurtheilen lässt, was an Capital auf die wichtigsten Gewerbe verwendet wird und wie dasselbe darin rentirt, ferner welche Gewerbe im Steigen, im Gleichgewicht, im Sinken sind. Statt dessen enthält der in den Acten befindliche Entwurf eine Gewerbetabelle von etwa 350 Spalten, welche 130 Gewerbsarten unter 23 Hauptrubriken unterscheidet, für welche die Zahl der gewerbtreibenden Haushaltungen und Arbeiter, bei den Fabriken ausserdem die Zahl der Anstalten, bei der Weberei die der Stühle, bei den Mühlen die der Gänge angegeben werden sollte.

In Rücksicht des Handels wurde auf die Schifffahrtstabellen, die Zollregister (bez. die Nachrichten von den ein- und ausgegangenen Waaren), die Acciseregister (bez. die Consumtions-Nachweisungen) und die Preiscourante und Courszettel der Haupt-Handelsplätze hingewiesen (nach dem Programm in den Acten sollten diese auch von auswärtigen Handelsplätzen durch die Consuln eingezogen werden, ausserdem die Marktpreise der Lebensbedürfnisse und gewisser Handelsartikel von den Magistraten inländischer Städte). — Unter der Rubrik der auf den Stand des Nationalvermögens im Allgemeinen gerichteten Beobachtungen sind in dem Promemoria erwähnt: die Nachrichten vom Vermögenszustande der Kämmereien und anderer öffentlicher Corporationen, von den Hypotheken-Capitalien, den Versicherungssummen, den umlaufenden Papieren und Münzen, dem Zinsfusse und Discont, und dem Ertrage der verschiedenen Abgaben. Die drei letzten Gegenstände sind in dem anderen Programm nicht erwähnt, dort kommen dagegen die Nachweisungen der verkauften Grundstücke, der Pfandbriefe und der landwirthschaftlichen Regulirungen (Gemeinheitstheilungen und Ablösungen) vor.

In Betreff der intellectuellen und moralischen Cultur sollten Nachrichten über den Cultus (Zahl der Kirchen, der Geistlichen, der Communicanten etc.), über die öffentlichen Unterrichtsanstalten (Zahl, Frequenz und Dotirung), über die Schriftstellerei (Buchhandlungen, Verlagsartikel, Druckerpressen), über die Armenanstalten (dies fehlt in dem anderen Programm), sowie Concurstabellen, Prozesstabellen und Criminaltabellen gesammelt werden (nach dem Programm noch: Nachrichten über die öffentlichen Gesellschaften und Corporationen für Wissenschaft, Kunst, gewerbliche und technische Zwecke).

die intellectuelle und moralische Cultur.

Für die Beschaffung, Ordnung und Aufbewahrung dieser Nachrichten schlug Hoffmann vor, zwei Sammler anzustellen, für den geographischen Theil den Kriegsrath Engelhardt, für den anthropologischen den Kriegsrath Krug; jedem von beiden sollte ein Subalterner als Registrator und Expedient untergeordnet werden. »Die Bemühungen dieser beiden Sammler«, heisst es ferner in dem Promemoria, »würden aber dennoch nur mit grosser Schwierigkeit benutzt werden können, wenn nicht über beiden noch ein Dritter stände, welcher, ausgerüstet mit den nöthigen Vorkenntnissen, mit Hilfe der politischen Arithmetik im umfassendsten Sinne des Worts aus den rohen Materialien, welche die beiden anderen sammeln und ordnen, diejenigen Uebersichten zöge, welche zur unmittelbaren Benutzung für die höchsten Staatsbehörden allein geeignet sind.« Für diesen Posten, also für die eigentliche Directorstelle schlug Hoffmann den Mathematiker Professor Hobert vor, welcher eben damals im amtlichen Auftrage die Verhältnisse der allgemeinen (Beamten-) Wittwencasse untersucht, und welcher sich zur Thätigkeit an dem statistischen Bureau gemeldet hatte.

Personal-Vorschläge.

So hatte Hoffmann die Aufgaben des statistischen Bureaus nicht nur im allgemeinen dargelegt, sondern selbst bis in die einzelnen Tabellenentwürfe ganz durchgearbeitet, ohne für sich selbst an diesem Institute eine Stellung ins Auge zu fassen. Und seine Thätigkeit für Verbesserung der Statistik war nicht auf das hier Angeführte beschränkt; in einem Promemoria, das er im August desselben Jahres vorlegte, wendete er sich auf die Verbesserung der Finanzstatistik: »Die verbesserte Errichtung des Besteuerungssystems interessirt nicht das Finanzministerium allein, die ganze Nationalökonomie hängt davon ab. Aber wie kann die Behörde, welcher die Sorge für die Beförderung der Nationalwirthschaft anvertraut ist, zweckmässige Vorschläge zur Vereinigung des National- und Finanzinteresses machen, wenn sie nicht den Brutto- und Rein-Ertrag der Abgaben auf die verschiedenen Gegenstände kennt? Würde es nicht selbst ein Gewinn für die Abgabenpartie sein, wenn einmal auch ein ganz unbefangener Mann in den Stand gesetzt würde, seine Ideen motivirt durch die Data, die sie allein geben kann, den competenten Ministerien vorzulegen?«

Hoffmanns Vorschläge zur Finanz-Statistik.

Am 6. October wurden Hoffmanns Vorschläge vom Minister des Innern dem Finanzministerium vorgelegt, sie fanden am 21. October die in der Zeitschrift des statistischen Bureaus Seite 6 und 7 abgedruckte Erwiederung. Die Verbindung einer geographischen Abtheilung mit dem Bureau wurde nicht zweckmässig gefunden, der Kriegsrath Engelhardt werde passender bei der Akademie der Wissenschaften als Geograph anzustellen sein; der Professor Hobert wurde zum Director des statistischen Bureaus nicht geeignet gehalten, jedoch wurde anheimgestellt, ihn als politischen Rechner für höhere Aufträge bei dem Bureau anzustellen. Der Wirkungskreis des Bureaus, wie ihn Hoffmann skizzirt, und der von ihm bezeichnete Zweck desselben (»dieses Bureau hat den Zweck, Materialien zur Kenntniss der Kräfte des preussischen

Gegen-Vorschläge des Finanz-Ministeriums, betreffend das statistische Bureau.

Staats mit möglichster Vollständigkeit zu sammeln, und dergestalt zu ordnen, dass sämmtliche Oberbehörden daraus jederzeit mit Leichtigkeit eine klare Uebersicht der gegenwärtigen Staatskräfte und der Wirkungen, welche einzelne Begebenheiten und Anordnungen auf die Vermehrung oder Verminderung derselben äussern, erhalten können«), schien dem Finanzministerium zu weit; das Bureau sollte im gewöhnlichen Geschäftsgange bloss die allgemeinen Elementarnachrichten über den Zustand des Staats sammeln und zum Gebrauche ordnen, Sammlungen und Berechnungen nach aussergewöhnlichen Gesichtspunkten aber nur auf besonderen Auftrag anstellen. Krugs Anstellung wurde gebilligt, unter ihm sollten Bratring und der Geheime Kriegsrath Dubois thätig sein (welcher letztere bereits im Jahre 1808 die für das statistische Bureau vom auswärtigen Departement erforderten Tabellen bearbeitet hatte).

Erwiederung des Ministeriums des Innern.

Das lichtvolle Schreiben, mit welchem das Ministerium des Innern unter dem 9. November die Vorschläge des Finanzministeriums (des Ministers von Altenstein) erwiederte, in welchem es die Nachtheile des Mangels an zweckmässig gesammelten statistischen Nachrichten hervorhob, und darlegte, wie der Staat verpflichtet sei, statistische Beobachtungen anzustellen, um sich für die Zukunft Fehltritte zu ersparen, steht gleichfalls in der Zeitschrift vollständig abgedruckt: »Die Statistik« heisst es darin, »sammelt die Materialien für die künftige Geschichte, und die jetzige Generation ist um so mehr verpflichtet, der folgenden bessere Materialien zu hinterlassen, als sie zu der Erkenntniss gelangt ist, wie nachtheilig ihr selbst die Unsorgsamkeit der Vorwelt in dieser Beziehung wird. Daraus, dass diese würdigere Bestimmung oft verkannt wird, dass Menschen ohne Vorkenntnisse, ohne Geist und ohne Ahnung des wahren Bedürfnisses Flocken zusammenlesen, wo sie Goldkörner sammeln könnten, kann nichts gegen das Sammeln an sich, sondern nur umsomehr die Nothwendigkeit folgen, die Sammlung würdigen Händen anzuvertrauen.« Von der Errichtung einer topographischen Abtheilung bei dem Bureau sah das Ministerium des Innern vorläufig ab. Das Finanzministerium stellte nun im März 1810 einen seinen Vorschlägen entsprechenden Etat auf, der mit 4 200 ℛ jährlich abschloss, während Hoffmanns Vorschläge einen Aufwand von 7 200 ℛ erfordert hatten; das Ministerium des Innern nahm denselben einstweilen an, nur mit der Modification, dass die Beschäftigung des Geheimen Raths Dubois abgelehnt und für den Professor Hobert eine höhere Besoldung verlangt wurde.

Vorläufige Verfügung in Betreff der Tabellen.

Inzwischen war es nothwendig geworden, dass das Ministerium des Innern in Betreff der Aufnahmen weitere Anordnungen traf. Schon im Sommer waren sämmtliche Regierungen aufgefordert, die zur Zeit angewandten Tabellenschemata vorzulegen; am 12. December 1809 erging vom Ministerium der Bescheid, sobald das statistische Bureau errichtet sei, würde ein Regulativ für die künftig einzuziehenden Tabellen entworfen werden; bis dieses sanctionirt sein werde, sollten gewisse zu den Zwecken der laufenden Verwaltung nothwendige Tabellen und Nachweisungen (nämlich die Zeitungsberichte, die General-Cantonextracte, Invalidenlisten, Nachweisungen der Roggenlieferungen, der angestellten Beamten, die Processnachweisungen und die Conduitenlisten), und ferner die historischen Tabellen, die General-Fabrikentabellen, die Populationslisten, die Vasallen-Tabelle und die General-Judentabelle aufgestellt, alle übrigen Aufnahmen aber ausgesetzt werden.

Weitere statistische Arbeiten im Ministerium.

Schon die für das Jahr 1808 eingegangenen Populationslisten und Uebersichten vom Zustande der Provinzen waren auf dem Ministerium des Innern bearbeitet worden; dies geschah auch mit den entsprechenden jetzt eingehenden Tabellen für 1809, hinsichtlich deren Hoffmann die zur Abstellung der vorgefundenen Mängel erforderlichen Verfügungen erliess, die Resultate theilte Hoffmann in übersichtlicher Zusammenstellung den Ministerien mit. — Durch Verfügung vom März 1810 wurde noch die Tabelle der inländischen See- und Stromschiffe für 1809 durch Hoffmann eingefordert. Im Juni entwarf derselbe die Zählungstabelle und die Populationslisten, welche künftig bei der Militärbevölkerung in Anwendung gebracht werden sollten, mit der Bestimmung, wer zur Militär- und wer zur Civil-Bevölkerung zu rechnen. Das Formular der Zählungsliste wurde schon damals ähnlich wie das heutige eingerichtet, dass die activen Militärs und ihre männlichen und weiblichen Angehörigen nach Altersclassen gesondert, und die ersteren nach ihrer militärischen Eigenschaft unterschieden wurden. — In Betreff der Topographie waren bereits im Frühjahr Anordnungen getroffen: Durch Rescript vom 21. März wurden die Regierungen angewiesen, die vorhandenen Ortschaftsregister revidiren zu lassen, ob Veränderungen eingetreten, neue Etablissements entstanden seien, und beauftragt, von diesen die nöthigen Angaben zu erstatten; zugleich wurde bestimmt, wie es künftig mit der Benennung von Etablissements zu halten sei. Im April wurde der Hauptmann von Textor beauftragt, die trigonometrischen Vermessungen auf die Mark und Pommern auszudehnen.

Einrichtung des statistischen Bureaus unter Hoffmann.

Im August 1810 nahm der Minister des Innern Graf Dohna den früheren Plan zur Errichtung des statistischen Bureaus mit den beiden von Hoffmann bezeichneten Abtheilungen wieder auf, die Gehälter der anzustellenden Beamten wurden etwas geringer angesetzt, so dass der Etat mit 5,300 Rt. abschloss, der Name des Directors wurde nicht bezeichnet. Durch die Cabinetsordre vom 4. October erfolgte Hoffmanns Ernennung zum Director des statistischen Bureaus und zum Professor an der Universität, und zwar mit Beibehaltung seiner Stellung bei der Polizeisection des Ministeriums des Innern. Die übrigen Anstellungen (Krugs, Engelhardts und eines Registrators) wurden nach Hoffmanns Vorschlägen genehmigt, doch kamen die für dieselben vorgeschlagenen Besoldungen einstweilen noch nicht in Anwendung (wie aus einem anderthalb Jahr später an den Staatskanzler erstatteten Berichte hervorgeht). Die unmittelbar hierauf (am 27. October) erlassene Verordnung über die Verfassung der obersten Staatsbehörden stellte das statistische Bureau unter die Ministerialabtheilung für die allgemeine Polizei; die vom Bureau an die Behörden ausgehenden Verfügungen gingen unter Zeichnung des Departementschefs Geheimen Staatsraths Sack; eine Instruction für das Bureau wurde nicht erlassen. — Durch die Cabinetsordre vom 24. April 1812 wurden nähere Bestimmungen zu der vorgenannten Verordnung getroffen, der Staatsrath Hoffmann wurde zum Mitgliede des Finanzcollegs ernannt, welches unter Leitung des Staatskanzlers die Staats-Geldinstitute verwalten sollte, das Departement der allgemeinen Polizei wurde zum grösseren Theil mit dem des Cultus und öffentlichen Unterrichts verbunden, unter den von dieser Verbindung ausgenommenen Theilen war das statistische Bureau benannt, welches nun als ein unmittelbares Staatsinstitut allein dem Staatskanzler untergeordnet wurde.

Unterordnung desselben unter den Staatskanzler.

2. Die Thätigkeit des statistischen Bureaus bis 1815.

Sammlungen des Bureaus.

Das statistische Bureau wurde nun im Börsenhause eingerichtet, dorthin aus dem Ministerium die zugehörigen Karten und Actenstücke abgeliefert, darunter die Zeitungsberichte der Regierungen, welche seitdem regelmässig an das Bureau gingen; auch derjenige Theil der Registratur des vormaligen Bureaus, welcher während der französischen Occupation nach Kopenhagen geflüchtet worden war, kam jetzt an das neu errichtete zurück. Der erwähnten Vorlage Hoffmanns entsprechend wurden sämmtliche Zeitschriften und Flugblätter (mit Ausnahme der rein wissenschaftlichen) auf dem statistischen Bureau gesammelt und Auszüge daraus den Behörden mitgetheilt; sie bildeten die erste Grundlage der heutigen Bibliothek des Bureaus. Unter den an das statistische Bureau abgegebenen Karten befand sich die sogenannte Geheime Cabinetskarte (auch Schmettausche Karte genannt), deren Revision den Hauptgegenstand der Thätigkeit der topographischen Abtheilung des Bureaus bilden sollte. Sie ist im Maassstabe von 1/[illegible] aufgestellt und beruht theils auf älteren Feldmarks- und Forstkarten, theils auf Localaufnahmen; bei der Vermessung der Provinz Preussen hatten sich so wesentliche Differenzen gegen dieselbe herausgestellt, dass ihre Revision auch für die Mark und Pommern dringend nöthig erschien. Die neue Vermessung dieser Landestheile sollte sich an die Dreiecksmessung zur Schrötterschen Karte anschliessen; sie sollte dann weiter auf die Provinz Schlesien ausgedehnt werden, von welcher die vorhandenen Fürstenthumskarten der Revision nicht weniger bedurften, hier wie in Schlesien sollten mehrere Punkte zunächst astronomisch festgestellt werden. Die Kartirung sollte in dem Maassstabe der Schrötterschen Karte, 1½ rh. Decimalzoll oder 1/[illegible], erfolgen. Die Vermessung wurde durch den Hauptmann von Textor 1810 begonnen und bis zu seinem im Jahre 1811 eintretenden Tode ein Theil derselben ausgeführt, die Arbeit wurde durch seinen Gehülfen, den Lieutenant von Oesfeld fortgesetzt, bis der Krieg die Thätigkeit desselben unterbrach.

Vermessung und Kartirung.

Von Seiten des Bureaus wurden aus den Provinzen Verzeichnisse aller daselbst vorhandenen Karten eingefordert. In den Sommermonaten bereiste Engelhardt die Provinzen zur Revision der Karte an Ort und Stelle. Die Zeichnung der neuen Karte begann im Winter auf 1812 durch Engelhardt, der dazu einen Zeichner (in der Person des Conducteurs Schröder) zugetheilt erhielt; bereits im Frühjahr 1812 wurde eine Section derselben dem Staatskanzler übersendet.

Topographie.

Von den Regierungen waren im Jahre 1810 Ortschaftsverzeichnisse aufgenommen, diese wurden mit den Karten verglichen und die Regierungen angewiesen, alljährlich namentliche Verzeichnisse der neu entstandenen oder eingegangenen Ortschaften, sowie die Verzeichnisse der in den Ortschaftsnamen eingetretenen Veränderungen einzusenden; hierzu wurden weitere Verzeichnisse der Zollämter, Postämter, Landstrassen u. s. w. eingezogen. Für diese Arbeiten war von 1813 ab ein zweiter Conducteur (Schmidt) bei der topographischen Abtheilung beschäftigt.

Die Regierungen waren auch ersucht worden, vollständige Ortschaftsverzeichnisse, sobald sie dazu im Stande seien, aufzustellen, dies ist indess nicht in allen Bezirken geschehen; ausführlich war nur das vom Regierungsbezirk Breslau, es enthält die topographische Eigenschaft und die grundherrliche Qualität der Ortschaften, die kirchlichen Verhältnisse, die zugehörigen Wohnplätze in 8 bez. 17 Abtheilungen (Colonien, Vorwerke, Schäfereien, — Ziegeleien etc., — Förstereien, — Gasthöfe etc., — Mühlen, — Hochöfen etc., — Salzwerke etc., — Abdeckereien), ferner die geographische Lage, die Zahl der Wohnhäuser, der Einwohner, die Grösse der Feldmark.

Flächeninhalt.

Schon zu den Aufnahmen von 1809 wurde von Engelhardt die Grösse jedes einzelnen Kreises in Magdeburger Morgen nach den vorhandenen Karten gemessen, und diese Rechnung später (im Juni 1812) auf Hoffmanns Anordnung wiederholt und in $\frac{1}{10000}$ geogr. Meilen ausgeführt; eine ähnliche Berechnung fertigte Engelhardt für die im Jahre 1811 projectirte neue Kreiseintheilung an. Als demnächst das Edict vom 30. Juli 1812 die neue Organisation der Kreise und Gemeinden angekündigt hatte, stellte Hoffmann Grundsätze zur Eintheilung des Staats in Kreise für die Polizei und, zur Eintheilung der Kreise in Gemeinden auf (»es muss kein Fleck im ganzen Lande sein, von welchem nicht unstreitig bekannt ist, zu welcher Gemeinde er gehört«), und liess durch Engelhardt die Grundsätze zur Ermittelung des Flächeninhalts der Gemeindebezirke angeben.

Bevölkerungsliste (Geburten, Trauungen, Sterbefälle).

Die gesammten von den Regierungen zu veranlassenden Aufnahmen wurden durch die Ministerialverfügung vom 10. Januar 1811 in der statistischen Tabelle und der Bevölkerungsliste concentrirt. Zur Aufstellung der letzteren wurden die geistlichen und Schul-Deputationen der Regierungen angewiesen, und diesen über die Form der Aufstellung, die Termine der Einsendung von Seiten der Geistlichen, die Strafen der verzögerten Einsendung genaue Anordnung gegeben. Für 1810 war ein neues Schema von Hoffmann entworfen, welches mit einigen 1811 eintretenden geringen Modificationen bis 1816 dasselbe blieb. Es unterschied die Geborenen nach dem Geschlecht mit besonderer Angabe der unehelich Geborenen (Col. 1 bis 6) — die Getrauten nach dem Lebensalter (vier Altersclassen der Männer, unter 30, 45, 60 Jahr und darüber, drei Altersclassen der Frauen, Col. 7 bis 19) — die Gestorbenen nach Alter und Geschlecht, wobei unter den Todtgeborenen und im ersten Lebensjahre Gestorbenen die unehelichen Kinder unterschieden wurden (als Altersgrenzen wurden 1, 3, 5, 7, 10, 14, 20 und fünfjährige Perioden bis 90 Jahr bestimmt, die weiteren Unterscheidungen fielen fort, Col. 20 bis 83), die Gestorbenen nach der Jahreszeit des Sterbefalles (in den Kalenderquartalen, während die bisherige Tabelle die Monate December, Januar, Februar zusammengelegt hatte, Col. 84 bis 87), die Gestorbenen nach der Todesursache und nach dem Geschlecht (Col. 88 bis 161); schliesslich wurde von 1811 ab die Zahl derjenigen Personen angegeben, welche während der ganzen Krankheit, und derjenigen, welche während der letzten 48 Stunden der Krankheit ärztlich behandelt worden waren (Col. 162, 163). In Betreff der Unterscheidung der Todesursachen war die wissenschaftliche Medicinal-Deputation gehört worden und hatte eine Nomenclatur von 117 Krankheitsarten in Vorschlag gebracht; der Staatsrath Hufeland zog dieselben auf 64 zusammen; der Staatsrath Langermann reducirte sie weiter auf 38 (während die bisherige Tabelle 53 derselben unterschieden hatte). Die jetzt unterschiedenen Todesursachen waren: todtgeboren (darunter für 1810 besonders angegeben die bis zum siebenten Monat der Schwangerschaft Geborenen), — an hitzigem Fieber gestorben, — an Wechselfieber oder kaltem Fieber, — an unregelmässigem oder schleichendem Fieber, — an Brustfieber, — an äusserlichen Entzündungen und Brand, — an Hirnentzündung oder Fieber mit Raserei, — an Halsentzündung, — an Pocken, — an Masern oder Rötheln, — an Scharlachfieber, — an Frieseln oder Fleckfieber, — an Stickhusten, — an Wasserscheu, — an Durchfall oder Ruhr, — an Krämpfen, — an Kolik, — an Gicht, — an Wasserkopf, — an eingeklemmten Bruchschäden, — an Krankheiten der Urinwege, — an Abzehrung, — an Lungensucht, — an Wassersucht, — an Engbrüstigkeit, — an Windgeschwulst, — an Blutfluss, — an Stick- und Schlagfluss, — an Fallsucht, — an Leibesverstopfung, — an Tobsucht oder Raserei, — an bösartigen und Krebs-Geschwüren, — bei der Niederkunft, — im Kindbette, — an nicht bestimmten Krankheiten, — an Entkräftung aus Alter, — durch Unglücksfälle aller Art, — durch Selbstmord. Die vorgeschlagene Tabelle war zuvor den Regierungen mitgetheilt; die verschiedenen in Antrag gebrachten

Ergänzungen, hauptsächlich in Betreff der Todesursachen, wurden von Langermann widerlegt; der Antrag auf Eintragung der Zahl der Zwillinge gab Veranlassung, dass die Regierungen aufgefordert wurden, die Zahl der Mehrgeburten in einem Anhange zusammenzustellen.

In dieser Weise dauerte die Aufnahme der Populationslisten fort; auch 1813 wurde durch dringende Anordnungen, welche der Staatskanzler mit unterzeichnete, dafür gesorgt, dass dieselben vollständig eingingen, nur hinsichtlich der Militärbevölkerungslisten stiess dies auf Schwierigkeiten, da das Kriegsministerium seine Mitwirkung hierzu ablehnte.

Die Resultate der Listen wurden von Hoffmann persönlich bearbeitet und alljährlich in einem an den König erstatteten Berichte dargelegt. Was insbesondere die Sterbefälle nach Altersclassen betrifft, so gingen die Arbeiten des statistischen Bureaus offenbar noch weiter. Die vorhandenen Acten zeigen, dass vom Jahre 1811 ab bis 1815 einschl. bei einer grossen Zahl von Städten nach hierzu (sogar auf eine längere Reihe von Jahren) vorbereiteten Formularen Beobachtungen angestellt wurden, um wie viel die Zahl der in jedem Jahre Geborenen durch die Sterbefälle im ersten, zweiten, dritten etc. Lebensjahre vermindert worden sei; diese in neuester Zeit häufiger gewordene Art der Ermittelung der Sterblichkeitsverhältnisse ist also für die ersten Lebensjahre wie es scheint, im preussischen Staate zuerst in den ersten Jahren der Direction Hoffmanns zur Anwendung gebracht worden.

Scheidungen.

In Betreff der Zahl der geschiedenen Ehen wandte sich das Bureau im Februar 1811 an den Justizminister, es wurde für dieselben ein Schema mitgetheilt, welches 5 Colonnen nach dem Alter der betreffenden Eheleute unterschied; vom Jahre 1811 ab wurden die Nachweisungen von den Obergerichten regelmässig eingesendet.

Statistische Tabelle für 1810.

Die grosse statistische Tabelle, welche für das Jahr 1810 zuerst in Anwendung trat, hatte Hoffmann bereits im Anfang October desselben Jahres entworfen. Das Formular derselben ist in der Zeitschrift des statistischen Bureaus (im Aufsatz über die Methoden der Volkszählung S. 151 bis 155) vollständig abgedruckt, es wird daher ausreichen, hier einen kurzen Ueberblick des Inhalts derselben zu geben. Die Tabelle zerfiel in die Hauptabschnitte: Gebäude (Col. 1 bis 26), Bevölkerung (Col. 27 bis 153), Unterrichtsanstalten (Col. 154 bis 193), Polizeianstalten (Col. 194 bis 211) und Erwerbsmittel (Col. 212 bis 625).

betr. Gebäude.

Die Gebäude wurden nach ihrer Bestimmung in 11 Arten unterschieden (Kirchen etc., Schlösser, Versammlungshäuser der Behörden, Militärgebäude, für Unterricht, Hospitale etc., Gefängnisse etc., für andere polizeiliche Zwecke, Privat-Wohnhäuser, Fabrikgebäude etc., Ställe etc.), nach ihrer Bauart und Bedachung in sechs Arten; hierzu kamen die Angaben der Feuerversicherungssummen (bei öffentlichen, bei Privat-Societäten), des entstandenen Brandschadens, der Zahl der zerstörten und der neuaufgeführten Gebäude, der leerstehenden Gebäude und der wüsten Baustellen.

Bevölkerung.

Die Angaben in Betreff der Bevölkerung zerfielen in vier Abtheilungen: nach Alter und Geschlecht, nach den ehelichen Verbindungen, nach den bürgerlichen Verhältnissen und nach den religiösen Verhältnissen. In ersterer Beziehung wurden die Altersstufen bis 7, 14 (18 bei Männern), 45 und 60 Jahre unterschieden; in zweiter Beziehung die der unverehelichten, verehelichten, verwittweten, geschiedenen; besonders wurde die Zahl der zusammenwohnenden Ehepaare bezeichnet. Den bürgerlichen Verhältnissen nach waren bei den erwachsenen Männern 26 Arten unterschieden, als: Officianten im Civil- und im Militärdienste (in verschiedenen Classen), Eigenthümer, Erbpächter etc., die auf ihren Gütern leben (mit Unterscheidung der Qualität und Grösse der Güter), Bürger, Zeitpächter auf Gütern bestimmter Grösse, Lassbauern, Beisassen in drei Classen nach den Erwerbsmitteln, Studirende, Gehilfen und Lehrlinge in drei Classen, Domestiken zur persönlichen Bequemlichkeit und beziehungsweise zu gewerblichen Dienstleistungen; ähnliche 17 Unterscheidungen bei den erwachsenen weiblichen Personen; dann folgten in besonderen Abtheilungen diejenigen, welche unter besonderer Aufsicht der Regierung stehen und zwar wegen Hilflosigkeit (Arme, Verlassene und Kranke in öffentlichen Anstalten, und bez. in Privatwohnungen von öffentlicher Unterstützung lebend, und Wahnsinnige in öffentlichen oder Privatanstalten), und wegen Vergehungen (unter polizeilicher Aufsicht stehend, in Correctionshäusern, in Schuldhaft, in Untersuchungshaft, in Zuchthäusern und Festungen), im Ganzen 25 Colonnen. — *Religions-Verhältnisse.* Die Angaben in Betreff der religiösen Verhältnisse der Einwohner zerfielen in 5 Unterabtheilungen nach der Confession (Lutherische, Reformirte, Rönisch-Katholische, Mennoniten, Juden) und enthielten die Zahl der gottesdienstlichen Versammlungshäuser, der Geistlichen und der Confessionsangehörigen, bei den Katholiken mit besonderer Angabe der Klöster und Klostergeistlichen in vier Abtheilungen, bei den Juden mit besonderer Angabe der Schutzjuden-Familien und der dazu gehörigen Personen.

Unterricht.

Als Unterrichtsanstalten wurden Elementarschulen, Bürger- und Mittelschulen, und zwar öffentliche und private, für Söhne, für Töchter, niedere und höhere Specialschulen, Gelehrte-Schulen, Universitäten aufgeführt, mit Angabe der Zahl der Lehrer und Schüler und mit weiteren Unterscheidungen bei den Universitäten; ferner Zahl und Mitglieder-Zahl der Gesellschaften zur Beförderung der Wissenschaften und Künste, der Gewerbe und des Landbaues.

Polizeianstalten.

Die Polizeianstalten zerfielen in fünf Abtheilungen: Anstalten für öffentliche Sicherheit (Zahl der Beamten, Zahl der im letzten Jahre Verhafteten), für öffentliche Reinlichkeit und Bequemlichkeit (Laternen, Brunnen, Reinigungskarren), die Feuerlöschanstalten (nur drei Arten), die Sanitätsanstalten (Aerzte, Wundärzte, Gehilfen etc., Apotheker, Gehilfen etc., Hebeammen, Thierärzte), die Armenanstalten (Betrag der Aufwendungen für das Armenwesen aus Communal- bez. aus anderen Mitteln).

Erwerbsmittel.

Die Erwerbsmittel nahmen dem Raume nach zwei Drittel der statistischen Tabelle in Anspruch. Für die einzelnen Gewerbe, deren, wenn man bis ins einzelne geht, 250 Arten unterschieden wurden, waren diejenigen Angaben erfordert, durch welche man meinte, am leichtesten auf den Umfang des betreffenden Gewerbszweiges schliessen zu können; es war daher theilweise die Zahl der Anstalten allein erfordert (wie z. B. bei den Mühlen, bei welchem Specialfach Hoffmanns die Unterscheidung der einzelnen Arten sehr weit ging, — 27 Arten, darunter 13 bei den Getreidefabrikaten, — ferner bei den Gastwirthschaften etc.), theils war neben der Zahl der Anstalten oder Unternehmungen die der Arbeiter (dies hauptsächlich bei den eigentlichen Fabrikunternehmungen, sowie bei den Berg- und Hüttenwerken und bei verschiedenen Handelsgewerben) erfordert, bei einzelnen Gewerben neben der Zahl der Anstalten noch die gewisser gewerblicher Vorrichtungen (Stampfen, Drucktische, Papier-Bütten, Druckerpressen), bei der Weberei und Spinnerei nur die der Webestühle und Spindeln (doch wurden nicht weniger als 20 Arten von Webestühlen nach der Art der gearbeiteten Zeuge unterschieden); bei einzelnen Gewerben wurde nur nach der Zahl der Arbeiter gefragt oder nur nach der Zahl der Gewerbtreibenden und beziehungsweise nach der Zahl der Meister und Gehilfen in einer Summe, bei anderen wurde die Zahl der Unternehmer und der Gehilfen, bez. die der Meister und die der Gesellen und Lehrlinge besonders erfordert.

Die Erwerbsmittel waren unter 12 Hauptabtheilungen geordnet: in Vieh, Fleisch und Fettwaaren (22 Gewerbsarten, welchen die Colonnen für den Viehstand, 11 Arten, vorangingen), — Zubereitung und Verarbeitung von Leder (12 Gewerbsarten), — Arbeiten in Holz (16 Arten), — Getreide und Fabrikate daraus (25 Arten, hier wurden auch besondere Angaben für die Berechtigung zum Brau- und zum Branntweindebit erfordert), — Erwerb aus anderen Vegetabilien (10 Arten), — Anstalten zur Gewinnung und Veredelung von Metallen (32 Arten), — zur Gewinnung und Veredelung der übrigen Fossilien (20 Arten), — Weberei, zugehörige Vorbereitungen und Appreturen, auch verwandte Gewerbe (47 Arten), — Arbeiten in Papiermasse (7 Arten), — verschiedene andere Gewerbe (18 Arten, als Siegellack-, Bürstenfabrikation, Arbeiten in Kork, Horn, Fischbein, Elfenbein, Stroh, Bast, sowie Perrücken und Putzwaaren betreffend), Erwerbsmittel in Bezug auf Wissenschaften, schöne Künste und öffentliches Vergnügen (24 Arten, Anstalten des literarischen Verkehrs, Künste und diesen verwandte mechanische Arbeiten, Privatlehrer, Schauspieler-Truppen, Marionetten-, Equilibristen-Truppen), — endlich in Bezug auf Handel und Verkehr im Allgemeinen (17 Arten, darunter nur sieben Handelsgewerbe, da die an die einzelnen Productionsarten sich anschliessenden Handelsgewerbe bereits bei diesen erwähnt waren, dann Justizcommissarien, Notare, Angaben über die Seeschifffahrt, bei welchen, ausser der Zahl und Tragfähigkeit der Schiffe und der des Schiffspersonals in drei Classen, auch die Zahl der im letzten Jahre verloren gegangenen und der neugebauten Seeschiffe anzugeben war, Angaben über die Stromschifffahrt, das Fracht- und Lohn-Fuhrwesen und die Gastwirthschaften).

Formelle Vorschriften.

Die Aufnahmen dieser Tabellen wurde den Polizeibehörden übertragen, als die Zeit derselben der Jahresschluss bestimmt, für nicht rechtzeitige Einsendung an die Polizei-Deputationen der Regierung wurde Strafe angedroht; die Regierungen wurden aufgefordert, Revisionen zu veranlassen und sofern sich Unrichtigkeiten herauszustellen, den betreffenden Beamten die Kosten der Revision aufzulegen. Als die Tabellen für 1810—11 eingegangen waren, wurde den Regierungen selbst die summarische Zusammenstellung der Resultate zugesandt. — Für das nächste Jahr erhielt die Tabelle einige Vereinfachungen, indem eine Anzahl von Gewerben zusammen gezogen wurde, hinzugesetzt wurde die Zahl der als Nebenbeschäftigung benutzten Webestühle und zwei bei der ersten Aufnahme übersehene Gewerbsarten; die Zahl der Spalten war jetzt auf 590 ermässigt.

Aenderungen für 1811,

Eine weitere Umarbeitung fand statt, als die Resultate für den Jahresschluss 1811 eingegangen waren: Es wurden eine Anzahl von Rubriken beseitigt, die keine brauchbaren Nachrichten gewährt hatten, so die über die öffentliche Sicherheit, die Strassenreinigungskarren, die Unterscheidung der Besitzer adliger Güter, die Angaben für solche Gewerbszweige, welche nur an einer Stelle des Staats vorkamen (die Regierungen sollten dergleichen Fabriken künftig in einem Anhange nambaft machen), oder welche nur von einer ganz geringen Zahl Personen betrieben worden waren. Es wurden ferner alle ausschliesslich auf Gewinnung von Metallen und Fossilien gerichteten Unternehmungen aus dem Schema gestrichen, da die inzwischen umgearbeitete Tabelle der Berg- und Hüttenwerke die nöthige Auskunft gewährte. Einzelne Theile der Tabelle wurden umgearbeitet, so die die Juden betreffenden Colonnen, bei welchen die bisherige Unterscheidung fortfiel und statt deren sechs Haupt-Erwerbszweige derselben unterschieden wurden, — ferner die Colonnen der Handeltreibenden, welche zusammengelegt und systematisch geordnet wurden, unter die Hauptrubriken derjenigen Handeltreibenden, welche kaufmännische Rechte haben, und welche sie nicht haben. Mehr erfordert wurden Angaben über die in gewissen accisepflichtigen Gewerben verbrauchten Quantitäten, über die Zahl der öffentlichen Krankenanstalten, der daselbst verpflegten und der daselbst gestorbenen Kranken, die Zahl der stimmfähigen Bürger in den Städten, und die Zahl der kopfsteuerpflichtigen Personen. Die Aenderungen fanden grossentheils auf Krugs Vorschlag statt, der überhaupt die unmittelbare Bearbeitung der statistischen Tabellen hatte und die betreffenden Verfügungen entwarf. Die statistische Tabelle war jetzt in ihrem Umfange auf 478 Spalten vermindert.

für 1812.

Von Seiten des Finanzministeriums war sogleich nach dem Erlass des Edicts über die Personensteuer im October 1811 eine Zählung durch die Consumtionssteuer-Beamten veranlasst worden, welche gegen die Nachrichten der statistischen Tabelle eine erhebliche Differenz ergeben hatte; dies gab zu einer Correspondenz mit dem statistischen Bureau Veranlassung und zu dem Antrage des Finanzministers, dass der Altersabschnitt 12 Jahr, mit welchem die Verpflichtung zur Zahlung der neuen Personensteuer eintrat, in die statistische Tabelle aufgenommen werden sollte. Hoffmann lehnte dies ab, indem er die von ihm angewandten Altersabschnitte sachlich begründete, den Abschnitt von 12 Jahren aber als einen von der Gesetzgebung willkürlich angenommenen bezeichnete. Die Aufnahme der Zahl der kopfsteuerpflichtigen Personen wurde jedoch von da ab mit der der statistischen Tabelle verbunden und gleichfalls auf den Januar gelegt; als aber im Jahre 1814 der Anfang des Etatsjahres vom Juni auf den Jahresanfang (1815) verlegt wurde, wurde die Personensteuer-Consignation auf den Monat November bestimmt.

Zählungen für die Kopfsteuer.

Für 1812 ging die statistische Tabelle mit Ausschluss weniger Theile noch vollständig ein, für 1813 blieb dieselbe aus den meisten Regierungsbezirken aus. Am Jahresschluss 1814 fand die Aufnahme wiederum statt, jedoch wurde nochmals eine Anzahl von Colonnen gestrichen (so die Angaben in Betreff der in Privathäusern verpflegten Armen), andere wurden zusammengezogen; so wurden namentlich die Angaben der Zahl der Webestühle und Spindeln, welche in der bisherigen Art zu unsicher ausgefallen waren, vereinfacht, nachdem das Gewerbedepartement sich mit dieser Aenderung einverstanden erklärt hatte; die statistische Tabelle war nun auf 420 Rubriken beschränkt. — Für den Jahresschluss 1815 wurde die statistische Tabelle nicht erfordert; die Aufstellung der Bevölkerungsliste für das Jahr 1815 wurde ausdrücklich nur für den bisherigen Umfang des Staats vorgeschrieben.

Statistische Tabelle für 1814.

Bei Anordnung der statistischen Aufnahmen im Beginn des Jahres 1811 war den Regierungen ausdrücklich erklärt worden, dass und aus welchen Gründen die Ermittelungen über Aussaat und Ernte (und die über den Seidengewinn) fallen gelassen seien, nichtsdestoweniger wurden sie durch einzelne Regierungen fortерhoben und erst, als eine Regierung sich auf die Ergebnisse derselben berief, vom Staatskanzler daselbst ausdrücklich beseitigt. Auch Seitens anderer Ressorts ergingen in dieser Beziehung mehrfach An-

Das statistische Bureau gegen die Ernte-Ermittelungen.

fragen an das statistische Bureau, deren Beantwortung von Hoffmann abgelehnt wurde. Ebenso lehnte er 1812 die Aufforderung ab, die Ermittelungen über den Tabaksgewinn wieder aufzunehmen, indem er darauf hinwies, dass die Tabellen bis zur Unbrauchbarkeit falsch gewesen, wahrscheinlich auch im Laufe der Zeit immer unrichtiger geworden seien, und erklärte, dass die Wiedereinführung solcher Aufnahmen auf die Nation einen widrigen Eindruck machen würde.

Tabellen der Berg- und Hüttenwerke.

Die Tabellen über die Production der Berg- und Hüttenwerke waren beibehalten, sie wurden alljährlich von der Ministerialsection für Salz-, Berg- und Hüttenwesen eingezogen. Für die Nachweisung der Privat-Berg- und Hüttenwerke und der metallischen und mineralischen Fabriken wurde den Regierungen im October 1811 ein Schema vorgeschrieben, und im Juni 1812 denselben diejenigen 39 Arten von Gruben, Hütten, Fabrikanlagen etc. bezeichnet, unter welche die einzelnen Anlagen eingetragen werden sollten. Das statistische Bureau erhielt für 1812 eine Tabelle, welche in etwa 600 Colonnen die Zahl der Anlagen (der Gräbereien etc., der Gruben, der Feuer etc.), der Arbeiter und der Familienglieder derselben, die producirten Quantitäten und den Werth derselben, mit Unterscheidung der verschiedenen Arten der fabricirten Waaren enthielt; die Unternehmungen waren unter 6 Hauptrubriken geordnet. Die Berg- und Hüttenwerke auf Metallgewinnung und Fabriken, welche Metalle verarbeiten, die Werke auf Salzgewinnung und hiergehörigen Fabriken, die Sand- und Kalksteinbrüche und Vorrichtungen zur Gewinnung von Bau- und Düngungsmaterial, die Werke zur Gewinnung von Brennstoffen, die Fabriken zur Darstellung von Kaufmannswaaren aus Erden, Metalloxyden und Fossilien, und die Mineralquellen. Ausserdem erhielt das statistische Bureau regelmässig die von den Regierungen aufgestellten Tabellen.

Nachrichten über Tuchfabrikation.

Die einzigen Nachrichten, welche über die Fabrikate ferner vom statistischen Bureau eingezogen wurden, waren die monatlichen Nachrichten über die Tuchfabrikation, wieviel Stücke Tuch (in 13 bestimmten Städten, wo Schauanstalten bestanden) fabrizirt worden seien; sie enthielten zugleich Angaben über die Länge und Breite der Stücke und über den höchsten und niedrigsten Preis. Diese Nachrichten gehörten demjenigen Kreise von Aufnahmen an, welcher durch directe Correspondenz des Bureaus mit den Magistraten der einzelnen Städte gesammelt wurden. Am 13. Januar 1811 hatte Hoffmann die Magistrate etc. von 38 Städten aufgefordert, ihm monatlich die Marktpreise der Lebensbedürfnisse (gelber und weisser Weizen, Roggen, grosse und kleine Gerste, Hafer, gelbe und graue Erbsen, Kartoffeln, Hopfen, Rindfleisch, Schweinefleisch, Rindstalg, Butter, weisses und braunes Bier, Kornbranntwein, Stroh, Heu) mitzutheilen, ausserdem im Januar jedes Jahres die Preise der Bau- und Brennmaterialien; in gleicher Weise wurden aus sechs Städten die Preiscourante angesehener Handelshäuser über die im dortigen Handel vorkommenden Material- und Handelswaaren und aus fünf Städten die Courszettel eingezogen. 18 städtische Behörden hatten monatlich über die Flachspreise zu berichten, 3 über Leinsaat und Hanf, 3 über Garnpreise, 9 über den Preis der Leinwand und den Leinenhandel, ferner 15 Städte jährlich über den Wollpreis und den Wollmarkt-Verkehr. Alle diese Nachrichten wurden auf dem Bureau in geeigneter Weise verarbeitet und Berichte über die Resultate theils an den Staatskanzler, theils an die entsprechenden Ministerial-Departements erstattet.

Preise der Lebensmittel und Waaren.

Verschuldung des Grundbesitzes.

Bei dem grossen Umfange, welchen die vom statistischen Bureau ausgehenden Aufnahmen hatten, war zur Einziehung von Nachrichten durch die einzelnen Ministerialressorts wenig Veranlassung. Unter den letzteren sind hinsichtlich der Verhältnisse des Grundbesitzes bemerkenswerth die Nachrichten über die Hypothekenschulden, welche nach einem von Krug entworfenen Schema zunächst für das Jahr 1811 und dann regelmässig weiter eingezogen wurden, und die Nachrichten über den Zustand der landschaftlichen Creditsysteme, welche im Jahre 1810 und den folgenden halbjährlich eingereicht wurden; auch für diese hatte Krug im Jahre 1814 ein bleibendes Schema entworfen, welches sowohl den Vermögenszustand der Systeme, als die hinzukommenden und abgehenden Pfandbrief-Schulden ergab.

Uebersichten der Staats-Abgaben.

Nur das Ressort des Finanzministeriums für die Staatseinkünfte wurde von Hoffmann in umfassender Weise in Anspruch genommen. Die Beschaffung der statistischen Materialien aus dem Ressort desselben sollte nach der anfänglich getroffenen Bestimmung durch commissarische Verhandlung regulirt werden. Hoffmann erbat sich sieben Uebersichten: von der Grundsteuer (Aufkommen nach der Art der Abgabe und nach den einzelnen Kreisen unterschieden), Gewerbesteuer, Luxussteuer, den Einnahmen an Zoll, Accise und Land-Consumtionssteuer (mit Unterscheidung der einzelnen steuerpflichtigen Artikel), vom Stempel (nach den einzelnen Arten derselben), und von den Domanial- und Forsteinkünften (unter Angabe des Flächeninhalts der Bestandtheile der Domänen und Forsten, und der Einnahme- und Ausgabetitel). Von den Domänen und Staatsforsten lagen schon damals ausführliche Nachweisungen vor, welche z. B. bei den Domänen die Einnahmen von den Gütern, den damit verbundenen gewerblichen Anlagen und die Abgaben der Eingesessenen nach der Art des Besitzrechtes der Zahlungspflichtigen und nach der Qualität der Abgabe unterschieden; weitere Tabellen bestanden ausserdem für die gutsherrlich-bäuerlichen Regulirungen auf den Domänen. Ferner wurden dem statistischen Bureau die Hauptabschlüsse der Steuern übersendet, welche die Summen für die einzelnen Steuern enthielten, und die gewünschten Nachweisungen für die einzelnen Steuern und Abgaben.

Für das folgende Jahr wurde vom statistischen Bureau hinsichtlich einzelner Abgaben eine weiter gehende Specialisirung verlangt; das betreffende Finanz-Departement übersandte die gewünschten Nachrichten, und setzte die Zusendung alljährlich fort. Nachrichten über die Posteinnahmen wurden seit 1812 vom General-Postamt eingezogen. — In Betreff der Domänen-Veräusserungen zog Hoffmann im Februar 1813 Nachricht ein; er bedürfe derselben zu den Uebersichten, welche er alljährlich auf dem statistischen Bureau anfertigen lasse und in denen der Ertrag der sämmtlichen Abgaben und Einkünfte von den Regalien mit der Volksmenge, dem Flächeninhalt u. s. w. verglichen werde; für das Jahr 1810—11 sei die Aufstellung der Tabellen versucht worden, sie werde jetzt für das Jahr 1811—12 ausgeführt. Die verschiedenen für dieses letztere Etatsjahr eingegangenen Tabellen finden sich in den Acten von Hoffmanns Hand bearbeitet, ausserdem statistische Aufstellungen mit Bezug auf Fragen, welche für die damalige Steuerverwaltung von Interesse waren.

Nachrichten von den Staats-Geldinstituten.

Von den zu der Abtheilung der Staats-Geldinstitute gehörigen Anstalten, zu welcher Hoffmann, wie oben erwähnt, in unmittelbarer Beziehung stand, gelangten ebenfalls die Nachrichten an das statistische Bureau, so über das Staats-Schuldenwesen (welche secretirt wurden), über das Münzwesen, in Bezug auf welches Hoffmann ausführliche Zusammenstellungen veranlasste; ferner von der Lotteriedirection, welche vom Jahre 1810—11 ab die Uebersichten ihrer Betriebsresultate einsendete, und von der Salzadministration, deren Tabellen Hoffmann zur Ermittelung der Consumtionsverhältnisse benutzte.

Meteorologie.

Wenn hiernach das statistische Bureau bei einfachster Organisation seiner Aufnahmen fast alle diejenigen Gegenstände, deren Bearbeitung es sich vorgesetzt, in zweckmässiger Weise behandelte, so blieb doch ein wichtiger, im Programm hervorgehobener Gegenstand in dieser Zeit fast unberührt: die beabsichtigte Erweiterung der meteorologischen Beobachtungen, welche seit längerer Zeit in Berlin und Breslau stattfanden, durch Errichtung von 6 Stationen in anderen Landestheilen unterblieb. Hoffmann begnügte sich, von den vorhandenen Betrachtungen Kenntniss zu nehmen, und als später in Schlesien ein Netz von Beobachtungen sich entwickelte, scheint das statistische Bureau davon nicht einmal Notiz genommen zu haben.

Beziehungen zu Hoffmann's diplomatischer Thätigkeit.

Wie die Thätigkeit des Bureaus durch den im Jahre 1813 ausgebrochenen Krieg gehemmt wurde, ist schon im Einzelnen oben angeführt; es kam hinzu, dass Hoffmann nun persönlich durch den Staatskanzler zu Geschäften herangezogen wurde, die ihn nöthigten, auf einige Zeit dasselbe der alleinigen Leitung seiner Räthe zu übergeben. Seine erste Arbeit auf diesem Gebiete dürfte die Vorlage sein, welche er im October 1813 über die Verhältnisse der im tilsiter Frieden abgetretenen Theile von Westpreussen erstattete. Hoffmanns diplomatische Thätigkeit und namentlich seine Mitwirkung bei den pariser Friedensschlüssen, bei welchen er sich zugleich als praktischer Statistiker zu bewähren hatte, kann hier nicht besprochen werden; es wird hier die Anführung genügen, dass er die statistischen Materialien vom Bureau sich nachkommen liess, dass ihm, wie die Acten des Bureaus ergeben, die Gutachten und Vorschläge für die künftige Begrenzung des preussischen Staats zugingen, dass er die statistischen Aufstellungen über die Landestheile erhielt, um deren Austauschung an andere deutsche Staaten es sich handelte, und die ausführlichen statistischen Darstellungen, welche die Generalgouverneure der neuerworbenen Landestheile über Areal, Bevölkerung, Ertrag der Landwirthschaft und Viehzucht, gewerbliche und Abgaben-Verhältnisse der Einwohner erstatteten.

3. Die äusseren Verhältnisse des statistischen Bureaus von 1816 bis 1844.

Etats-Verhältnisse.

Obwohl Hoffmann nach Beendigung des Krieges als Geheimer Legationsrath beim Ministerium der auswärtigen Angelegenheiten verblieb, und die Professur zunächst nicht wieder antrat, so behielt er doch die Direction des statistischen Bureaus bei. Er bewohnte das Lindenstrasse 32 belegene Haus, welches im Jahre 1815 für 30 000 Thlr. für das Bureau angekauft war, und in dem sich noch heut das statistische Bureau und die Amtswohnung des Directors befindet. Die Etatsverhältnisse des Bureaus wurden nun für 1816 (und ebenso für 1817) dahin geordnet, dass der Director 4 000 Thlr., die beiden Räthe Engelhardt und Krug jeder 1 800 Thlr., die Subalternen (der Geheime Secretär Stockfisch, die Conducteure Schröder und Schmidt, der Kanzlist Schmauch und der Kanzleidiener) 2 400 Thlr. erhielten, ausserdem war ein Extraordinarium von 3 000 Thlr. zur Anschaffung von Landkarten, Büchern etc. und zur Bestreitung aller sonstigen Bedürfnisse bewilligt; der Etat betrug somit im Ganzen 13 000 Thlr. Hierunter waren jedoch die Kosten der Herstellung der Tabellenformulare nicht mitbegriffen: dieselben wurden vielmehr, wie seit 1810 geschehen, so auch ferner aus den Bedürfnissfonds der Regierungen bestritten, für deren Rechnung das statistische Bureau die Herstellung derselben veranlasste. (Diese Kosten betrugen z. B. in dem Zeitraum von 1834 bis 1845: 4 781 Thlr., also jährlich im Durchschnitte 392 Thlr.)

Uebertragung der Landesaufnahme an den Generalstab.

Der Wirkungskreis des Bureaus wurde zunächst dadurch beschränkt, dass es mit der Landesaufnahme ausser Verbindung trat. Die Landesvermessung, welche durch den nachmaligen Major von Oesfeld fortgesetzt und auf die neuerworbenen Theile (die Provinz Sachsen) erweitert wurde, ging sammt dem zugehörigen Inventarium an den Generalstab über, und diese, sowie die damit verbundene Kartirung wurde nun als eine militärische Angelegenheit betrachtet. Welche Nachtheile daraus hervorgingen, dass der Zweck der Erlangung genauer Karten dem militärischen Interesse, die Aufnahme zur Schule für die Ausbildung von Generalstabs-Offizieren zu benutzen, nachgesetzt wurde, hat Engelhardt später in einem in den Acten des Bureaus befindlichen Promemoria erörtert. Auch die kartographische Thätigkeit des Bureaus war hierdurch gelähmt, und es war nur eine Consequenz des ersten Schrittes, dass nach einigen Jahren (bei Verminderung des Extraordinariums des Bureaus auf 1 800 Thlr.) dem Bureau diejenigen Gelder entzogen wurden, welche zur Entschädigung für die zur Revision der Cabinetskarte durch Engelhardt unternommenen Reisen dienten; selbst die Kenntnissnahme von den im Maassstabe von $\frac{1}{[illegible]}$, bez. in den westlichen Provinzen $\frac{1}{[illegible]}$, vom Generalstabe aufgenommenen Karten wurden dem statistischen Bureau versagt.

Censur und Sammlungen des Bureaus.

Erweitert war der Wirkungskreis des Bureaus dadurch, dass ihm im Januar 1816 die Censur der statistischen Werke und der Karten übertragen wurde. Dies zusammen mit der Vergrösserung der Sammlungen des Bureaus macht es erforderlich, dass vom Juli 1817 ab bei dem Bureau ein besonderer Hülfsarbeiter in der Person des Dr. (nachmaligen Hofraths) Müller bestellt wurde, welcher neben den Functionen eines Bibliothekars die Aufgabe erhielt, die Zeitschriften, vornehmlich zum Zwecke der Sammlung statistischer Notizen von auswärtigen Staaten, durchzusehen. Ausserdem zog Hoffmann seit den zwanziger Jahren von verschiedenen deutschen, später auch von einigen anderen Staaten auf directem Wege statistische Nachrichten ein.

Hoffmann's Nebenämter in ihren Beziehungen zum Bureau.

Im Jahre 1821 trat Hoffmann aus seiner Thätigkeit im Ministerium der auswärtigen Angelegenheiten zurück und übernahm wieder die Professur bei der Universität; in Folge dessen wurde ein Theil seines Gehalts (2 000 Thlr.) vom Etat des statistischen Bureaus auf den der Universität übertragen. Der Etat des Bureaus stellte sich hierdurch und durch verschiedene inzwischen den anderen Beamten des Bureaus gegebene Zulagen im Jahre 1822 und den folgenden Jahren auf 12 550 Thlr. Auch als Hoffmann seine unmittelbare Mitwirkung im Ministerium der auswärtigen Angelegenheiten aufgegeben hatte, bei welcher er namentlich auch in den aus den neuesten Abtretungen hervorgegangenen Liquidations-Angelegenheiten thätig gewesen war, wurde er von Seiten dieses Ministeriums vielfach zu gutachtlichen Berichten in Sachen aufgefordert, welche zu seiner früheren Thätigkeit unmittelbar oder mittelbar in Beziehung standen; so wurde noch bei der Zerreissung des Königreichs der Niederlande und in der Luxemburgischen Theilungssache sein Gutachten erfordert. Gleichzeitig nahm ihn (seit 1817) seine Stellung im Staatsrathe, die ihm hier aufgetragene Begutachtung und Ausarbeitung umfassender Gesetzentwürfe, in hohem Grade in Anspruch; aus dieser Thätigkeit zog sich Hoffmann erst im Jahre 1836, damals im 61. Lebensjahre stehend, zurück, um sich nun ausschliesslich den Zwecken des Bureaus und seiner akademischen Lehrthätigkeit zu widmen. Indessen wurde er durch inzwischen eingetretene Verhältnisse, und durch den Ausgang der damals eingeleiteten Verhandlungen über die Stellung des Bureaus, bald darauf veranlasst, seine Thätigkeit am Bureau wesentlich einzuschränken.

Das Protokoll der Immediat-Commission zur Ermittelung von Ersparnissen.

Als im Jahre 1823 die Stelle des Staatskanzlers nicht wieder besetzt wurde, war das statistische Bureau dem gesammten Staatsministerium untergeordnet und die specielle Bearbeitung der Angelegenheiten desselben dem Minister des Innern übertragen worden. Die Immediat-Commission, welche zur Ermittelung von Ersparnissen im Staatshaushalt bestellt worden war, hatte die Einrichtung desselben zu kostspielig gefunden. »Für ein Bureau, welches sich nur mit Sammlung und Zusammenstellung von statistischen Materialien befassen soll, um hauptsächlich den verwaltenden Behörden die zur Bearbeitung der betreffenden Gegenstände erforderlichen Hülfsmittel zu verschaffen, ist solches mit einem Personal versehen, was zu diesem Behuf und wenn die Beamten vorzüglich für den königlichen Dienst arbeiten, auf keine Weise nöthig sein kann. Die Commission ist der Meinung, dass es überhaupt eines so abgesondert gestellten Bureaus mit einem Director und Räthen nicht bedarf, sondern, dass dasselbe ganz dem Ministerium des Innern einzuverleiben sei.« Die Commission hatte hiernach einen Etat aufgestellt, nach welchem bei dem Bureau künftig nur ein Rath, ein Planinspector, ein Registrator und ein Kanzleisecretär mit einer Normalbesoldung von zusammen 4 100 Thlr. fungiren sollten. In der hierauf unter dem 31. August 1824 ergangenen zustimmenden Cabinetsordre wurden die betreffenden Vorschläge der Commission mit erwähnt (»noch hat die Commission in dem anliegenden Protokoll vom 24. December 1823 sich gegen das Bestehen eines besonderen statistischen Bureaus geäussert und die Ersparnisse berechnet, welche dadurch zu erwarten sind, wenn solches ganz dem Ministerium des Innern einverleibt wird)«.

Das statistische Bureau dem Ministerium des Innern untergeordnet.

In Folge dessen eröffnete der Minister des Innern dem Wirklichen Geheimen Ober-Regierungsrath Hoffmann, dass durch die genannte Ordre das statistische Bureau, wie solches bisher bestanden, aufgehoben sei und dass es dem Ministerium des Innern mit künftiger Beschränkung des jetzt dabei angestellten Personals einverleibt werden solle; die Besoldungen sollten jedoch den betreffenden Personen unverkürzt fortgeleistet werden; weitere Mittheilung in dieser Angelegenheit wurde vorbehalten.

Die Frage wegen der Stellung des statistischen Bureaus blieb jedoch im übrigen unerledigt und wurde erst zwei Jahre später durch Hoffmann selbst zum Austrage gebracht, als es sich um die Pensionirung eines Geheimen Secretärs (Gottschalk, an dessen Stelle der nachherige Calculator des Bureaus, Büttner, trat) handelte. Inzwischen hatte Hoffmann seine Berichte nach wie vor an das Staatsministerium gerichtet und von diesem die Erwiederung erhalten. Auf den Immediatbericht, welchen Hoffmann jetzt mit der Bitte an den König richtete, dass dem statistischen Bureau die Eigenschaft einer Centralanstalt erhalten werden möge, erging am 28. April 1827 die Antwort, der König habe die Vorschläge der Immediat-Commission durch die obenerwähnte Ordre für zweckmässig erklärt und angeordnet, dass der Minister des Innern die nöthigen Einrichtungen treffen solle, indess sei es nicht die Absicht gewesen, sein (Hoffmanns) Verhältniss zu ändern; nur die Personal- und Disciplinar-Angelegenheiten des Bureaus sollten zum Ressort des Ministeriums des Innern gehören, sonst aber ihm (Hoffmann) die Geschäftsführung nach wie vor überlassen sein. — Als Hoffmann, wie dies alljährlich geschah, den nächsten Bericht über die Resultate der Bewegung der Bevölkerung für 1826 überreichte, stellte er den Antrag, von der Theilnahme an den laufenden Geschäften des statistischen Bureaus einstweilen dispensirt zu sein, damit er desto thätiger für die Nutzbarmachung der gesammelten Nachrichten zu den Zwecken der Verwaltung und des Unterrichts wirken könne. Unter Genehmigung des Ministeriums des Innern wurden in der Folge die Angelegenheiten des statistischen Bureaus dahin geordnet, dass der Geheime Regierungsrath Engelhardt den geographisch-topographischen Theil der Geschäfte, der Geheime Regierungsrath Krug den auf die gewerblichen, persönlichen und Verfassungsverhältnisse der Einwohner bezüglichen Theil der Geschäfte selbständig führen sollte, dem Director Hoffmann aber die Correspondenz mit den Ministerien und Centralbehörden, die Aenderung der Formulare und Veranlassung aussergewöhnlicher statistischer Aufnahmen, und die Erledigung von Ausstellungen und Bedenken der Behörden gegen Anordnungen des statistischen Bureaus vorbehalten blieb.

Folgen dieser Unterordnung.

Das Bureau wieder unter

Die zurückgezogene Stellung, welche Hoffmann jetzt dem Bureau gegenüber einnahm, dauerte so lange, als dasselbe unter dem Ministerium des Innern stand, bis zum Jahre 1834. Als in Folge der da-

das Staats-Ministerium gestellt.

mals in den Ressortverhältnissen des Ministeriums des Innern und in der Person des Ministers eintretenden Veränderungen (die Ministerien des Innern und der Polizei und des Innern für Gewerbeangelegenheiten wurden damals vereinigt, und der Minister für Gewerbeangelegenheiten erhielt das Ministerium des Innern, von welchem ein Theil der Geschäfte an das Finanzministerium überging), — das statistische Bureau durch Cabinetsordre vom 28. April 1834 dem gesammten Staatsministerium wieder untergeordnet wurde, nahm Hoffmann die ganze Direction wieder in seine Hände. Krug, der schon längere Zeit durch Kränklichkeit veranlasst war, einen dauernden Aufenthalt auf dem Lande zu nehmen, wünschte seine Pensionirung. Hoffmann beantragte dieselbe, indem er die Wiederbesetzung der Krugschen Stelle für nicht erforderlich erklärte: »das Geschäft des Sammelns, Ordnens und selbst des übersichtlichen Zusammenstellens kann durch einen fleissigen und wohleingeübten Mann von der Qualification eines Calculators »(Schmauch)« vollkommen versehen werden: das Nutzbarmachen der Nachrichten über Bevölkerung, gewerbliche und Lebensverhältnisse für die Verwaltung und für die Wissenschaft dürfte, wie bisher, umsomehr dem Dirigenten des Bureaus überlassen bleiben können, als auch hier die Erfahrung gezeigt hat, dass ein besonders dazu angestellter Rath dem Dirigenten nicht erforderlich ist.« Mit diesem Bericht verband Hoffmann den Vorschlag von Zulagen für die übrigen Beamten des Bureaus und erst dies gab die Veranlassung, dass ihm das Protokoll der Immediat-Commission zur Prüfung des Staatshaushalts als Norm für die zukünftige Besoldung der Beamten des Bureaus mitgetheilt wurde.

Hoffmann's Bericht über das Protokoll der Immediat-Commission.

In einem ausführlichen Bericht, in welchem Hoffmanns ganze Energie hervortritt, wandte er sich gegen die beschränkte Auffassung, von welcher aus die Immediat-Commission die Aufgaben des statistischen Bureaus betrachtet hatte, als sie dasselbe dem Ministerium des Innern, nur unter Beibehaltung des gewohnten Namens, einverleiben wollte. Er entwickelte die Bedeutung des statistischen Bureaus für die Wissenschaft und das Leben, die Nothwendigkeit, dass das statistische Bureau nicht einem besonderen Verwaltungszweige angehören, sondern als Centralbehörde bestehe:

»Ein statistisches Bureau,« heisst es in diesem Berichte, »kann und darf keineswegs alle Nachrichten unmittelbar einziehen; sehr viele wird es stets von den Ministerien erhalten, welche sie für ihre eigenthümlichen Zwecke durch ihre besonderen Organe eingezogen haben. Hier wird nun eine Prüfung der inneren Glaubwürdigkeit der Nachrichten möglich, indem die Ergebnisse der in einem Centraldepot zusammenfliessenden höchst verschiedenartigen Angaben verglichen werden und erwogen wird, ob sie wohl mit einander und mit dem, was die tägliche Erfahrung im gemeinen Leben ergiebt, bestehen können? Auf diesem Wege wird entdeckt, wie höchst unsicher viele Angaben bei grosser Genauigkeit sind, oder auch umgekehrt, wie gering die Einwirkung mancher Erscheinungen, die im Einzelnen höchst bedeutend vortreten, auf das grosse Ganze ist. Indem durch solche Vergleichungen, auch abgesehen von unangenehmen Entdeckungen, wie die vorgedachten, überhaupt sehr anziehende Verhältnisse klar dargestellt werden, ist es möglich, durch eine zweckmässige öffentliche Bekanntmachung derselben ein allgemeineres Interesse für die Richtigkeit der einzureichenden Nachrichten zu wecken. Namentlich haben auf diesem Wege die Sammlungen statistischer Nachrichten für den preussischen Staat seit den letzten Jahren eine sehr schätzbare Unterstützung durch den guten Willen gewonnen, welche die öffentliche Meinung von ihrem Nutzen angeregt hat. — Ferner sind für jede verwaltende Behörde die Nachrichten, welche sie für ihr Verwaltungsbedürfniss einzieht, in der Regel nur so lange brauchbar, bis neue an die Stelle treten; und wenn die älteren auch noch für einige Jahre zur Vergleichung oder zur Bildung von mehrjährigen Durchschnitten aufbewahrt werden: so ist doch auch dieses Verwaltungsbedürfniss nur auf eine mässige Reihe Jahre beschränkt. Das Abgeben der älteren Nachrichten in ein Archiv kann zwar dieselben als Material für die Geschichte erhalten. Aber zwischen der fernen Zeit, wo die gegenwärtige Verwaltung nur noch der Geschichte angehören wird, und den wenigen Jahren, wo die eingezogenen Nachrichten ein brauchbares Material für die Verwaltung sind, liegt ein für höhere staatswirthschaftliche Combinationen sehr interessanter Zeitraum, den nur eine Behörde, welche der Verwaltung nahe steht, ohne doch mit ihr selbst betheiligt zu sein, und welcher die Mittel gegeben sind, Nachrichten aus den verschiedenen Abtheilungen der öffentlichen Geschäfte mit Leichtigkeit zusammen zu stellen und zu benutzen, so fruchtbar für die Bestätigung, nähere Bestimmung oder Widerlegung bestehender Verwaltungsmaximen, für die Lösung anscheinender Widersprüche in den Erfahrungen und für das Auffinden der Gründe von unerwarteten Erscheinungen zu machen vermag, als er es zu werden verdient. Es ist hier keineswegs die Frage von einem blos doctrinellen

Interesse, sondern von einem rein praktischen, welches Sicherheit gegen das Schwanken der Meinungen im Bereiche einer längeren Erfahrung sucht.«

Aber den ursprünglichen Plan für das Bureau erklärte auch Hoffmann für zu weitläufig angelegt. Wie Krugs Stelle, so sollte auch die Engelhardts nach seinem einstigen Abgange nicht wieder besetzt werden, für die topographische Partie werde es künftig nur eines geschickten und zuverlässigen Planinspectors bedürfen. Die Durchsicht der Zeitschriften und Flugblätter sollte so weit beschränkt werden, dass auch die Stelle des Hofraths Müller eingezogen werden könnte. Durch diese Ersparnisse könnte der Etat des statistischen Bureaus, welcher damals 10 700 Thlr. betrug, bei Festsetzung eines Directorialgehaltes von 2 400 Thlr. auf 7 500 Thlr. ermässigt werden. Die ganze Wirksamkeit des Bureaus legte Hoffmann somit allein in die Persönlichkeit des Directors, er sprach in diesem Berichte aus, was er von diesem fordere, was seine nächsten amtlichen, und was seine höheren Pflichten seien, und er hatte die Person seines Nachfolgers bestimmt ins Auge gefasst, als er in diesen Vorschlägen sein amtliches Testament dem Staatsministerium überreichte.

und die künftige Organisation des Bureaus.

In einem am 2. October an den Minister von Altenstein gerichteten Schreiben brachte er den Geh. Ober-Regierungsrath Dieterici sowohl zu seinem Stellvertreter in der Professur der Staatswissenschaften, als auch zu seinem dereinstigen Nachfolger als Director am statistischen Bureau in Vorschlag. Er bezog sich auf Dietericis ausgezeichnete Beamtenthätigkeit (D. hatte 1816 bis 1820 anfangs als Assessor, dann als Rath bei der Potsdamer Regierung und seitdem im Ministerium des Cultus gearbeitet) und seine vielseitigen, namentlich mathematischen Kenntnisse; er könne nur aussprechen, dass er keinen Würdigeren zu empfehlen wisse und sowohl die Professur als die Direction des Bureaus mit vollem Vertrauen nach seinem Ausscheiden ihm, Dieterici, wünsche übertragen zu sehen. Dieterici erhielt hierauf im December 1834 die Professur, und durch Rescript vom 17. Juli 1835 wurde er zum Hilfsarbeiter am statistischen Bureau bestellt, mit dem ausdrücklichen Zusatze, dass ihm dadurch der Weg zur dereinstigen Beförderung in die Stelle eines Directors des statistischen Bureaus eröffnet werde. Dem Geheimen Rath Dieterici wurde hierauf von Hoffmann die Benutzung des Bureaus eingeräumt, eine bestimmte Thätigkeit erhielt er bei demselben nicht, er verblieb vielmehr in seiner Wirksamkeit beim Ministerium der geistlichen Angelegenheiten.

Dieterici von Hoffmann als Nachfolger designirt.

Hoffmann selbst führte die Direction des Bureaus fort, die Geschäfte des Bureaus nicht nur leitend, sondern selbst mitarbeitend bis ins Einzelne, so lange die Körperkräfte es gestatteten, und erst 1844, als zugleich die Veränderung der äusseren Stellung des Bureaus, die Unterordnung unter das zu gründende Handelsamt, in Frage kam, liess er sie auf seinen Lieblingsschüler, diesen treuesten Bewahrer und Pfleger seines geistigen Erbtheils, übergehen. Und gerade diese letzten zehn Jahre seines Lebens, in denen Hoffmann bei schwindenden Körperfunctionen seine volle geistige Klarheit bewahrte, waren vorzugsweise literarischer Veröffentlichung geweiht: gerade dieser Zeit, dem achten Jahrzehnt seines Lebens, verdankt die Nachwelt die meisten und die kostbarsten seiner Werke.

4. Die Arbeiten des statistischen Bureaus von 1816 bis 1844.

Die nächste Aufgabe des statistischen Bureaus, bei deren Erledigung sowohl die topographische als die statistische Abtheilung desselben betheiligt war, war die Vergleichung des Flächeninhalts und der Einwohnerzahl des preussischen Staats in seiner neuen und in seiner früheren Begrenzung. Engelhardt führte die Ermittelungen des Flächeninhalts durch Messung auf den Karten aus; diese Arbeit wurde wiederholt, als die neue Kreiseintheilung ins Leben getreten war, und auch hinsichtlich der historischen Bestandtheile des Staats fanden ausgedehnte (theilweise durch amtliche Anfragen veranlasste) Ermittelungen statt, bei welchen besonders der Conducteur (später Planinspector) Schmidt thätig war. Gelegentlich dieser Arbeiten wurde von dem Letzteren eine historische Karte vom preussischen Staate hergestellt und im Jahre 1825 dem Könige überreicht; herausgegeben wurde dieselbe nicht. Ebenso wurde die Länge der Grenzen des Staates auf den Karten gemessen. Die Flächeninhalts-Ermittelungen wurden 1831 durch sphäroidische Berechnung verbessert. Diese Arbeiten erstrecken sich auch auf die anderen nord- und mitteldeutschen Staaten, und als es sich um das Zustandekommen des Zollvereins handelte, wurden vom statistischen Bureau die erforderlichen Grenzberechnungen ausgeführt.

Flächeninhalts-Ermittelung.

Engelhardt's kartographische Arbeiten.

Die Karte vom preussischen Staate, deren Herstellung die nächste Pflicht der topographischen Abtheilung war, wurde zuerst im Jahre 1820 herausgegeben (Generalkarte vom preussischen Staate in seiner jetzigen Begrenzung und Eintheilung, Halle bei C. A. Kümmel), sie erschien im Maassstabe von [illegible] oder [illegible] Decimalzoll, und zwar in 24 Blättern; sie umfasste ausser dem preussischen Staate auch die nord- und mitteldeutschen Bundesstaaten. Sie wurde in der Folge von Engelhardt wiederholt revidirt und neu aufgelegt, zuletzt erschien sie 1835. Ausserdem gab aber Engelhardt unter eigenem Namen mehrere Karten in grösserem Maassstabe heraus, welche mehr als die sogenannte Kümmelsche Karte seinen kartographischen Ruf begründeten und erhalten werden: Die Karte von Ostpreussen, Littauen, Westpreussen und dem Netzdistrict, welche nachmals auf alle Theile des Staates östlich von Berlin und auf das Königreich Polen erweitert wurde (im Maassstabe von [illegible] Decimalzoll), ferner die ausgezeichneten Karten des Regierungsbezirks Potsdam (in 4 Blättern), des Regierungsbezirks Frankfurt (in 2 Blättern), der Provinz Pommern (in 3 Blättern), und ausserdem in kleinerem Maassstabe eine Generalkarte vom preussischen Staate in 2 Blättern. Das Verdienst, was Engelhardt sich durch die Bearbeitung und Herausgabe dieser Karten erwarb, war um so grösser, je beschränkter die Veröffentlichungen waren, welche von Seiten des Generalstabes in dieser Zeit erfolgten.

Ortschaftsverzeichnisse aus den Jahren 1817 bis 1821.

Für alle diese Arbeiten wurden die Materialien benutzt, welche fortdauernd über die in der topographischen Beschaffenheit des Landes eintretenden Veränderungen theils von den Regierungen eingezogen, theils aus den Amtsblättern auf dem statistischen Bureau gesammelt wurden. Zur Gewinnung der besten Grundlage dieser Arbeiten, brauchbarer Ortschaftsverzeichnisse wurde bei Einforderung der nächsten statistischen Tabelle im October 1816 Veranlassung getroffen und die Regierungen aufgefordert, eine ausführliche Darstellung ihres Verwaltungsbezirks dem statistischen Bureau zu übersenden. Dieselben sollten nach dem von Engelhardt und Hoffmann ausgearbeiteten Plan für jeden Kreis die allgemeine Beschreibung desselben (mit Angabe der Gewässer, der Formation, Bestandtheile und Benutzung des Bodens, des Viehstandes etc., der Strassen, der Eintheilung) und ein Verzeichniss der Ortschaften mit Angabe der topographischen Eigenschaft, der Grundherrschaft, der Parochial-Verhältnisse (2 Col.), der zugehörigen Etablissements (8 Abtheilungen), der Einwohner- und Häuserzahl, der Grösse der Feldmark und der Haupt-Erwerbszweige der Einwohner enthalten. — Von Seiten des Ministeriums wurden ferner im März 1817 in Betreff der »herauszugebenden statistischen Uebersichten der Regierungsbezirke« Anweisungen erlassen, in welchen hervorgehoben wurde, wie das Bedürfniss einer Uebersicht der Zusammensetzung, Begrenzung und Eintheilung der Regierungs-Departements mit Angabe der unentbehrlichsten statistischen Nachrichten allgemein und besonders von den obersten Verwaltungsbehörden empfunden werde, und den Regierungen die Zusammenstellung derselben, sowie nach Befinden deren Verbreitung im Wege des Buchhandels aufgegeben wurde. Diese Uebersichten sollten enthalten: die territoriale Zusammensetzung des Bezirks, den Flächeninhalt und die Einwohnerzahl der Kreise, ein Verzeichniss der Ortschaften (Namen, Volksmenge, topographische Bezeichnung, Confession der Einwohner, Pfarrsprengel und vormaliges Territorialverhältniss) und das Ortschafts-Register. In Folge dieser Bestimmungen erschienen bis 1821 für alle einzelnen Regierungsbezirke Ortschaftsverzeichnisse (die Ortschaften nach Kreisen alphabetisch geordnet), welche mindestens die vom Ministerium bezeichneten Angaben enthielten; am ausführlichsten war das vom breslauer Regierungsbezirk, dessen Angaben für jede Ortschaft sich über 48 Colonnen erstreckten; für das beste erklärte Hoffmann das geographisch-statistisch-topographische Handbuch des Regierungsbezirks Magdeburg. Diese Topographien wurden wie alle später erschienenen auf dem statistischen Bureau mit den Karten verglichen und jede vorgefundene Differenz zum Austrage gebracht.

Verhandlungen von 1821.

Hoffmanns Pläne in Betreff der Topographien gingen indess weiter: als 1821 der Wirkl. Geh. Ober-Regierungsrath Kunth eine Vorlage gemacht hatte, nach welcher die Regierungen in alljährlich herauszugebenden Jahrbüchern von der ganzen Verwaltung des Bezirks Rechenschaft geben sollten, und hierzu eine Art von Schema entworfen hatte, sprach Hoffmann den Wunsch aus, dass wo möglich alle 10 Jahr von jedem Regierungsbezirke eine Statistik bearbeitet werden möchte; solche Arbeiten aber seien so sehr das Werk freier Geistesthätigkeit, dass man die Anforderung aufgeben müsse, dieselben nach einem Schema zu erhalten; es möchte nur zunächst eine Statistik des potsdamer Regierungsbezirks ausgearbeitet werden, es werde dann ein Ehrenpunkt für die anderen Regierungen sein, nicht zurückzubleiben. Dieser Wunsch ging ihm nicht in Erfüllung, ebensowenig der weitere Wunsch, dass die Landestheile, für welche die Statistiken bearbeitet werden sollten, nicht bloss einzelne Regierungsbezirke, sondern solche Theile umfassen möchten, welche eine Art von historischer Zusammengehörigkeit hätten (in dieser Beziehung hatte Hoffmann ausser dem kurmärkischen oder potsdamer Bezirke 12 Theile in Vorschlag gebracht). Es erschienen zwar in den Jahren 1831 bis 34 einige weitere Topographien für die Bezirke Cöln, Minden, Bromberg, Trier, jedoch nur mit kurzen statistischen Zusammenstellungen. Mit einigen anderen Regierungen stand Hoffmann in den Jahren 1834 bis 1836 wegen Bearbeitung neuer Topographien in Correspondenz, und gab insbesondere der Regierung zu Liegnitz eine ausführliche Nachweisung der Gegenstände, welche er wünschte, in dem herauszugebenden Werke dargestellt zu sehen. Die erste bedeutende Arbeit auf diesem Gebiete war die des Regierungsraths G. von Viebahn, die Statistik und Topographie des Regierungsbezirks Düsseldorf, deren einer Theil, eine sehr gründliche und umfassende historisch-geographisch-statistische Darstellung enthaltend, im Jahre 1841, der andere, das Ortschaftsverzeichniss enthaltend, 1836 erschienen; Hoffmann selbst begrüsste das Erscheinen des Werkes mit anerkennenden Worten. Zwei andere bedeutende Leistungen folgten kurz darauf in den Topographien des Regierungsbezirks Erfurt (von Nolsack 1840) und des Regierungsbezirks Magdeburg (von Hermes und Weigelt 1842 und 1843), beide nicht in tabellarischer Form. Ausserdem erschienen noch in der Zeit von 1839 bis 1844 Ortschaftsverzeichnisse der Bezirke Gumbinnen, Posen, Potsdam, Arnsberg, Stettin, Coblenz, Cöln und Frankfurt, in tabellarischer Form und mit kurzen statistischen Einleitungen. Mehreren dieser Verzeichnisse war das Schema zu Grunde gelegt, welches das Ministerium durch Circularverfügung vom 26. August 1841 für die neu herauszugebenden Ortschaftsverzeichnisse angeordnet hatte, und nach welchem ausser den bereits 1817 bezeichneten Verhältnissen bei den einzelnen Ortschaften die Jurisdictions-, die Militär-Verhältnisse und das nächste Postamt anzugeben waren. — Eine weitere Einwirkung von Seiten der Centralstelle hatte bereits einige Jahre vorher in Betreff der Kreisstatistiken stattgefunden. Es waren mehrere Beschreibungen rheinisch-westfälischer, sächsischer, schlesischer Kreise während Hoffmanns Zeit im Druck erschienen, von welchen besonders die des solinger Kreises Hoffmanns Aufmerksamkeit auf sich gezogen hatte. Eine Ministerialverfügung vom 2. September 1838 sprach den Wunsch aus, dass von sämmtlichen Landräthen Uebersichten der statistischen und sonstigen Verhältnisse der Kreise bearbeitet werden möchten und bezeichnete 16 Gegenstände, welche in denselben behandelt werden sollten (so Grösse und Benutzung der Bodenfläche, Betrag der directen Steuern und der Communal-Abgaben, Kosten der Wegebauten und Communal-Bauten, Feuersocietätswesen, Verbrechen, Zustand der Landwirthschaft und der Gewerbe, Gemeinheitstheilungen). Von den hierauf bearbeiteten Kreisbeschreibungen gingen einzelne Hoffmann zu, und es war insbesondere der Polizeidirector und Landrath zu Posen, von Minutoli, welchem Hoffmann auf Zusendung derselben persönlich seinen Beifall aussprach: es sei sein Wunsch, dass alle landräthlichen Kreise des Grossherzogthums so beschrieben würden, indessen lehre das Beispiel anderer Provinzen, dass darauf nicht zu rechnen sei. — Die topographisch-statistisch-landwirthschaftliche Darstellung des Königreichs Preussen, welche Krug im Jahre 1838 in Angriff nahm, gerieth, nachdem neun ostpreussische Kreise behandelt waren, in Stillstand.

Spätere Topographien.

Die Kreisbeschreibungen.

Für die statistischen Aufnahmen hatte Hoffmann im Jahre 1816 beabsichtigt, im Allgemeinen den bisherigen Umfang und die Art der Aufnahme beizubehalten; er hatte die Populationsliste in der früheren Weise auf alle Regierungsbezirke ausgeschrieben, und er hatte gleichfalls mit einigen Modificationen die frühere statistische Tabelle aus sämmtlichen Regierungsbezirken erfordert, mit dem Zusatze, dass dieselbe künftig Veränderungen erhalten sollte, und dass er gern Vorschläge zu Verbesserungen annehmen würde. Das von ihm verfasste Tabellenschema enthielt 434 Colonnen: einzelnes war fortgelassen (wie die Angaben in Betreff der Universitäten und der niederen Specialschulen, der unter polizeilicher Aufsicht stehenden Personen, der verloren gegangenen Schiffe, der zerstörten Gebäude, der besonderen Arten der öffentlichen Gebäude, wie auch der stimmfähigen Bürger); andere Colonnen waren hinzugefügt, namentlich die Spalten für die Zubereitung und Benutzung von Mineralien so weit hergestellt, dass sie auch die Hüttenwerke mit enthielten, ausserdem Angaben für den Weinbau, für die in dem Alter der Militärpflicht bez. Landwehrpflicht befindlichen Männer und noch einige Colonnen in Betreff einzelner Gewerbe neu in die Tabelle aufgenommen. — Die Aufnahme der statistischen Tabelle in solchem Umfange erregte jedoch bei den Behörden der westlichen Provinzen Anstoss, und namentlich war es der Oberpräsident von Vincke, der dieselbe in der beabsichtigten Weise nicht für ausführbar erklärte. Es wurde eine Conferenz zwischen den drei Oberpräsidenten der westlichen Provinzen und dem Director Hoffmann veranstaltet. In dieser schlug

Statistische Aufnahmen von 1816.

Einspruch der Ober-Präsidenten.

Vereinfachung der Bevölkerungsliste.

Hoffmann selbst eine Vereinfachung der Populationstabelle in Betreff der Angaben von den Todesursachen vor, welche bereitwilligst angenommen wurde. Von den angegebenen Todesursachen sollten nämlich nur die besonderen Rubriken der Sterbefälle durch Selbstmord, durch Unglücksfälle, an Entkräftung aus Alter, bei der Niederkunft und im Kindbette, an den Pocken, an der Wasserscheu, an nicht bestimmten Krankheiten, todtgeboren, beibehalten werden, die weiter unterschiedenen 29 Todesursachen aber in vier umfassende Kategorien: durch plötzliche Krankheitszufälle (bisher 2 Col.), an äusseren Schäden (4 Col.), an inneren hitzigen Krankheiten (8 Col.) und an inneren langwierigen Krankheiten (15 Col.) verbunden werden. Ausserdem liess Hoffmann noch eine Vereinfachung der Tabelle in Betreff der Altersverhältnisse der heirathenden Männer eintreten, und liess die Nachrichten über die Zahl der unter ärztlicher Behandlung Gestorbenen fortfallen. In der so festgestellten Weise ist dann die Bevölkerungstabelle von 96 Colonnen dauernd beibehalten worden. — Die Aufnahme der Populationslisten im Fürstenthum Neuchatel unterschied sich von der der preussischen Provinzen nur dadurch, dass dort die für die letzteren angeordnete Unterscheidung der Getrauten nach dem Alter, sowie die der Todtgeborenen und im ersten Lebensjahre Gestorbenen nach ehelicher und unehelicher Geburt und die Unterscheidung der Sterbefälle nach den vier Quartalen nicht angewendet wurde.

Für die Aufnahme der statistischen Tabelle gab Hoffmann zunächst für die westlichen Provinzen nach, dass die Angaben hinsichtlich der Bauart und Bedachung der Gebäude unausgefüllt bleiben dürften, dass ferner in den Angaben für die bürgerlichen Verhältnisse der Einwohner die Geschlechtsunterscheidung wegfallen dürfte, und dass alle Rubriken, bei deren Ausfüllung erhebliche Schwierigkeit stattfände, übergangen, dagegen aber solche vom statistischen Bureau nicht angegebene Rubriken beigefügt werden sollten, welche für die westlichen Provinzen ein besonderes Interesse hätten. — In Betreff der Zeit, binnen welcher die Aufnahmen wiederholt werden sollten, kam ein Beschluss nicht zu Stande. Der Oberpräsident von Vincke hatte 5jährige Periodicität vorgeschlagen, es sollten nun erst die Vorschläge der Regierungscollegien gehört und dann die Bestimmung, welche Aufnahmen alljährlich erfolgen könnten, höheren Ortes herbeigeführt werden.

Die abgekürzte statistische Tabelle von 1817.

Die statistischen Aufnahmen für 1816 gingen so langsam ein, und der Inhalt derselben war besonders aus den westlichen Provinzen ein so wenig befriedigender, dass Hoffmann selbst dem Staatskanzler vorschlug, es möchte für 1817 nur eine abgekürzte statistische Tabelle eingefordert werden, welche die Zahlen für die öffentlichen und Privat-Gebäude in nur 5 Rubriken, die Zahl der Einwohner nach Alter und Geschlecht (unter und über 14 bez. 60 Jahr), die Zahl der in der Ehe lebenden, die Zahl der militärpflichtigen Männer (3 Colonnen), die Religionsverhältnisse der Einwohner (evangelisch, römisch-katholisch, Mennoniten, Juden mit bez. ohne Staatsbürger-Recht) und den Viehstand (in den 11 bisherigen Colonnen) enthielt. Bei Uebersendung dieser Tabelle forderte Hoffmann die Regierungen auf, ihm diejenigen statistischen Notizen einzusenden, welche ihnen in Folge ihrer Geschäftsführung alljährlich zugingen; indess blieb diese Aufforderung fast gänzlich erfolglos.

Die statistischen Aufnahmen der Gendarmerie.

Während Hoffmann für das nächste Jahr dieses abgekürzte Schema beibehalten hatte, erfuhr er, dass eine zweite Aufnahme über Ortschaften, Feuerstellen, Einwohner u. s. w. von dem Oberbefehlshaber der Gendarmerie, und zwar zur Uebung für die erste Schreibeclasse der Gendarmerie veranlasst worden sei. Hoffmann trat dieser Aufnahme energisch entgegen. Er hob hervor, wie die Einwohner sich durch diese anderweite Aufnahme belästigt fühlen würden, und dass »wohl der Staat überhaupt nicht als Uebungsschule für die Gendarmerie anzusehen sein dürfte«. Er fand hierin die volle Zustimmung des Staatskanzlers: »Die Beunruhigung der Einwohner des Staats«, schrieb derselbe an den Obercommandeur der Gendarmerie, »durch gehäufte Nachfragen bei der Aufnahme statistischer Nachrichten habe in früheren Zeiten oftmals Anlass zur Beschwerde gegeben; es sei eben deshalb dieses früher von verschiedenen Behörden und nach verschiedenen Ansichten betriebene Geschäft vereinfacht und der oberen Leitung einer einzigen Behörde, des statistischen Bureaus, anvertraut worden; mit dieser organischen Einrichtung seien die von der Militärbehörde veranstalteten Uebungen nicht vereinbar« u. s. w.

Dreijährige Periodicität der statistischen Aufnahmen.

Bis zum Jahre 1822 hatte Hoffmann die alljährliche Aufnahme dieser kleinen statistischen Tabelle stattfinden lassen (neben welcher er indess seit 1819 die Aufnahme einer besonderen Gewerbetabelle, und 1822 die einer Kirchen- und Schultabelle und einer Tabelle der Sanitätsanstalten veranlasst hatte), als auf Vorschlag der zur Erleichterung und Abkürzung des Geschäftsganges niedergesetzten Commission eine Einschränkung der Aufnahme der statistischen Tabelle durch Festsetzung einer dreijährigen Aufnahmeperiode angeordnet wurde. In einem längeren Berichte erklärte Hoffmann sich mit dieser Beschränkung einverstanden, indem er zugleich den Werth der bisherigen Aufnahmen beleuchtete. »Bei der jährlichen Zählung der Menschen«, meinte er, »mögen wohl auch viele Fehler im Einzelnen vorfallen; der grösste Theil derselben dürfte aber unbedeutend sein und das Mehr oder Weniger sich so vollkommen ausgleichen, dass die Unsicherheit im Ganzen schwerlich Eins auf Hundert übersteigen dürfte.« Für höchst unsicher hielt er die Angaben über den Viehstand, so dass eben deshalb es nicht erforderlich sei, alljährlich die Behörden mit dieser Aufnahme in Anspruch zu nehmen. In Betreff der Bevölkerung wies er aber andererseits darauf hin, dass ohnehin alljährlich neun Zehntel der Bevölkerung für die Classensteuer-Listen gezählt würden, dass aber gerade der Betrag des letzten Zehntels, die Einwohnerzahl der mahl- und schlachtsteuerpflichtigen Städte, statistisch besonderes Interesse darböte, da dieser Theil der Bevölkerung stärkerem Wechsel als der übrige unterworfen sei. Auf Hoffmanns Bericht erhielt dieser die ministerielle Entscheidung, dass auch die Bevölkerungsliste (worunter aber anscheinend die statistische Tabelle verstanden war) nur alle drei Jahre eingefordert werden sollte. Für die Militärbevölkerung liess Hoffmann die alljährlichen Aufnahmen, welche seit 1823 im Kriegsministerium concentrirt wurden, fortbestehen. — Für Neuchatel wurden die Aufnahmen nicht in gleicher Weise geordnet, wie in den Provinzen des preussischen Staates; die Zahl der Einwohner wurde seit 1812 jährlich (nach dem Geschlecht) eingezogen. Für den Viehstand waren 8 Colonnen unterschieden.

Erweiterungen der statistischen Tabelle.

Die Erweiterungen, welche die statistische Tabelle während der folgenden (in den Jahren 1825 bis 1843 vollzogenen) sieben Aufnahmen unter Hoffmanns Direction erhielt, bestanden darin, dass 1834 auf königlichen Immediatbefehl eine Colonne für die der griechischen Kirche angehörigen Christen hinzugefügt, dass 1831 (wegen der in Betreff des Alters der Steuerpflichtigkeit eingetretenen Veränderung) die besondere Angabe der im Alter von 14 bis 16 Jahren befindlichen Personen erfordert, und dass von 1837 ab die Altersstufen auf das vollendete 5., 7., 14., 16., 45., 60. Jahr (bei den Männern das 20., 25., 32., 39., als die Jahre, mit welchen die Militär- und Landwehrpflicht anfing, bez. aufhörte) erweitert wurden, mithin drei Altersstufen hinzukamen; dass ferner die Angaben für den Viehstand, zunächst auf Veranlassung des Kriegsministers 1831 und 1837 kleine Erweiterungen erhielten; und dass von 1837 ab die öffentlichen Gebäude (ausschl. der Kirchen) in Gebäude für den Unterricht, zur Aufnahme von Armen, Kranken etc., Versammlungshäuser der Behörden, Militärgebäude und andere öffentliche Gebäude unterschieden wurden. — Als eine besondere Beilage zur statistischen Tabelle wurde von 1831 ab die Tabelle der Taubstummen und Blinden nach Alter und Geschlecht erfordert; es schloss sich dieselbe (in abgekürzter Form) an diejenigen Aufnahmen an, welche in Betreff der Taubstummen das Cultusministerium seit 1823 erfordert hatte.

Grundsätze für die Volkszählung.

Wichtiger war die Veränderung, welche noch unter Hoffmanns Direction in der Vollständigkeit der Zählungen eintrat. Am mangelhaftesten scheint dieselbe zu der Zeit gewesen zu sein, wo sie mit der Veranlagung der Personensteuer zusammenhing (von den früheren Zählungen wurde behauptet, dass sie eher zu hohe Bevölkerungszahlen ergeben hätten). Aber auch nachdem die Classensteuer an die Stelle derselben getreten war, trat eine Verbesserung in den Zählungsergebnissen nicht dauernd ein. Das Interesse für die Vollständigkeit der Zählungen wurde erst erhöht, seit nach den im Jahre 1834 getroffenen Bestimmungen das Resultat der durch die Ortspolizei-Behörden im Monat December auszuführenden Zählung den Maassstab der Vertheilung der Zollvereins-Revenuen bilden sollte. Die Zählungsgrundsätze waren von der Zollvereins-Conferenz genau so festgestellt worden, wie Hoffmanns Schilderung des thatsächlich im preussischen Staate stattfindenden Verfahrens sie dargestellt hatte, z. B. Zählung der Reisenden an ihrem Wohnorte, nicht am Aufenthaltsorte, dagegen Zählung des Gesindes, der Gesellen, der Schüler und Pensionaire am Aufenthaltsorte zur Zeit der Zählung. Hoffmann hatte, wie es scheint, diese Darstellung nur auf Grund persönlicher Erkundigungen gegeben, auch hinzugefügt, dass sich das statistische Bureau aller weitläufigen Instructionen für die Zählung zu enthalten habe, da sie unpraktisch seien und mehr Zweifel erregten als höben. Bei dieser Ansicht blieb Hoffmann auch im Jahre 1837 stehen, als der General-Steuer-Director den Erlass einer Zählungsinstruction in Anregung brachte; eine allgemeine Instruction, sagte er, könne nicht ertheilt werden, jede Regierung müsse am besten wissen, wie sie nach der grossen Verschiedenheit der Landes- und Ortsverfassung und der Bildungsstufe der Unterbehörden die verlangten Resultate am leichtesten und zuverlässigsten einziehen könne: ihr das Verfahren hierbei von einer Centralbehörde aus vorschreiben zu wollen, würde nur verwirren.

Projectirte Einwohner-Register.

Indess wandte sich das Finanzministerium nochmals an den Director Hoffmann: es sei wahrgenommen, dass die Aufnahmen keineswegs den Grad von Richtigkeit hätten, der ihnen bei sorgsamer Behandlung des Geschäftes gegeben werden könnte; fast überall, wo örtliche Revisionen angestellt seien, hätte sich die Volkszahl weit grösser herausgestellt, als in den Classensteuer-Listen oder bei den gewöhnlichen Zählungen; unter verständiger Leitung bei Zuhülfenahme der in verschiedenen Landestheilen vorhandenen Bürgerregister, Volksbücher, der Classensteuer-Listen, Grundsteuer-Rollen, Armenregister, Communalsteuer-Listen möchte schon eine erhebliche Verbesserung zu erlangen sein; es frage sich aber, da jetzt eine fortlaufende genaue und detaillirte Kenntniss der Bevölkerungszustände nothwendig sei, ob es nicht an der Zeit wäre, an allgemeine Einführung stets bei der Gegenwart zu erhaltender Einwohnerregister zu denken, welche dann wenigstens halbjährlich oder jährlich durch Revision in Ordnung zu bringen sein würden.

Hoffmanns Vorschläge.

In Erwiderung hierauf wies Hoffmann die Schwierigkeiten nach, welche der Einführung von Einwohnerregistern entgegenständen: es müsse zunächst eine bessere Gemeindeorganisation in den östlichen Provinzen vorangehn, die zu organisirenden Gesammtgemeinden würden geeignete Beamte haben können. Dann müsse eine ganz genaue Aufnahme vorangehen; sie müsse sich auf einen Moment beziehen, z. B. auf die Mitternacht-Stunde des ablaufenden Kalenderjahrs; sie müsse in kürzester Zeit durch Männer vollzogen werden, welche Zuverlässigkeit, Urtheil, Ansehen, Musse und Gemeinsinn besässen; jeder müsse in dem Raume eingetragen werden, wo er sich in dem bestimmten Moment aufgehalten habe. Zugleich gab Hoffmann ein Aufnahmeschema an, und bezeichnete, in welcher Weise die Register von da ab fortzuführen sein würden.

Namentliche Einwohner-listen.

Das Finanzministerium liess nun zwar die beabsichtigte Führung von Volksbüchern fallen, bestimmte aber, dass eine namentliche Einwohnerliste aufgenommen werden sollte. Die statistischen Angaben, welche in dem auf dem Finanzministerium entworfenen Tabellenschema berücksichtigt waren, beschränkten sich auf: Stand oder Gewerbe, Lebensjahr, Religion; Angaben, die sonst in den statistischen Tabellen vorkamen (und selbst solche Verhältnisse, die nur in der Bevölkerungsliste und deren Beilagen erwähnt waren), wurden in der Colonne Bemerkungen oder mit in den vorbezeichneten Colonnen erwähnt; die von Hoffmann vorgeschlagenen Colonnen für Ehestands-Verhältnisse und für den Geburtsort waren nicht berücksichtigt. Für die Zählung von 1840 gestattete jedoch das Finanzministerium, dass vorhandene Register benutzt werden dürften, und gestattete auch den Regierungen, sofern sie das bisherige Verfahren für zweckmässiger hielten, dasselbe beizubehalten.

So unvollkommen diese Anordnungen noch waren, so ergaben sie doch ein schon sehr günstiges Resultat, und Hoffmann erklärte, als die Zählungsergebnisse von 1840 vorlagen, dass die Auslassungen höchst wahrscheinlich nicht mehr ein Zehntel Procent der Bevölkerung betrügen. — Hoffmanns weitere Vorschläge beschränkten sich auf die Berliner Zählung, die für 1840 auf Grund der beim Einwohner-Meldeamt geführten Listen abgeschlossen war; er wollte dieselbe künftig durch die Bezirksvorsteher und durch freiwillig helfende Bürger ausgeführt wissen; statt dessen schlug jedoch das Ministerium die Aufstellung von Haushaltungslisten durch die Hausbesitzer und Miether vor. Allgemein aber wurde vom Ministerium bestimmt, dass 1843 eine wirkliche Zählung ausgeführt werden müsste.

Aufnahmen über Sprachverhältnisse.

Den Regierungen wurde 1843 die Ergänzung der Urliste durch die Angabe der Muttersprache der Einwohner gestattet. In die statistische Tabelle wurden Nachrichten hierüber nicht aufgenommen, obwohl Hoffmann bei anderer Gelegenheit (nämlich bei der Theilung von Luxemburg) den Mangel solcher Nachrichten ausdrücklich vermisst hatte, auch als er die im gumbinner Bezirk in den Jahren 1817 und 1825 gesammelten sehr eingehenden Nachrichten erhielt, sich für die Sprachverhältnisse in den östlichen Provinzen interessirte, von einzelnen Regierungen Auskunft darüber einzog, und selbst die Resultate der Ermittelungen aus 6 Regierungsbezirken vom Jahre 1831, und 3 Bezirken vom Jahre 1837 der Oeffentlichkeit übergab.

Die Juden-Tabellen.

Bei den religiösen Verhältnissen der Bevölkerung fehlten in der statistischen Tabelle seit 1817 die Angaben hinsichtlich der Haupt-Erwerbszweige der Juden. Im Jahre 1834 sammelte Hoffmann hierüber von Neuem Material, indem er an die Regierungen der Bezirke östlich der Elbe schrieb, und diese unter

Vorschlag eines Schemas um Auskunft ersuchte; die Auskunft ging theilweise viel detaillirter ein, als er gebeten hatte, aus dem posener Bezirk erhielt er eine förmliche Statistik der jüdischen Bevölkerung. Im October 1843 forderte ihn der Minister des Innern auf, für die legislativen Berathungen über die bürgerlichen Verhältnisse der Juden diejenigen Materialien zu sammeln, aus denen die vorherrschenden Richtungen der Gewerbsamkeit und die damit zusammenhängende sociale Entwickelung übersehen werden könnten; Hoffmann entwarf damals das Schema zur Tabelle der persönlichen und gewerblichen Verhältnisse der Juden (in 36 Colonnen), welche seitdem bei jeder Zählung mit aufgenommen worden ist. — Nachrichten über die Zahl der convertirten Juden erhielt das statistische Bureau bereits seit dem Jahre 1812 vom Ministerium mitgetheilt.

Aus- und Einwanderungen.

Angehend die Aufnahmen über die Bewegung der Bevölkerung, so wurden Nachrichten über Aus- und Einwanderungen von Hoffmann noch nicht veranlasst; die Kenntniss derselben wurde erst seit dem Jahre 1829 von Interesse, damals auch Hoffmanns Bericht in Betreff der Zahl derselben erfordert, und seit diesem Jahre finden sich Aufnahmen im gumbinner Bezirk, jedenfalls aber blieben sie auf einzelne Landestheile beschränkt.

Die Beilagen zur Bevölkerungsliste.

Die Populationsliste blieb, wie oben gesagt, seit 1817 dieselbe, da jedoch die Nachrichten über die Mehrgeburten (Zwillinge, Drillinge) zu unvollständig eingingen, wurde 1826 ein besonderes Schema als Anlage zur Bevölkerungsliste vorgeschrieben. — Beim Auftreten der Cholera sah sich Hoffmann veranlasst, durch Circular vom 8. October 1831 von den Regierungen Angaben hinsichtlich der Zeit des Anfangs und Ausgangs der Krankheit, und der Zahl der daran erkrankten und gestorbenen Personen einzuziehen; ausserdem wurden die Sterbefälle an der Cholera in den einzelnen Rubriken der Bevölkerungsliste (nach Alter und Geschlecht) besonders bezeichnet. Eine dritte Anlage zur Bevölkerungsliste wurde 1840 eingerichtet: die Zahl der neugeschlossenen gemischten Ehen; aus einzelnen Regierungsbezirken lagen schon von 1828 ab Nachrichten darüber vor; die allgemeine Anordnung geschah auf Veranlassung des Ministeriums der auswärtigen Angelegenheiten. Die Nachrichten über die Ehescheidungen, welche Hoffmann bis dahin vom Justizministerium regelmässig erhalten hatte, wurden im Jahre 1824 auf den Wunsch des Justizministers eingestellt. — Neben der weiter oben erwähnten Benutzung der Populations-Listen von 1811 bis 1815 ist eine ähnliche Arbeit, welche Krug auf Grund der Listen aus den Jahren 1816 bis 1825 ausführte zu erwähnen; sein »Versuch aus den Geburts- und Sterbe-Listen die Zahl aller im preussischen Staate vorhandenen Kinder nach den Altersstufen zu berechnen«, derselbe ist nicht veröffentlicht worden.

Die Sanitäts-Tabelle.

In Betreff des Sanitätspersonals (der Aerzte, Wundärzte, Thierärzte, Hebeammen, Apotheker) und der Krankenanstalten (mit Angabe der Zahl der am Anfange und am Schluss des Jahres daselbst verpflegten Kranken) wurde 1822 eine Tabelle eingerichtet, welche von da ab mit der statistischen Tabelle gleichzeitig aufgenommen wurde. Die hinsichtlich des Sanitätspersonals vorgeschriebenen Colonnen wurden 1837 (auf 8) vermehrt; dieser Theil der Tabelle war indess insofern überflüssig, als in Betreff der Medicinalpersonen alljährlich von Seiten des Ministeriums eine viel speciellere Aufnahme stattfand, welche schon 1824: 36 Colonnen, später 66 enthielt. — Ueber die Pockenimpfungen wurden in dieser Zeit (mindestens seit 1825) ebenfalls vom Ministerium Nachweisungen eingezogen, welche Hoffmann benutzte.

Die Kirchen- und Schultabelle.

Wie Hoffmann es vorgezogen hatte, die Angaben von den Sanitätsanstalten in einer besonderen Tabelle zu erfordern, so geschah es seit 1822 auch mit den Nachrichten von den Kirchen und Schulen, und dem geistlichen und Unterrichtspersonal. Bei dieser Einrichtung wurde Hoffmann einerseits von dem ausgesprochenen Grundsatze geleitet, dass die Unterbehörden auf die Ausfüllung mehrerer kleiner Tabellen mehr Sorgfalt als auf die einer grossen Tabelle zu verwenden geneigt seien; in Betreff dieser Tabellen kam aber noch das hinzu, dass sie durch die gesonderte Aufstellung mehr in die Hände der Beamten dieser Zweige der Verwaltung gelegt wurden. Auch bei der Kirchen- und Schultabelle stellte er anfänglich die geringsten Forderungen: die Zahl der Kirchen und gottesdienstlichen Versammlungshäuser jeder Confession (bei den evangelischen und katholischen Kirchen mit Unterscheidung nach den Parochialrechten) 8 Colonnen, die Zahl der evangelischen und katholischen Geistlichen 4 Colonnen; dann die Zahl der Unterrichtsanstalten, der Lehrer bez. Lehrerinnen, Hülfslehrer etc., Schüler bez. Schülerinnen, wobei als Arten der Unterrichtsanstalten nur die Elementarschulen, die höheren Töchterschulen, die Mittelschulen und höheren Bürgerschulen, die Gymnasien und Gelehrten-Schulen unterschieden wurden (19 Colonnen). Daneben wünschte er, dass solche Lehranstalten, die in der Tabelle nicht erwähnt wären, wie Handwerker- und Kunst-Schulen, Schullehrer-Seminarien, von den Regierungen in einer Beilage angegeben würden. Erst 1837 wurden die Angaben durch Absonderung der höheren Bürgerschulen und der Progymnasien mehr specialisirt und ausserdem die Schullehrer-Seminarien in das Formular aufgenommen. Auf dem Titelblatte der Kirchen- und Schultabelle war die kirchliche Organisation nach Superintendenturen bez. Decanaten einzutragen. — Wie Hoffmann über die Resultate der Zählungen und der Bevölkerungslisten dem Staatsministerium und später dem Könige einen Immediat-Bericht erstattete, so sandte er über die Resultate der Kirchen- etc. Tabellen regelmässig einen Bericht an das Ministerium der geistlichen Angelegenheiten.

Andere Tabellen über Unterrichts-Anstalten.

Aus dem Ressort desselben erhielt er ausserdem mehrere tabellarische Nachweisungen von höheren Unterrichtsanstalten regelmässig alle Semester, die er dann für das Ministerium zusammenstellte, — so die Tabellen von der Frequenz der Universitäten, welche seit 1816 nach einem von Krug entworfenen Schema eingezogen wurden, — die Resultate der Prüfungen der Abiturienten, seit 1820 nach bestimmten Classifications-Grundsätzen tabellarisch aufgestellt, — die Tabellen der Frequenz der Gymnasien und gelehrten Schulen seit dem Sommer 1830, und ausserdem ungefähr von derselben Zeit ab die Nachrichten von den bischöflichen Seminarien. Die Nachrichten über das Einkommen der Schulen kamen in der Schultabelle nicht vor, wurden aber in den einzelnen Regierungsbezirken fortgesammelt; Hoffmann veranstaltete eine besondere Untersuchung darüber, wie dieselben zweckmässig einzurichten seien, wobei er Nachrichten aus dem Bezirk Gumbinnen zu Grunde legte. Die Klöster waren ebenfalls aus den statistischen Aufnahmen ausgeschieden, Hoffmann verfolgte die im Bestande derselben eintretenden Veränderungen und liess 1840 eine Zusammenstellung der Secularisationen (seit 1810) anfertigen.

Tabelle der bürgerlichen Verhältnisse der Einwohner.

Die Classification der Einwohner nach ihren bürgerlichen Verhältnissen, wie sie in der statistischen Tabelle bis 1816 ihren Platz gefunden hatte, wurde seitdem nur noch einmal statistischen Aufnahmen zu Grunde gelegt. Es geschah dies in der Uebersicht der Ortschaften und der staatsbürgerlichen Verhältnisse der Einwohner, welche Hoffmann im October 1825 einforderte, hierzu wahrscheinlich durch die damals erscheinenden Kreisordnungen veranlasst. Dies Formular war zuerst von Krug entworfen, dann durch Hoffmann wesentlich verbessert worden. Es enthielt zuerst die Zahl der Ortschaften, wobei diejenigen, welche aus mehreren Besitzungen bestanden, in fünf, diejenigen, welche nur aus einer Besitzung bestehen, einen eigenen Ortsnamen haben und kein Theil einer Stadt, eines Fleckens oder eines Dorfs sind, in 10 Arten unterschieden waren, — zweitens die Zahl der landwirthschaftlichen Etablissements in acht Kategorien, — drittens die Zahl der selbstständigen Städtebewohner nach dem Geschlecht, dem Grundbesitz, und dem Bürgerrecht unterschieden, — viertens die Zahl der Familienhäupter auf dem platten Lande: Ritterguts-Besitzer, Freiguts-Besitzer etc., Gutspächter, bäuerliche Wirthe, Tagelöhner mit beziehungsweise ohne Grundbesitz, Bauhandwerker, Fabrikarbeiter und in anderen Gewerben thätige selbstständige Personen.

Tabellen der Verschuldung des Grundbesitzes.

Was die sonstigen statistischen Aufnahmen über das Grundeigenthum betrifft, so wurden die Nachrichten von den landschaftlichen Creditsystemen seit 1816 regelmässig eingezogen: dagegen hörten die Tabellen von dem hypothekarischen Schuldenzustand seit 1824 auf, obwohl Hoffmann dieselben für zu wichtig erklärt hatte, um sie fallen zu lassen; der Justizminister erwiederte, er habe wegen der stattgefundenen Beschränkung des Personals die Gerichte von der Aufnahme dispensiren müssen. — Bei den landwirthschaftlichen Regulirungsbehörden wurden bereits 1831 Uebersichten von den Ablösungen, Gemeinheitstheilungen und Regulirungen aufgestellt; von 1838 ab wurde jedoch die Aufstellung dieser Nachweisungen unterbrochen. Die Tabelle der Erfolge der Regulirungen enthielt damals: die Zahl der regulirten Dörfer und der neuen Eigenthümer, den Landbesitz (4 Arten) und Werth der Höfe nach der Auseinandersetzung, die aufgehobenen Diensttage und anderweitigen Leistungen, die Abfindung der Dominien in Land (4 Arten), Rente, Capital, weggefallenen Leistungen, Werth der Hofwehr, die Verbesserung der Schulämter, und die neuetablirten Vorwerke, Höfe und Familiennahrungen (im Ganzen 34 Col.); ähnliche Angaben enthielten die Tabellen von den Erfolgen der Ablösungen (32 Col.) und der Gemeinheits-Theilungen (20 Col.).

Landwirthschaftliche Regulirungen.

Feuerversicherung.

Ueber die Gebäudeversicherung zog Hoffmann 1822 von den öffentlichen Feuersocietäten Nachrichten ein, nachdem diese Angaben zuletzt in der statistischen Tabelle von 1816 gestanden hatten; die tabellarischen Aufstellungen erfolgten (wenigstens seit 1825) in der Weise, dass der Werth der Gebäude, der Betrag der Brandschäden, der Verwaltungskosten und die Gesammtausgaben (verglichen mit den Versicherungssummen) angegeben wurden. Für die Stadt Berlin wurden seit 1838 auch die Feuerversicherungen bei Privatgesellschaften von der Polizeibehörde zusammengestellt.

Nachrichten über Aussaat und Ernte.

Als Hoffmann die statistischen Tabellen für 1816 versendete, hatte er hinzugefügt: »sollten bei der Regierung Nachrichten über Aussaat und Ernte eingehen, so würden sie als Beilage sehr angenehm sein.« Diese Aufforderung traf zusammen mit wiederholten Anfragen an das statistische Bureau über diese Verhältnisse, welche damals um so wichtiger waren, als der ungünstige Ausfall der Ernte Mangel an Lebensmitteln in Aussicht stellte. In den neuen Provinzen waren solche Nachrichten bereits für 1815 aufgenommen; in einzelnen älteren Bezirken waren sie beibehalten worden. Hoffmann erhielt diese Nachrichten aus Breslau und Oppeln (für die einzelnen Getreidearten, Kartoffeln, Leinsaat) bis 1825, aus Neu-Vorpommern für 17 Fruchtarten bis 1820, ferner aus dem merseburger, dem königsberger und einigen rheinischen Bezirken. Durch Rescript des Ministers des Innern von 1820 wurden die Regierungen von der ferneren Einreichung der Ernteerträge entbunden, jedoch mit dem Zusatz: weil sie in den Verwaltungsberichten vorkämen; die 1836 von einer Regierung erbetene gänzliche Abschaffung dieser Aufstellungen wurde von Hoffmann lebhaft unterstützt. Die Darstellung der Resultate des Ackerbaues, Gartenbaues, Weinbaues und der Viehzucht blieb allerdings (seit dem Rescript vom 16. October 1835) auch ferner Gegenstand der von den Regierungen zu erstattenden Zeitungsberichte, doch war die Angabe bestimmter Zahlenverhältnisse hier, wie bei den meisten Gegenständen der Zeitungsberichte, nicht vorgeschrieben.

Die Vorschläge zur Gewerbe-Statistik.

In Betreff der gewerblichen Aufnahmen hatte der Wirkliche Geheime Rath Kunth im Handelsministerium unter kritischer Besprechung des Formulars von 1816 umfassende Vorschläge gemacht, nach welchen diese Aufnahmen künftig durch Stellung einer Reihe von Fragen bewirkt werden sollten, die Gegenstände derselben waren unter 87 Rubriken geordnet und betrafen unter Anderem: Areal, Production des Landbaues, Consumtion und Ueberschuss an Producten desselben, Nahrungsverhältnisse der Handwerker und Absatz ihrer Waaren, Personal in den Fabriken, Bezugsquellen des Materials, verarbeitete Quantitäten, Absatz der Fabriken, Gegenstände des Handels, Markt- und Frachtverkehr, Preise, Höhe des Tagelohns, Zinsfuss, Ersparnisse. Hoffmann schlug vor, die Sammlung der Nachrichten zu theilen, dass nämlich vom Handelsministerium Nachrichten über den Zustand der Gewerbsamkeit alle fünf Jahre aufgenommen werden möchten, während das statistische Bureau alljährlich eine kurze Tabelle über die wichtigsten und am leichtesten zählbaren Gegenstände aufnähme; die Grösse der Feldmarken und die Unterscheidung der Nutzungsart sollte in beiden Aufnahmen nicht erwähnt werden, diese sei nur Sache des Catasters.

Gewerbe-Tabelle von 1819.

Die erste besondere Gewerbetabelle wurde nun von Hoffmann für 1819 eingefordert; sie enthielt unter der ersten Ueberschrift der mechanischen Künstler und Handwerker 86 Gewerbsarten (in 61 Rubriken), theilweise mit Unterscheidung der selbständig Gewerbtreibenden und der Gehilfen (Gesellen und Lehrlinge), dann die Zahl der Ziegeleien, Kalkbrennereien, Glashütten, die verschiedenen Arten von Mühlenwerken (13 Colonnen), die gehenden Webestühle als Haupt- oder Nebenbeschäftigung (10 Colonnen), die Handelsgewerbe (13 Arten), die Strom-Schifffahrt (Fahrzeuge und Tragfähigkeit), die Gastwirthschaft (4 Arten) und das Gesinde (die vier früheren Arten). Bei den einzelnen Abtheilungen waren leere Spalten gelassen, in welche die Regierungen die provinziell wichtigen Gewerbszweige eintragen sollten. Die gleichzeitig vom Handelsministerium veranlassten Aufstellungen über den jetzigen Zustand der bedeutendsten Fabriken und Manufacturen wurden ebenfalls von Hoffmann gesammelt; sie enthielten verschiedene statistische Angaben, doch ohne systematische Ordnung.

Erweiterung derselben 1822.

Erst 1822 liess Hoffmann wiederum eine Gewerbetabelle aufstellen, wobei er das frühere Schema auf 124 Colonnen ausdehnte, theils durch Hinzufügung einiger Arten von Handwerkern (auch der Tuchscheerer und Färber), der Zahl der Lohmühlen, Theeröfen, Eisenhämmer, Kupferhämmer und anderer Hüttenwerke, die durch Wasserkraft getrieben werden, der Zahl der Fuhrleute und ihrer Pferde etc., theils durch Aenderung der Colonnen für die Strom-Schifffahrt, bei welcher die einzelnen Arten der Fahrzeuge nach den besonderen Verhältnissen der Provinzen unterschieden wurden. Die Gewerbetabelle wurde von da ab ebenfalls alle drei Jahre aufgenommen und blieb bis 1834 fast unverändert. Die Colonnen ohne Ueberschriften waren fortgeblieben, den Regierungen war überlassen, die provinziell wichtigen Gewerbe in besonderen Anlagen zur Kenntniss des statistischen Bureaus zu bringen.

Gewerbe-Tabelle von 1837.

Im Jahr 1836 bat der Chef der Verwaltung für Fabriken, Handel und Bauwesen den Director Hoffmann um Auskunft in Betreff der Maschinenspinnereien und in Betreff der vorhandenen Dampfmaschinen. Dies gab Hoffmann Veranlassung, die Gewerbetabelle einer Revision zu unterwerfen, welche sowohl eine erhebliche Erweiterung derselben bis auf 168 Colonnen, als auch die Hinzufügung neuer tabellarischer Beilagen zur Folge hatte. Hoffmann erweiterte die Gewerbetabelle für 1837, indem er der Hauptrubrik für mechanische Künstler und Handwerker mehrere Colonnen hinzufügte, darunter auch die für Schriftgiessereien, lithographische Anstalten, Kupferstich-Druckereien; er setzte ferner diejenigen Arten von Mühlenwerken hinzu, deren Kenntniss durch den Fortschritt dieser Gewerbe nothwendig geworden war, mehrere Arten von Fabriken, wie Porcellan- etc. Fabriken, chemische Fabriken, Zuckerraffinerien, Rübenzucker-Fabriken, Stärkefabriken, Pottaschesiedereien, Kattundruckereien etc.; acht Colonnen für die Spinnmaschinen (Zahl der Anstalten und der Spindeln); und stellte bei den Handelsgewerben mehrere Specialcolonnen her, die seit 1816 fallen gelassen waren.

Die Beilage für Fabriken und Dampfmaschinen.

Für die besonders erforderte Beilage war ein besonderes Schema aufgestellt, sie enthielt erstens Zahl und Pferdekraft der Dampfmaschinen, — zweitens die fabrikmässigen Spinnereien und für den Garnhandel arbeitenden Spinnmaschinen, — drittens, diejenigen für den Grosshandel arbeitenden Fabriken, welche nicht in der Gewerbetabelle vorkamen; bei diesen Fabrikanstalten sollten die Arbeiter nach dem Alter (unter und über 14 Jahr) und Geschlecht unterschieden werden. — Diese Gewerbetabelle blieb bis 1843 einschliesslich in Anwendung, obwohl schon die Zollvereinsconferenz vom 11. November 1843 die Aufnahme einer Gewerbestatistik des Zollvereins beschlossen hatte; den Beschlüssen derselben (bei welchen übrigens das für Preussen bereits vorliegende Material im Wesentlichen zum Muster genommen war) vollständig zu genügen, wurde im Frühjahr 1844 eine nachträgliche besondere Aufnahme in Betreff der fabrikmässig betriebenen kleineren Gewerbe veranlasst. — Für Neuchatel war nach der preussischen Besitznahme des Fürstenthums die frühere Tabelle der Gewerbetreibenden beibehalten, sie unterschied 127 Arten von Beschäftigungsclassen (einschliesslich der Handarbeiter und Dienstboten, des ärztlichen Personals etc.) und wurde alljährlich aufgestellt.

See-Schifffahrt, Berg- und Hüttenwerke.

Neben der Gewerbetabelle wurden die besonderen Tabellen für die Berg- und Hüttenwerke und für die See-Schifffahrt beibehalten. Tabellen der vorhandenen Seeschiffe und der neu erbauten Seeschiffe zog Hoffmann seit 1818 von den Regierungen ein; später auch Nachrichten über die alljährlich ein- und ausgegangenen Seeschiffe. Eine Zusammenstellung der Production der Berg- und Hüttenwerke wünschte er für 1810 und erhielt sie, nachdem er nachdrücklich hervorgehoben, welche empfindliche Lücke in den Nachrichten des statistischen Bureaus das Ausbleiben derselben verursachen würde; »es ist vielleicht das wesentlichste, was das Bureau überhaupt leisten kann«, schrieb er, »dass in seinen Sammlungen die Nachrichten nicht nach den einzelnen Gegenständen isolirt, sondern in der Verbindung erscheinen, welche sie mit dem ganzen öffentlichen Leben des Staats und des Volkes haben.«

Vom folgenden Jahre ab erhielt Hoffmann diese Tabellen für die unter den Ober-Bergämtern stehenden Behörden von diesen selbst, für die Privat-Hüttenwerke erhielt er entsprechende Nachweisungen von den Regierungen. Von den Salzwerken wurden besondere Tabellen aufgestellt, für welche 1822 ein neues Schema eingeführt wurde. Eine gleichmässige Zusammenstellung der Production des Bergwerks-, Hüttenwerks- und Salinenbetriebs fand erst für 1836 wieder im Ministerium statt; sie wurde jedoch schon für 1837 (und so fort für die folgenden Jahre) in Druckexemplaren vertheilt.

Preise der Lebensmittel etc.

Die Einziehung der Nachrichten von der Tuchfabrication (fabricirte Stücke Tuch etc.) setzte Hoffmann fort; sie wurden seit 1816 auf 28 Städte ausgedehnt. Die monatlichen Nachrichten wegen der Lebensmittel-Preise (vom Getreide, Fleisch, Getränk und Futter) und die jährlichen Nachrichten von den Preisen der Bau- und Brennmaterialien wurden seit der Erweiterung des Staates aus 60 Städten, die Flachspreise aus 48, die Wollpreise aus 45 Städten regelmässig eingezogen. Ausführliche Berichte über den Stand der Getreidepreise gingen alljährlich an den Staatskanzler, später an das Staatsministerium, dann an den König. In Betreff der Art und Weise der Feststellung der Marktpreise wurde 1834 Hoffmanns Gutachten von dem Ministerium eingezogen. Ueber den Wollmarkt-Verkehr wurden seit 1837 genauere Nachrichten veranlasst.

Courszettel.

Für die monatlichen Uebersichten der Geld- und Wechselcurse wurde schon 1815 vom Finanzministerium die erweiterte Einziehung gewünscht. Sie wurden von da ab aus neun inländischen und vier ausländischen Handelsplätzen erfordert; auch 1822 eine genaue Instruction ertheilt, was zu ermitteln sei, und in welcher Weise die Berechnung der einzelnen Positionen erfolgen solle.

Anstalten für die arbeitenden Classen, Wohlthätigkeit.

In dem ganzen Bereich der Gewerbthätigkeit wurde Hoffmann theils zur Erledigung augenblicklicher administrativer Fragen, theils für vorkommende Gesetzentwürfe um Erstattung von Gutachten vielfach in Anspruch genommen; auch über die Beschäftigung der Kinder in den Fabriken hat er im Jahre 1820 ein Gutachten erstattet. Unerachtet Hoffmann sich für die Lage der arbeitenden Classen vorzüglich interessirte, so hat er doch in Betreff hierher gehöriger Verhältnisse selbst zu keinen weiteren Aufnahmen Veranlassung gegeben. Auch die Sammlung von Nachrichten über die Sparcassen, welche seit 1836 und dann vom Jahre 1839 ab nach vorgeschriebenem Schema durch das Ministerium des Innern erfolgte, scheint nicht von ihm veranlasst. Ebenso fehlt es für diese Zeit an Nachrichten über die Armenpflege und Wohlthätigkeit fast gänzlich (nur aus dem Regierungsbezirk Aachen scheinen Nachrichten über das Armenwesen und andere Communalverhältnisse vorhanden zu sein). Hoffmanns Ermittelungen auf diesem Gebiete beschränkten sich auf die Zusammenstellungen, welche in Folge des Gesetzes vom 13. Mai 1833 über die Zuwendungen an Kirchen, Schulen und Wohlthätigkeits-Anstalten von den Oberpräsidenten eingezogen und dann alljährlich fortgesetzt wurden.

Tabellen aus der Rechtspflege.

Im Bereich der Justizstatistik nahm Hoffmann seit 1823 von den Geschäftsnachweisungen Kenntniss, welche die Gerichte für das Justizministerium aufstellten, und die durch die Kamptzschen Jahrbücher zur Veröffentlichung gelangten; sie enthielten neben der eigentlichen Prozessstatistik auch die Untersuchungen nach der Art der Verbrechen. Bis 1820 hatte Hoffmann die von den Polizeibehörden aufgestellten Uebersichten der schweren Verbrechen benutzt. Ein Votum, welches Dieterici im Jahre 1837 in Betreff der Zunahme der Zahl der Untersuchungen abgab, veranlasste Hoffmann, seinerseits hierüber gleichfalls ein Gutachten abzugeben, in dem er sich gegen das Ziehen bestimmter Schlüsse aus den vorliegenden Zahlen aussprach. Von 1837 ab wurden die Generalberichte der Justizverwaltung, welche inzwischen zu sehr umfangreichen und wohlgegliederten Tabellen ausgebildet waren, in gedruckten Exemplaren den Behörden mitgetheilt. — Tabellarische Zusammenstellungen über die Todesurtheile erhielt Hoffmann seit 1818. — Aufnahmen in Betreff der jugendlichen Verbrecher veranlasste er im Jahre 1830 nach einem Schema, welches ausser der Art des Verbrechens das Alter, die Schulbildung, die Confession und Sprache der betreffenden Individuen ergab; diese Aufnahmen wurden bis 1840 alljährlich fortgesetzt.

Beziehungen zu den Militärbehörden.

Die Beziehungen des statistischen Bureaus zu den Militärbehörden beschränkten sich unter Hoffmann auf die Nachrichten zur statistischen Tabelle (und bis 1819 der Bevölkerungsliste), und darauf, dass er im Jahre 1823 die behufs der Errichtung einer Seewehr gewünschte statistische Auskunft erstattete. Die tabellarischen Aufstellungen über die Ersatzaushebungen, welche mindestens seit 1831 bei dem Ministerium des Innern geführt wurden, gelangten erst unter seinem Nachfolger in den Bereich der Thätigkeit des statistischen Bureaus.

Einziehung von Nachrichten über die Staatseinnahmen.

In Betreff der Steuerverhältnisse und sonstigen Staatseinnahmen hatte sich Hoffmann im März 1816 um Nachrichten an das Finanzministerium gewendet, wurde aber von diesem an die Regierungen verwiesen. Von den Regierungen verlangte er nach vorgängiger Berathung mit dem Ober-Präsidenten der Provinz Brandenburg Nachweisungen über die Grundsteuer, die Kopfsteuer, die Gewerbesteuer, die Accise- und Zollextracte, die Ersatzzoll-Nachweisungen (nach den einzelnen Waaren), die Consumtionsbalance, eine Zusammenstellung aus den Accise-Subdivisions-Extracten (in 32 Rubriken, während die genannten Extracte deren 335 enthielten), Nachweisungen von den Stempelabgaben, von den Domänen und den Forsten. Diese Correspondenz gab nicht die gewünschten Resultate, da einzelne Regierungen nicht alle Angaben erstatteten und Schwierigkeiten machten; Hoffmann wandte sich daher im November 1818 nochmals direct an das Finanzministerium, welches seinen Wünschen bereitwillig entgegenkam und nicht allein seitdem die Hauptabschlüsse der directen und bez. der indirecten Steuern, sondern auch die weiter gewünschten Specialnachweisungen dem statistischen Bureau zugehen liess.

Hoffmann's Beziehungen zur Reform des Abgabenwesens.

Als Mitglied der Commission des Staatsrathes zur Begutachtung des vorgelegten Edictes über die Umgestaltung der Steuerverfassung hatte Hoffmann ein Promemoria ausgearbeitet, in welchem er das ganze Abgabensystem unter specieller Behandlung der einzelnen indirecten Abgaben einer eingehenden Kritik unterworfen hatte. Als dann die beabsichtigte Reform zunächst im Zollwesen zur Ausführung gebracht werden sollte, und eine unter dem Vorsitze des Ober-Präsidenten zu Berlin zusammenberufene Commission von Gewerbtreibenden sich für Schutzzölle ausgesprochen hatte, trat Hoffmanns Votum diesen Anträgen entgegen; ihm werden die Grundsätze des neuen Zollsystems von 1818 hauptsächlich mit verdankt. Ebenso nahm er an der Reform der directen Abgaben Theil und entwarf einen Anschlag über das von der neuen Classensteuer zu erwartende Aufkommen; 1821 legte er den Entwurf zu dem neuen Stempelgesetze vor. — Ob nun Hoffmann auch bei der Redaction der Tabellen mitwirkte, welche seit der Reform des Abgabenwesens in diesem Verwaltungszweige eingeführt wurden, ist nicht ersichtlich; nur das ergeben die Acten, dass sowohl die von ihm in mehreren Jahren eingezogenen Nachrichten über die Domänen und Forsten und die Resultate der Verwaltung derselben, als auch die seit 1821 regelmässig dem Bureau zugegangenen Tabellen der Classensteuer und Gewerbesteuer von ihm in verschiedener Weise bearbeitet worden sind. In Betreff der Grundsteuer findet sich aus dieser Zeit für die westlichen Provinzen eine interessante Zusammenstellung, in welcher die Grundbesitzer nach der Verschiedenheit ihrer Steuerbeträge für 1822 classificirt sind; eine anderweite Nachweisung der Grundsteuer-Verhältnisse in den westlichen Provinzen wurde, nachdem die Vermessungs- und Cataster-Arbeiten vollendet waren, im Jahre 1839 aufgestellt.

Tabellen von den directen Steuern,

von indirecten Abgaben.

Dass unter den indirecten Abgaben die Stempelabgabe in ihren einzelnen Gattungen von Hoffmann besonders ins Auge gefasst wurde, geht, abgesehen von anderen Momenten, schon aus dem Obenerwähnten hervor; die später gebräuchlichen Nachweisungen beginnen bei der Stempelabgabe mit 1823. Von den Communications-Abgaben zog Hoffmann bereits Nachricht ein, als diese noch vom Handelsministerium ressortirten. Vom Weinbau und Weingewinn erhielt er sie 1818 von den Regierungen, die allgemeinen Schemata wurden für diese Steuer, sowie für die Verbrauchsteuern von Branntwein, Bier und Tabak 1819 vom Ministerium vorgeschrieben. Bei der Aufstellung des neuen Schemas für die Nachrichten vom Waaren-Ein- und Ausgang und den Zollgefällen wurde Hoffmann aufgefordert, seine Wünsche zu bezeichnen; sie bestanden darin, dass die Quantitäten für jede Waarenrubrik und der Ein- und Ausgang bei jedem einzelnen Zollamt unterschieden werden sollten, dass beim Ausgange die Waaren mit Begleitschein, die zollfrei aus dem freien Verkehr kommenden und die Ausgangszoll zahlenden Waaren unterschieden werden sollten, dass summarische Einfuhrlisten von den Haupt-Handelsplätzen aufgestellt werden sollten u. s. w. Die erste Zusammenstellung einer handelsstatistischen Uebersicht fand hiernach im Jahre 1822 statt, nachher wurde der Waaren-Ein- und Ausgang auch zurück bis 1818 zusammengestellt. Die ersten ausführlichen Veröffentlichungen auf diesem Gebiete geschahen durch des Geh. Ober-Finanzraths Ferber Beiträge zur Kenntniss des gewerblichen und commerciellen Zustandes des preussischen Staates, welche im Jahre 1829 erschienen und verschiedene Uebersichten aus den Jahren 1825 bis 1828 und für einzelne Gegenstände aus früheren Jahren enthielten. Dann folgten für die drei folgenden Jahre die neuen Beiträge von demselben Verfasser (im Jahre 1832 erschienen), von da ab wurde dieses Unternehmen durch Dieterici's Uebersichten vom Verkehr und Verbrauch im preussischen Staate und im deutschen Zollverein fortgesetzt. Seit 1834 liegen auch die vom Centralbureau des Zollvereins aufgestellten sogenannten Commercial-Nachweisungen (die Uebersichten des Waaren-Ein- und Ausganges im Zollverein) vor und von derselben Zeit ab die gedruckten Abrechnungen über die Zollgefälle und die mit allen Zollvereins-Staaten bez. mit einem Theile derselben gemeinsamen indirecten Steuern und Uebergangsabgaben.

Zu welchem ausserordentlichen Umfange sich inzwischen die Aufnahmen innerhalb der indirecten Steuerverwaltung ausgedehnt hatten, und wie dieselben alles, was sonst im preussischen Staate an statistischen Aufnahmen veranlasst wurde, hinter sich liessen, zeigen die Formulare zur Steuerstatistik, welche das Finanzministerium 1838 vorschrieb. Sie bestanden in acht Abtheilungen: der Geschäftsstatistik (nach sieben Arten der Behörden aufgestellt, die Angaben für die Hauptämter nahmen allein die Colonnen von 10 Seiten in Anspruch), dann die Handels- und Verkehrs-Statistik (mit verschiedenen Beilagen), die Branntweinbrennerei-Statistik (107 Col.), die Statistik der Brauereien (62 Col.; bei dieser und der vorhergehenden Steuer war unter anderen anzugeben, wie hoch der Consum sich unter bestimmten von der Steuerverwaltung vorausgesetzten Annahmen pro Kopf der Einwohner stellte) und die Statistik des Tabaksbaues (13 Col.), die Statistik vom Weinbau (60 Col.), die Statistik der Mahl- und Schlachtsteuer (136 Col.), die Statistik von den Chausseen (29 Col.), von den Brücken und Fähren (13 Col.) und von den Canälen und Schleusen (12 Col.), vier Nachweisungen vom Stempel, die Salz-Statistik und ausserdem eine Statistik des Prozesswesens (in 60 Col.).

Beziehungen zu den Staats-Geldinstituten,

Dauernde und eingehende Studien wendete Hoffmann auf die Resultate der Münzverwaltung; er machte 1818 Vorschläge zur anderweiten Organisation des preussischen Münzwesens und nahm 1831 an den Vorarbeiten zur Herstellung eines allgemeinen Maass-, Gewicht- und Münzsystems in Deutschland Theil. Bei der Seehandlung war Hoffmann Mitglied des Curatoriums, für die Bank wurde er vorkommenden Falles um gutachtliche Aeusserung angegangen. Aus den Nachrichten der Lotterieverwaltung liess er für eine akademische Abhandlung eine umfassende Zusammenstellung anfertigen.

und Arbeiten über Staatsschulden.

In Betreff des Staatsschuldenwesens ist Hoffmanns Darstellung der Verwaltung desselben bekannt; für die Abbürdung der Provinzialschulden durch Steuerzuschläge hatte er 1818 ein Gutachten zu erstatten. Auf diesem Gebiete wurden die statistischen Ergebnisse von Krug im Jahre 1823 zu einer Geschichte des preussischen Staatsschuldenwesens benutzt, in der er die Staatsschulden, die Provinzialschulden und die Verwaltung der Bank und Seehandlung behandelte; die Publication dieses Werkes wurde damals nicht gestattet und erst 1861 ist es aus Krugs Nachlass herausgegeben worden. Es wurde jedoch ein Theil dieser Arbeit, die Staats-Schuldscheine und den Cours derselben betreffend, von Krug in seinen staatswirthschaftlichen Anzeigen im Jahre 1826 veröffentlicht. Auch über die Communalschulden wollte damals Krug Nachrichten sammeln, erhielt jedoch hierzu nicht die gewünschte Unterstützung von Seiten des Ministeriums des Innern.

Der geringe Umfang der Aufnahmen für das statistische Bureau,

Blickt man auf die Thätigkeit zurück, welche nach dem Vorstehenden das statistische Bureau in dem angegebenen Zeitraum unter Hoffmann entwickelte, so charakterisirt sich dieselbe vorzugsweise als eine solche, die schon vorhandene Ermittelungen mit einem grossen Aufwande von staatswissenschaftlicher Bildung und scharfsinniger Combination zu den Zwecken der Staatsverwaltung verwerthete. In den Aufnahmen selbst aber, welche nach dem ursprünglichen Plane die Aufgabe des statistischen Bureaus bildeten, zeigt sich in dieser Zeit eine Beschränkung, ein Zurückgehen auf die elementaren Anforderungen, die äusserste Rücksicht, den Staatsbehörden, welche in ihren Verwaltungsressorts die umfassendsten Tabellenwerke unbedenklich alljährlich aufstellten, von Seiten des statistischen Bureaus irgend eine Mehrarbeit zuzumuthen, welche den Widerwillen der Behörden erregen könnte. Und diese Rücksicht blieb, ungeachtet Hoffmann bei den angestellten Versuchen sich schnell überzeugt hatte, wie von einer freiwilligen Thätigkeit der Behörden nur vereinzelt erspriessliche Resultate für die Statistik erwartet werden konnten, und die in den letzten Jahren seiner Direction eingetretenen Erweiterungen der statistischen Aufnahmen geschahen hauptsächlich auf Anregung von aussen her. Gewiss aber kann eine solche Beschränkung der Aufnahmen nicht dadurch allein erklärt werden, dass Hoffmann angenommen hätte, bei weniger umfassenden Formularen (also z. B. wenn er die Bevölkerung nur in drei Altersclassen angeben liess) richtigere Resultate zu erlangen, als wenn er die Untersuchungen weiter erstreckte, und man wird diese Rücksichtnahme den Behörden gegenüber, die sich auch bei der Correspondenz in der grossen Werthschätzung der von denselben zu erwartenden Vorschläge zeigte, richtiger aus der überaus hohen Achtung herleiten, welche Hoffmann vor dem preussischen Beamtenthum empfand, und welche in so vielen seiner Schriften, am glänzendsten in seinem Werke über die Befugniss zum Gewerbetriebe hervortritt; nur hierdurch ist es erklärbar, dass Hoffmann, ohne selbst das Zählungsverfahren zu controliren, dasselbe im Allgemeinen für zweckmässig vollzogen erachtete, und dass er, während er die rechten Mittel zur Verbesserung der Zählungen ganz klar erkannte, dennoch Bedenken trug, dieselben ins Werk zu setzen.

zusammengehalten mit Hoffmanns Werthschätzung statistischer Kenntniss.

Dabei hat er die hohe Wichtigkeit der umfassendsten statistischen Kenntniss des Landes nie verkannt. Es braucht hierin nur auf seine trefflichen Worte in der Abhandlung über das Verhältniss der Staatsgewalt zu den staatsrechtlichen Vorstellungen ihrer Untergebenen hingewiesen zu werden, an der Stelle, wo er es als die Aufgabe der Staatsregierung bezeichnet: eine Richtung des Verstandes und Willens hervorzubringen, worin jeder seiner Ueberzeugung zu folgen und seinen eigenen Wünschen förderlich zu werden glaubt, wenn er die Staatszwecke mit ausdauernder Kraft verfolgt. »Die mittelbaren, die sehr entfernt scheinenden, die nur der höheren Einsicht bemerkbaren Einwirkungen der Staatsgewalt«, sagt er hier, »sind oft die folgenreichsten. Je schwerer es in dieser Stellung wird, einem Drange, der nichts versäumen, und einer Vorsicht, die nichts wagen will, mit gleichem Glücke auszuweichen, desto mehr bedarf die Regierung einer so gründlichen Kenntniss der Kräfte und Güter, worüber sie gebietet, dass sie nicht nur ihren gegenwärtigen Zustand, sondern auch die Veränderungen richtig zu würdigen vermag, welche der Geist der Verwaltung darin hervorbringen wird.«

In den statistischen Aufnahmen der damaligen Zeit aber war der Staatsverwaltung das Material für die Beurtheilung der auf volkswirthschaftlichem Gebiete zu ergreifenden Massregeln nur in beschränktestem Maasse gegeben, es gingen denselben in der Regel damals nicht die weitläufigen statistischen Feststellungen aller dadurch betroffenen Verhältnisse voran, die später die Staatsverwaltung für nothwendig erachtete; und Hoffmann, im Gange der Gesetzgebung mitarbeitend, unterzog sich hier der schwierigeren (in ihrem Erfolge allerdings mitunter weniger sicheren) Arbeit, die Unvollkommenheit des statistischen Materials durch die Hinzufügung geistiger Schätze nicht nur zu verdecken, sondern zu ergänzen.

5. J. G. Hoffmann's Veröffentlichungen.

Hoffmanns Stellung der Presse gegenüber.

Hoffmanns statistische Wirksamkeit diente zunächst dem Staatsorganismus zu den Zwecken der Gesetzgebung und Verwaltung, sie diente dann für seine statistischen und staatswirthschaftlichen Vorlesungen an der Universität, und erst in dritter Linie stand ihm die unmittelbare Einwirkung auf die Nation durch die Presse. Langsam und mit einer gewissen Zurückhaltung ging er an die Publication der statistischen Data, und auch als er dahin gekommen war, eine grössere Reihe von Veröffentlichungen eintreten zu lassen, und als er dann umfassendere statistische Werke herausgab, kam es ihm nicht sowohl darauf an, die Statistik des Landes dadurch zum Gemeingut zu machen, als vielmehr, durch auf statistische Thatsachen gegründete wissenschaftliche Erörterungen auf die öffentliche Meinung leitend einzuwirken. In dem Berichte, in dem er die Pflichten des zukünftigen Directors des statistischen Bureaus bezeichnet, spricht er aus: »Ich fordere von ihm so viel Takt, dass er die vielen verunglückten Versuche (von Zusammenstellungen und Verbindungen von Nachrichten), die er unausbleiblich machen wird, mit Resignation auf die Frucht seiner Mühe cassire, und weder die Behörden, noch das Publicum damit belästige; und dass er verstehe, wie das, was durch die Staatszeitung oder sonst schicklich veröffentlicht wird, gesagt werden müsse, wenn Missverständniss vermieden, die öffentliche Meinung gewonnen, und Vorurtheil ausgerottet werden soll.« — Diese Einwirkung auf die öffentliche Meinung schien ihm nothwendig, um den unreifen Besprechungen in den Tagesblättern entgegenzutreten, in denen, wie er sich selbst ausdrückte »mehrentheils ein kleiner Kern von Wahrheit sich fruchtlos verliert in der Ueberschüttung mit bodenlosen Folgerungen und vernichtenden Uebertreibungen.«

Hoffmann achtete und verlangte die Pressfreiheit, aber er stand gegen die Presse seiner Zeit: »Es sei vergönnt in Erinnerung zu bringen«, sagt er in der Einleitung zur Sammlung kleiner Schriften, »dass in Beziehung auf einige der wichtigsten Lebensverhältnisse Vorstellungen bestehen, welchen es bisher nicht glückte, diejenige Meinung für sich zu gewinnen, welche von der Tagesliteratur als öffentliche bezeichnet wird, dass aber dessenungeachtet diese Vorstellungen tief in der Ueberzeugung einer bei weitem überwiegenden Mehrheit achtbarer, verständiger und erfahrener Männer haften, und dass eben deswegen die Gesetzgebung und die Sitte sich in solcher Beziehung in einer ganz anderen Richtung bewegen, als jene Literatur denselben anzuweisen versucht.«

Hoffmanns Uebersichten der Bodenfläche und Bevölkerung.

Drei Jahre nach der Wiederherstellung und bez. Erweiterung des preussischen Staatsgebietes hatte Hoffmann zuerst eine »Uebersicht der Bodenfläche und der Bevölkerung des preussischen Staates aus den für 1817 amtlich eingegangenen Nachrichten« herausgegeben, eine kurze Darstellung des Areals, der Lage und Begrenzung des Staats, der Zählungs-Ergebnisse und der Nachrichten über die Bewegung der Bevölkerung. Eine erweiterte Veröffentlichung gab er in den »Beiträgen zur Statistik des preussischen Staates und amtlichen Nachrichten, vom statistischen Bureau zu Berlin bearbeitet und herausgegeben«; hier schilderte er ausführlich die in der Zusammensetzung, Organisation und Eintheilung des Staates eingetretenen Veränderungen, und theilte für die einzelnen Kreise die Zahlen für Flächeninhalt, Einwohner, Gebäude, Viehstand mit. Von hier ab trat in den selbständigen Veröffentlichungen des Bureaus eine zwölfjährige Unterbrechung ein; erst 1833 wurde eine: neueste Uebersicht der Bodenfläche, der Bevölkerung und des Viehstandes in den einzelnen Kreisen des preussischen Staates nach den 1831 amtlich aufgenommenen Verzeichnissen (mit einer kurzen Einleitung) herausgegeben. — Dagegen hatte Hoffmann schon, als mit dem

Hoffmanns Aufsätze für die Staatszeitung.

Jahre 1819 durch den Staatskanzler die Staatszeitung — als ein Organ zur Berichtigung der Meinung im freien Verkehr — ins Leben gerufen wurde, sich bereit erklärt, dieselbe mit statistischen Beiträgen zu unterstützen, und er sagt selbst, dass er es gewünscht habe, weil dies ein Blatt habe sein sollen, das über den Parteien stehe. Bis 1824 geschah es nicht, weil Hoffmann fand, dass die Redaction in der Aufnahme und Benutzung statistischer Nachrichten nicht vorsichtig genug sei. 1824 blieb es bei einem Aufsatze über Geburten, Trauungen und Sterbefälle, denn Hoffmann fand, dass die Zeitung von dem Grundsatze der Unparteilichkeit abwich. Im Jahre 1828 war er aufs Neue zur Betheiligung aufgefordert worden: »Beträchtlich gemildert hatte sich«, sagte Hoffmann, »die Aufregung dieser Zeit, aber die Unvollständigkeit der politischen Bildung, welche die Meinungen der grossen Masse der Zeitungsleser befangen erhielt, erschien mir nicht erheblich verändert; ich habe daher vornehmlich versucht, an die Nachrichten, welche ich als Director des statistischen Bureaus oder sonst meinen Verhältnissen gemäss zu geben hatte, Betrachtungen anzuknüpfen, welche mir geeignet schienen, dem Mangel allmälig abzuhelfen.« Seitdem bis zum Jahre 1844 verging kein Jahr, in dem nicht ein Aufsatz oder mehrere (auch 12 bis 15) Aufsätze von Hoffmann in der Staatszeitung (allgemeinen preussischen Staatszeitung) veröffentlicht worden wären. Ueber 120 Aufsätze von Hoffmanns Hand, schon durch die Namenschiffre H. dem gebildeten Publicum kenntlich, gelangten hier im Laufe der Zeit zu weiter Verbreitung. Sie erstreckten sich auf die verschiedensten Gebiete, wenn auch verhältnissmässig der grösste Theil sich innerhalb der Bevölkerungs-Statistik bewegte. Betrachtungen über die Zahlen der Geburten, Trauungen und Sterbefälle aus den Jahren 1827—1842, auch bis 1820 zurückgehend, und über die einzelnen in den Bevölkerungslisten festgestellten Verhältnisse: uneheliche Geburten, Mehrgeburten, gemischte Ehen etc., Pockenfälle, und eine grössere Zahl von Artikeln, betreffend die Berechnung der Dauer des menschlichen Lebens für die einzelnen Theile des Staates. Die Zählungsergebnisse bis 1840 einschliesslich, die Vermehrung der Bevölkerung des Staats und der städtischen Bevölkerung insbesondere; mehrere Artikel, die Bevölkerung von Berlin betreffend. Ein besonderer Artikel über die Bevölkerungsverhältnisse des Fürstenthums Neuchatel in den Jahren 1819 bis 1828. Die confessionellen Verhältnisse und namentlich die persönlichen und gewerblichen Verhältnisse der Juden nach den Aufnahmen von 1828 und 1840. Die ausserdeutschen Sprachverhältnisse im preussischen Staate. Der Artikel über die Städteordnung von 1831. Die Zahl der Handwerksmeister und der Gesellen etc. nach den Aufnahmen von 1828, die neuesten Nachrichten über einige besonders erhebliche Gegenstände der Gewerbsamkeit im preussischen Staate (nach den Aufnahmen von 1837), Häuserzahl und Viehstand nach der Aufnahme von 1828, die Betrachtungen über die Feuerversicherung der Gebäude in der Provinz Brandenburg, die Zahl der in den Jahren 1826 bis 1836 ein- und ausgegangenen Seeschiffe, die durchschnittlichen Getreidepreise seit 1828 für einzelne Jahre, später für längere Perioden (1816 bis 1841) behandelt. Die Zusammenstellungen der Schenkungen und Vermächtnisse zu frommen, milden und gemeinnützigen Zwecken in den Jahren 1833 bis 1841. Zwei Artikel über die Zahl der gerichtlichen Untersuchungen gegen jugendliche Verbrecher in den Jahren 1831 bis 1842. Aufsätze über die Zahl der Schulen und Schüler (für 1825), die Gymnasien (1831) und ihr Verhältniss zu den Universitäten, die Universitäten (1828 etc.) und die Verhältnisse, welche bei der Würdigung ihrer Wirksamkeit zu beachten sind. Ueber den Begriff der directen und indirecten Steuern (1829), den Einfluss der Salzsteuer auf den Zustand der Arbeiterfamilien (1841), die Beiträge zur Begründung eines Urtheils über den Verkehr mit Zucker und dessen Surrogaten (1843). Die Frage: was ist Geld? (1830), die Grundlagen zur Beurtheilung der preussischen Münzverfassung, zur Verbesserung des deutschen Münzwesens (1833), über Maass und Gewicht (1838), der Versuch, das Werthverhältniss zwischen Gold und Silber zur Verbesserung des deutschen Münzwesens zu benutzen (1840), verdient die Zehntheilung des Groschens den Vorzug vor der Zwölftheilung? (1841), über die neuesten Veränderungen im preussischen Münzwesen (1843). — Ausserdem brachte die Staatszeitung verschiedene Artikel von Hoffmann über statistische und staatswirthschaftliche Verhältnisse auswärtiger Staaten: über Niederland und Belgien (1831), über Bevölkerung und bez. Bewegung der Bevölkerung in der Schweiz, in Baiern, Sachsen, Belgien, England, über Münzverhältnisse in Württemberg, in England und in Russland, über englische Zoll- und Handelsverhältnisse, über Brasilien und über Nordamerica.

In der von dem Vereine für Heilkunde wöchentlich herausgegebenen medicinischen Zeitschrift hat Hoffmann seit dem Jahre 1835 eine Reihe von Aufsätzen veröffentlicht, welche auf ähnliche Verhältnisse wie die in der Staatszeitung bezüglich, in der Behandlung für einen anderen Leserkreis bestimmt

Für die medicinische Zeitschrift.

waren. Diese Aufsätze begannen mit einer Uebersicht der Geburten und Sterbefälle in den Jahren 1820 bis 1834, denen im nächsten Jahre die Uebersicht der bestehenden und geschlossenen Ehen in demselben Zeitraum folgte; mehrere weitere Aufsätze über die Resultate der Bevölkerungsliste bis 1842 einschl. und insbesondere über die Verhältnisse der Lebensdauer erschienen in den späteren Jahrgängen. Ausserdem im Jahre 1836: die Bemerkungen über einen Aufsatz zum Schutz der Gesundheit auf den Schulen (Schulstatistik enthaltend), im Jahre 1839: die Grenzen des Wachsthums der Bevölkerung bei dem heutigen Zustande der Bildung der christlichen Staaten in Europa, 1844: der Versuch, das sittliche Wesen der Ehe aus der Ansicht darzustellen, welche sich aus den allgemeinsten geistigen und körperlichen Verhältnissen des Menschen ergiebt, und 1845: die Bemerkungen über die Ursachen der entsittlichenden Dürftigkeit oder des sogenannten Pauperismus. —

in anderen Zeitschriften.

Ausser in der Staatszeitung und der medicinischen Zeitschrift hat Hoffmann nur dreimal Artikel in Zeitungen und Zeitschriften publicirt: über das preussische Zollwesen in der historisch-politischen Zeitschrift von 1832, — über die Gründe, welche in Deutschland für die Zwölftheilung des Groschens entscheiden möchten, im allgemeinen Anzeiger der Deutschen von 1840, — und Bemerkungen darüber, ob in Deutschland Gold statt des Silbers als Werthmesser einzuführen, in den Zeitinteressen von 1842. — Zwei andere Aufsätze von Hoffmann: über das statistische Zeitalter, und über den Einfluss des Klimas und der natürlichen Verhältnisse des Bodens auf die körperliche und geistige Entwickelung des Menschen sind im 12. Jahrgange der Mittheilungen des statistischen Bureaus kurz nach Dieterici's Tode veröffentlicht worden.

Hoffmanns akademische Abhandlungen.

Im Jahre 1832 war Hoffmann unter die Mitglieder der Akademie der Wissenschaften aufgenommen; er hielt hier eine Reihe von Vorträgen, welche in den Abhandlungen der Akademie und ausserdem zum grössten Theile in seinen kleinen Schriften erschienen sind. Besonders herausgegeben wurde seine akademische Abhandlung über die Wirkungen der asiatischen Cholera im preussischen Staate während des Jahres 1831. Die späteren für die Akademie der Wissenschaften geschriebenen Aufsätze handelten: Ueber die Besorgnisse, welche die Zunahme der Bevölkerung erregt, — über die wahre Natur und Bestimmung der Renten aus Boden- und Capital-Eigenthum, — über die Unzulässigkeit des Schlusses auf Sittenverfall aus der Zunahme der gerichtlichen Untersuchungen gegen jugendliche Verbrecher, — ferner: die Einleitung zu neuen Untersuchungen über die wahrscheinliche Dauer des menschlichen Lebens, — die Darstellung der Bevölkerungs-, Geburts-, Ehe- und Sterblichkeits-Verhältnisse im preussischen Staate, in den Jahren 1820 bis 1834 (besonders herausgegeben), — die Uebersicht über den neuesten Zustand des Lotteriespiels für Rechnung der preussischen Staatsregierung (dieser Aufsatz ist in die kleinen Schriften nicht aufgenommen, es bedarf kaum der Erwähnung, dass Hoffmann gegen die Staatseinnahme aus dem Lotteriespiel war), — drei Abhandlungen über das Verhältniss der Staatsgewalt zu den religiösen, — den staatsrechtlichen, — den sittlichen Vorstellungen ihrer Untergebenen, — Uebersicht der Nachrichten über Anzahl und Vermehrung der Juden im preussischen Staate, — über die staatswirthschaftlichen Versuche, den ganzen Staatsbedarf durch eine einzige Steuer aufzubringen, — Uebersicht der allgemeinsten staatswirthschaftlichen Verhältnisse, welche die Verschiedenheit der Bildung und des Besitzstandes unter den Staatsangehörigen erzeugt.

Die Lehre vom Gelde.

Hoffmanns grössere Werke erschienen seit dem Jahre 1838. In der Einleitung zur Lehre vom Gelde sagt er, er habe beabsichtigt, eine Statistik des preussischen Staates zu schreiben, welche nicht allein eine Darlegung des Zustandes enthalten sollte, worin sich dieser Staat befinde, sondern auch die Lehren, auf welche ein verständiges Urtheil darüber zu gründen sei; er habe gefunden, es sei zu spät für ihn, diese Arbeit noch zu unternehmen (oder wie er an anderer Stelle sich ausdrückte: die Ueberreife des vorgerückten Alters sei ihm früher erschienen, als er die Reife zu einem solchen Werke sich zutrauen durfte), — er beabsichtige nun, nur einzelne besonders erhebliche Gegenstände aus derselben zu behandeln: »Die Grundlagen der Staatswissenschaften«, fährt er fort, »bleiben todt für die Meisten, weil es ihnen an Stoff zur Anwendung derselben fehlt, und es werden täglich ganz verkehrte Folgerungen aus richtigen Angaben statistischer Thatsachen gezogen, weil es an einer hinreichenden Anleitung zur richtigen Würdigung derselben mangelt.« Die erste derartige Schrift war diese Lehre vom Gelde: »Schwerlich besteht eine gleich wichtige und gleich gemeinnützige Anstalt«, sagt er hierin, »worüber die öffentliche Meinung so wenig unterrichtet wäre, als über das Münzwesen; selbst die Schriften, welche bestimmt sind, die Geschäftsmänner und Gewerbtreibenden darüber aufzuklären, beschäftigen sich mehr mit äusseren Formen, als mit den inneren Sachverhältnissen.« Als Zugabe zur Lehre vom Gelde erschienen im Jahre 1841: die Zeichen der Zeit im deutschen Münzwesen; beide Schriften sind reich an statistischen Thatsachen, betreffend Productions-, Ausmünzungs- und Werthverhältnisse der edlen Metalle und Geldarten zu verschiedener Zeit.

Die Bevölkerung nach den Aufnahmen von 1837.

Die umfassendste Arbeit Hoffmanns aus der Bevölkerungsstatistik war das 1839 erschienene Werk: Die Bevölkerung des preussischen Staats nach den Ergebnissen der zu Ende des Jahres 1837 amtlich aufgenommenen Nachrichten in staatswirthschaftlicher, gewerblicher und sittlicher Beziehung dargestellt. Es behandelt dies Buch die gesammten Resultate der Aufnahmen von 1837, der ersten Aufnahmen, welche seit 1816 wieder in grösserem Maasstabe stattgefunden hatten, und zwar unter Anknüpfung vielseitiger interessanter Betrachtungen, namentlich über die Wohlstands-Verhältnisse der Einwohner. »Das geistige Wohlsein der Völker setzt ein leibliches so nothwendig voraus, dass der Gegensatz zwischen materiellen und geistigen Interessen in der höheren Staatskunst ein leeres Wortspiel wird; auch in den wohlhabendsten Städten des neueren Europa fehlt noch sehr viel dazu, dass die grosse Masse der Nation in Nahrung, Wohnung und Kleidung, in Abwechselung von Arbeit und Erholung, in Sicherheit, Bequemlichkeit und Annehmlichkeit des Familienlebens denjenigen Umfang von materiellen Gütern und davon abhängendem leiblichem Wohlsein und frohem Muth besitze, welcher wesentlich erfordert wird, um ihr zu demjenigen Maasse von Leibeskraft, Gewandtheit und Ausdauer, von Aufmerksamkeit, Einsicht, Pflicht und Billigkeitsgefühl zu verhelfen, dessen Erreichung jeder verständige Mensch ihr zur Förderung der allgemeinen Wohlfahrt und selbst der seinigen wünschen muss.« — Die Nachrichten aus der Gewerbetabelle wurden hier zum ersten Male ausführlich behandelt, nachdem schon längst Hoffmann den Regierungen die Veröffentlichung der betreffenden Data in Aussicht gestellt hatte. »Tabellenwerke«, sagt er in Betreff des Umfanges dieser Tabellen, »können wohl die Anzahl der Gewerbtreibenden, eingetheilt nach ihren verschiedenen Verrichtungen, angeben, aber die Menge und Beschaffenheit der Arbeit, welche sie liefern, ist nicht eben so leicht in übersichtlichen Zahlen anzugeben. Nur die Betrachtung einzelner besonders übersehbarer und erheblicher Verhältnisse kann auf diesem Felde lehrreich werden; an dem, was gemessen werden kann, lernt man mit Wahrscheinlichkeit schätzen, wofür Zuverlässigkeit im Messen unmöglich bleibt«. Bei den einzelnen Gewerben geht Hoffmann auf deren historische Entwickelung ein, bei den Manufacturen auf die Garnpreise und hiermit zusammenhängende Verhältnisse. Bei der Landwirthschaft weist er auf die verfehlten Versuche hin, welche früher angestellt wurden, um zu einer Uebersicht dieses wichtigsten Zweiges der Gewerbsamkeit zu gelangen: »es gehört eine Ausbildung der Communal- und Kreisverfassung und überhaupt eine Stufe allgemeiner Bildung dazu, welche bis jetzt noch nicht erreicht ist, um solche Versuche mit der wahrscheinlichen Hoffnung eines besseren Erfolges zu wiederholen.« »Die Zahl der Tagelöhner nach einer zu fruchtbarer Anwendung brauchbaren Abtheilung auszumitteln ist bisher von dem statistischen Bureau noch gar nicht versucht worden, weil auch hier die grosse Verschiedenheit der Verhältnisse und die Schwierigkeit, Missverständnissen vorzubeugen, unübersteigliche Hindernisse häuft.«

Uebersicht der Geburten, Trauungen, Sterbefälle.

Aus der Statistik der Bewegung der Bevölkerung erschien 1843 Hoffmanns: Uebersicht der Geburten, neuen Ehen und Todesfälle in den Jahren 1816 bis mit 1841 nach den für die Stadt Berlin amtlich aufgenommenen Tabellen. Auf demselben Gebiete wurde in demselben Jahre in den kleinen Schriften die Uebersicht der im Jahre 1841 vorgekommenen Geburten, Trauungen und Sterbefälle und Würdigung ihrer staatswirthschaftlichen Bedeutung in Vergleich mit den entsprechenden Ereignissen aus dem Zeitraum 1816 bis 1840 publicirt.

Die Lehre von den Steuern.

Im Jahre 1840 erschien Hoffmanns Lehre von den Steuern; auch diese als ein Versuch: auf Verbreitung gründlicher politischer Bildung unter der grossen Masse derer, welche auf allgemeine Bildung Anspruch machen, dadurch hinzuwirken, dass staatswirthschaftliche Verhältnisse, worüber Jedermann ein Urtheil zu haben glaubt, zusammenhängend dargestellt und zur Erläuterung mit Beispielen aus dem Bereich der preussischen Staatsverwaltung belegt werden. Ausser ihrer hohen Bedeutung im Gebiete der reinen Finanzwissenschaft, ist die in derselben bei den einzelnen Abschnitten enthaltene Steuerstatistik für 1838 und frühere Jahre hervorzuheben.

Die Befugniss zum Gewerbebetriebe.

Im folgenden Jahre gab Hoffmann: die Befugniss zum Gewerbetriebe, zur Berichtigung der Urtheile über Gewerbefreiheit und Gewerbezwang, mit besonderer Rücksicht auf den preussischen Staat dargestellt, heraus. Es gehört dies Werk ausschliesslich dem Gebiete der Volkswirthschafts-Politik an; es ist getragen von dem Geiste der Gewerbefreiheit, gegen Vorrechte der Zunftverfassungen und andere gewerbliche Privilegien und Bevorzugungen gerichtet (so war Hoffmann Gegner der Schutzzölle, der Begünstigung der Rübenzucker-Industrie, der landwirthschaftlichen Brennereien etc.), aber eben so sehr ist sie gegen den Missbrauch des Naturfonds durch den Eigenthümer gerichtet, dessen Schutz dem Staate zur Pflicht gemacht wird. So war Hoffmann von jeher für Beseitigung der Grundherrlichkeit, gegen Fideicommisse, die er an anderer Stelle als eine Prodigalitätserklärung des ganzen zur Nachfolge berufenen Stammes bezeichnet. Aber ebenso richtete er sich gegen den Missbrauch der Geldmacht und zeigte in der Befugniss zum Gewerbetriebe die Nothwendigkeit der Beschränkung der Gewerbetreibenden in den Bestrebungen, den Geldpreis ihrer Erzeugnisse durch Herabdrücken der Lohnsätze zu vermindern: »In der That«, sagt er Seite 393, »ist bei weitem der grösste Theil der Unterstützungen, welche der Arbeiterstamm durch unentgeltliche Aufnahme in öffentliche Krankenhäuser, durch Freischulen, durch wohlfeilere oder ganz kostenfreie Darreichung von Brennmaterial, Brod und anderen Speisen, endlich selbst durch baar gezahlte Almosen von Orts-, Kirchspiels- und Kreisgemeinden empfängt, nichts anderes als die Ergänzung des unzureichenden Arbeitslohns.« Er geht auf den hieraus hervorgehenden Gebrauch der Frauen und Kinder der Arbeiter in den Fabriken ein, und die Nachtheile, welche dadurch für die Erziehung des heranwachsenden Geschlechtes erwachsen: »nur die Rückkehr zum häuslichen Leben kann den Kindern allein eine wahrhaft menschliche Erziehung gewähren; diese wird aber nur möglich, wenn der Familienvater soviel erwirbt, dass Mutter und Kinder nicht auch genöthigt sind, täglich anhaltend ausserhalb der Wohnung zu arbeiten.«

Das Verhältniss der Staatsgewalt zu den Vorstellungen der Untergebenen.

Hoffmanns Ansichten über die Rechte der arbeitenden Classen finden sich weiter ausgeführt und stärker hervorgehoben auf Seite 116 bis 121 des in demselben Jahre erschienenen Werkes »das Verhältniss der Staatsgewalt zu den Vorstellungen ihrer Untergebenen«, zu welchem er den Inhalt der drei obenerwähnten akademischen Abhandlungen verband; es ist dies vielleicht das denkwürdigste Werk, was Hoffmann der Nachwelt hinterlassen hat.

Die Sammlung kleiner Schriften.

Im Jahre 1843 gab Hoffmann eine Sammlung kleiner Schriften staatswirthschaftlichen Inhalts heraus; sie enthielt drei akademische Abhandlungen (über die Boden- und Capitalrente, und zwei über bevölkerungsstatistische Gegenstände), die obenerwähnte Abhandlung über die Bewegung der Bevölkerung von 1816 bis 1841, sechs Abhandlungen über die Unterrichtsverhältnisse, welche sich theilweise an ähnliche Arbeiten für die Staatszeitung anschlossen, (die Uebersicht des Zahlenverhältnisses der schulpflichtigen Kinder zu denjenigen, welche Unterricht in öffentlichen Schulen erhalten, nach den Aufnahmen von 1840, die Zahlenverhältnisse der Gymnasien, Progymnasien und höheren Bürgerschulen nach den Aufnahmen von 1831 bis 1841, die Uebersicht der Seminarien zur Bildung von Elementarschullehrern für 1840, die Uebersicht der Zahl der Studirenden auf den Universitäten des preussischen Staats von 1820 bis 1842, die Betrachtungen über die gegenwärtige Lage des höheren Schulunterrichts und die Mittel denselben für die Wissenschaft und das Leben fruchtbar zu machen, und die Betrachtungen über das Verhältniss der Universitäten zu den Anforderungen an die Wissenschaft und das Leben) — ferner die in der Staatszeitung veröffentlichten Betrachtungen über den Zustand der Juden im preussischen Staate — und eine neue Abhandlung: Darstellung des Zustandes, worin sich die Bereitung und der Verbrauch des Branntweins in Bezug auf staatswirthschaftliche und sittliche Verhältnisse im preussischen Staate befindet.

Der Nachlass kleiner Schriften.

Hoffmanns letzte Veröffentlichung war der Nachlass kleiner Schriften, den er 1846 herausgab, er enthält eine Auswahl von Aufsätzen, welche früher in der Staatszeitung gestanden hatten, so in Betreff des Münzwesens (3 Aufsätze), der Maasse und Gewichte, der Getreidepreise, der Steuerverhältnisse (die obenerwähnten drei Aufsätze), der Schenkungen und Vermächtnisse, der Städteverordnung von 1831, der Anzahl der Meister und Gesellen, der Bevölkerungsverhältnisse, der Sprachverhältnisse, der gemischten Ehen, der Lebensdauer, der Untersuchungen gegen jugendliche Verbrecher (zwei Aufsätze), — dann aus der medicinischen Zeitschrift die Aufsätze über das Wachsthum der Bevölkerung, über das sittliche Wesen der Ehe und über die Ursachen des Pauperismus, — die akademische Abhandlung über die aus der Verschiedenheit der Bildung und des Besitzstandes hervorgehenden staatswirthschaftlichen Verhältnisse — und zwei neue Abhandlungen: die Uebersicht der staatswirthschaftlichen und sittlichen Wirkungen der Spinnmaschinen im Bereiche des Zollvereins (eine mit Hülfe statistischer Daten, besonders über die Preise ausgeführte Zergliederung der Verhältnisse dieser Gewerbe) und: die Betrachtungen über das Andringen auf erhöhten Schutz der Gewerbsamkeit im Zollverein gegen fremde Mitbewerbung, deren Durchsicht Dieterici im Auftrage des Verfassers bewirkte.

Beziehungen auf die Verhältnisse der arbeitenden Classen in den kleinen Schriften.

Es kann hier nicht die Aufgabe sein, den Inhalt, auch nur den statistischen der vorerwähnten Schriften Hoffmanns anzuführen, das aber mag hier noch erwähnt sein, dass auch in diesen beiden letzten Publicationen Hoffmanns, die Verhältnisse der arbeitenden Classen eine hervorragende Stelle einnehmen. So in den kleinen Schriften in dem Aufsatze über die Besorgnisse, welche die Zunahme der Bevölkerung erregt (Seite 64: »der Arbeiterstand hat ebensowohl ein Anrecht auf die Freude des häuslichen ehelichen Lebens als der gebildete Stand; die Vertheilung der Früchte redlicher verständig geleisteter Arbeit ist nur dann gerecht, wenn sie dies Anrecht beachtet; die Gesetzgebung weiser und kräftiger Regierungen kann nicht dahin gerichtet sein, dasselbe zu Gunsten derer zu schmälern, welche wie hoch sie auch ihre Bildung selbst anschlagen möchten, doch die wahren Lebensverhältnisse noch immer zu sehr verkennen, um gerecht gegen den bei weitem überwiegend grössten Theil ihrer eigenen Nation zu sein.«) — aus dem Nachlass kleiner Schriften wird es genügen, auf Seite 107 im Aufsatz über die allgemeinsten staatsbürgerlichen Verhältnisse (Ideen der Erhöhung des Arbeitslohns nach dem Reinertrage des gewerblichen Unternehmens), und auf Seite 231 in den Bemerkungen über den Pauperismus hinzuweisen (wo Hoffmann hervorhob, dass die Thaten von 1813 hauptsächlich von dem Arbeiterstamme geleistet seien).

In dem S. 26 bis 30 des Jahrganges 1862 der Zeitschrift des statistischen Bureaus abgedruckten Vortrage hat der gegenwärtige Director dieses Bureaus darauf hingewiesen, dass die Erkenntniss der Verhältnisse der eigentlich arbeitenden Classen die hauptsächliche Aufgabe der heutigen Statistik (der socialen Forschung) sei; im fünften Abschnitte des Vorbereitungsberichts für den diesjährigen Congress wird an den letzteren die Aufforderung gerichtet, die Aufgabe zu bestimmen, welche der Statistik bei der Lösung der heutigen socialen Fragen zufalle. Es ist oben angeführt, wie Hoffmann es noch nicht unternahm, die Verhältnisse der arbeitenden Classen in den Kreis der Untersuchungen des statistischen Bureaus zu ziehn; aber die Stellen, welche vorstehend aus seinen meist im hohen Alter geschriebenen Werken angeführt sind, werden andererseits das beweisen, wie Hoffmann die hohe Bedeutung dieser Verhältnisse vollkommen zu würdigen wusste, und wieweit er auch in dieser Beziehung in seinen staatswirthschaftlichen Anschauungen den in seiner Zeit herrschenden Ansichten vorausging.

IV. Die amtliche Statistik des preussischen Staats zur Zeit Dieterici's.

---

1. Die äusseren Verhältnisse des statistischen Bureaus unter W. Dieterici.

Das statistische Bureau unter das Handelsamt gestellt.

Dieterici's Direction begann unter ungünstigen Verhältnissen. Die selbständige Stellung, deren sich das Bureau unter Hoffmann während langer Zeit erfreut hatte, und die auch nur der Form nach zeitweise unterbrochen worden war, wurde mit Hoffmanns Pensionirung thatsächlich aufgehoben. Durch Verordnung vom 7. Juni 1844 war das Handelsamt errichtet, der §. 10 derselben bestimmte: »Das statistische Bureau wird mit dem Handelsamte verbunden und als eine besondere Abtheilung desselben unter der oberen Leitung des Präsidenten des Handelsamtes von einem eigenen Director verwaltet. Die Bestimmung des statistischen Bureaus bleibt übrigens unverändert und soll dasselbe den allgemeinen statistischen Zwecken auch ferner in der bisherigen Ausdehnung dienen; der Präsident hat aber dahin zu wirken, dass die bei diesem Bureau gesammelten Materialien für die Kenntniss der Handels- und Gewerbeverhältnisse nutzbarer gemacht werden.«

Dieterici's Ernennung zum Director erfolgte am 29. Juli. Seine amtliche Stellung wurde durch den Präsidenten des Handelsamts, Wirkl. Geh. Ober-Regierungsrath von Rönne, in Uebereinkunft mit dem Finanzminister dahin bestimmt, dass sich das Ressort des Präsidenten nicht nur auf die persönlichen und Disciplinar-Angelegenheiten des statistischen Bureaus beschränken solle, demselben vielmehr, wo er es nöthig finde, die unmittelbare Einwirkung in den Geschäftsbetrieb des statistischen Bureaus vorbehalten blieb; ebenso sollte die Correspondenz mit den Ministerien und allen Centralbehörden zur Vollziehung des Präsidenten gelangen (so dass hiernach auch alle mit Randrescripten der Ministerien eingehenden Berichte und Nachweisungen nicht an das statistische Bureau, sondern an das Handelsamt zu dirigiren waren und umgekehrt). Es wurde Dieterici nicht gestattet, Berichte in statistischen Angelegenheiten, bei welchen neben dem statistischen Bureau das Finanzministerium betheiligt war, dorthin zu adressiren, sie mussten an den Präsidenten des Handelsamtes gerichtet sein; die Berichte über die Zählungsresultate, die jährlichen Berichte, welche Hoffmann dem Könige über die Ergebnisse der Bevölkerungsliste erstattet hatte, wurden demselben nun vom Handelsamte überreicht. So war die Stellung, welche Dieterici einnahm, nur wenig selbständiger, als die, welche Krug zu der Zeit gehabt hatte, wo Hoffmann sich von den Geschäften des Bureaus zurückhielt.

Verbindung des statistischen Bureaus mit dem Handels-Ministerium.

In diesem Verhältnisse war die Thätigkeit des Bureaus gelähmt, auch geschah nichts, was im Sinne der Verordnung vom 7. Juni 1844 irgend dazu gedient hätte, diese Nachtheile anderweitig auszugleichen. Die ganze Thätigkeit des Bureaus nahm aber einen entschiedenen Aufschwung, als das Handelsamt aufgelöst und das statistische Bureau durch Cabinetsordre vom 17. April 1848 dem neuen Handelsministerium einverleibt wurde. Am 8. Mai bestimmte der damalige Chef des Handelsministeriums, dass das statistische Bureau die zweite Abtheilung dieses Ministeriums bilden solle; seine persönliche Mitwirkung in Sachen des Bureaus beschränkte er auf diejenigen Angelegenheiten, deren Wichtigkeit solche erfordern würde.

Die definitive Regulirung der Angelegenheiten des Bureaus wurde durch die Berathungen gefördert, welche behufs der im Staatshaushalt zu erzielenden Ersparnisse stattfanden. In der am 31. Mai 1848 abgehaltenen Conferenz trug Dieterici den Geheimen Räthen Horn und Hesse (vom Finanzministerium bez. dem Handelsministerium) die amtlichen und finanziellen Angelegenheiten des Bureaus vor. Er erhielt die Anerkennung, dass im Verhältniss zu den dem Bureau gestellten Aufgaben der Etat desselben ein mässiger sei; zugleich wurde die Ansicht festgestellt, dass das Bureau eine gewisse Selbständigkeit in Anspruch nehmen müsse, dass es aber zweckmässig sein werde, dasselbe dem Ministerium des Innern unterzuordnen, in der Weise, dass dem Director die Sachen als Correferenten zugeschrieben würden, wo es auf statistische Auskunft ankomme, und dass er selbst den Vorträgen beiwohne, um statistische Auskunft geben zu können.

Unterordnung des Bureaus unter das Ministerium des Innern.

Unter dem 10. Juli 1848 wurde die Unterordnung des statistischen Bureaus unter das Ministerium des Innern verfügt. Eine ausdrückliche Festsetzung der Befugnisse desselben erfolgte hierbei nicht; der Plan, welchen Dieterici gehabt, dem Ministerium auch persönlich adjungirt zu werden, wurde nicht ausgeführt, und er behielt so als Director des Bureaus eine freiere Stellung, als er sich selbst bezeichnet hatte. Um so mehr konnte er seine und des Bureaus Thätigkeit von der Einseitigkeit frei halten, welche er seiner Zeit von der Unterordnung unter das Handelsamt mit Recht befürchtete: »dass das statistische Bureau«, sprach Dieterici in einem späteren Berichte aus, »wie in der Zeit, als es unter Herrn von Rönne stand, lediglich oder doch hauptsächlich für handelsstatistische Zwecke arbeite, halte ich für unrichtig: es soll alle Verhältnisse des Staates nach den factisch obwaltenden Umständen in Zahlen und Thatsachen ermitteln und darstellen. Es darf sich nicht auf einen bestimmten Theil der Thätigkeit der Menschen im Staate, wie wichtig diese Thätigkeit auch sei, beschränken. Es ist Landessache, nicht abhängig von dem einen oder anderen Theil der Verwaltung, es umfasst die ganze Verwaltung, es hat und darf nicht haben eine besondere Abhängigkeit, Tendenz, Richtung. Unbefangen sucht es nach Wahrheit in allen staatlichen Beziehungen und will nur diese, abgesehen von jedem besonderen Zweck, sicher und klar ermitteln und feststellen.«

Die Stellung des Bureaus zur Statistik der einzelnen Verwaltungszweige.

Diese Bestimmung festzuhalten wurde schwieriger, als innerhalb der einzelnen Verwaltungszweige das selbständige Bedürfniss zur Fortentwickelung der Statistik sich geltend machte. Diese an sich zu ziehen ging über Dieterici's Absichten hinaus. Das statistische Bureau, sagte er in einem dem Ministerium erstatteten Bericht, lasse nur die der allgemeinen Statistik angehörigen Tabellen aufnehmen. Die Anordnung anderer Tabellen müsse den Fachbehörden bleiben; das statistische Bureau werde nur den Fachbehörden durch das vorgesetzte Ministerium mittheilen, welche derartige Aufnahmen es zu Vergleichungen wünsche. Er wünsche nur, dass die betreffenden Verwaltungschefs die gutachtliche Meinung des statistischen Bureaus erfordern und beachten möchten, damit die Aufnahmen sowohl den Zwecken der Verwaltung entsprächen, als auch zugleich so eingerichtet würden, dass sie, mit den allgemeinen statistischen Tabellen in Verbindung gebracht, der Statistik von ihrem Standpunkte aus mit Nutzen dienen könnten. — Andererseits folgte mit Nothwendigkeit aus Dieterici's Auffassung seiner Stellung, dass er selbst die Aufnahmen innerhalb der einzelnen Verwaltungszweige, soweit sie nach seiner Ansicht der allgemeinen Statistik angehörten, beibehielt und fortzubilden suchte. Es konnte nicht fehlen, dass hierbei die Conflicte entstanden, welche im folgenden Abschnitte näher bezeichnet sind. Dass es Dieterici der selbst gewählten Beschränkungen ungeachtet gelang, dem Bureau die Stellung einer Centralbehörde zu bewahren, verdankt er hauptsächlich dem sachlichen Interesse, wie dem persönlichen Wohlwollen des Decernenten im Ministerium des Innern; das Ministerium hielt es fest, dass die für das statistische Bureau geforderten Notizen keineswegs das Ressort des Fachministeriums allein beträfen: »die statistischen Erhebungen, wenn sie einen Erfolg haben sollten, müssten von einem Centralpunkt aus geleitet werden und in diesen wieder zusammenfliessen«, eben deshalb sei »eine besondere Behörde für die Statistik eingesetzt und diese gerade dem Ministerium des Innern untergeordnet worden.«

Errichtung des meteorologischen Instituts.

Der äussere Bereich der Thätigkeit des Bureaus hatte während der Unterordnung desselben unter das Handelsamt eine wesentliche (zu der letzteren Behörde jedoch in keiner inneren Beziehung stehende) Erweiterung erfahren durch die Errichtung des meteorologischen Instituts. Sie war von Alexander von Humboldt sogleich nach Dieterici's Ernennung in Anregung gebracht worden. »Möge man Ihnen die Mittel gewähren«, schrieb Humboldt am 13. August 1844 an Dieterici, »Ihre Thätigkeit dort zu entfalten! Wie traurig z. B., dass man keine regelmässige, sich in Ihrem Bureau concentrirende Anstalten hat, um in gleichmässiger Form, was für den Ackerbau und die Schiffahrt so wichtig wäre, die mittlere Temperatur der Monate in Pommern etc. zu haben. Zwanzig Barometer, gut vertheilt an sichere Personen, würden merkwürdige Contraste zeigen. An vielen Punkten wird schon beobachtet, aber nicht berechnet, und Alles bleibt in Tagesschriften zerstreut. In welchem Lande spricht man mehr von Wassermangel, Seichtwerden der Flüsse etc., und wo im preussischen Staate wird Regen gemessen. Könnte man Dr. Mahlmann, der vortreffliche Tabellen über Temperatur herausgegeben hat, in Ihrem Bureau für Ihre Zwecke heranziehen, so würde der tüchtige Mann für eine geringe Besoldung zu gewinnen sein.« (Das betreffende Werk Mahlmanns: die mittlere Vertheilung der Wärme auf der Erd-Oberfläche mit Bemerkungen über die Bestimmung der mittleren Temperatur, war 1840 erschienen). Eine Cabinetsordre vom 9. Januar 1846 genehmigte die Errichtung eines mit dem statistischen Bureau zu verbindenden meteorologischen Instituts, sofern es ohne unverhältnissmässige Kosten zweckmässig ins Leben gerufen werden könne. Dr. Mahlmann wurde mit der wissenschaftlichen Einleitung der Sache beauftragt; er bestimmte demnächst die zu Beobachtungen geeigneten Orte mit Rücksicht auf die an denselben befindlichen, zu den Beobachtungen geeigneten Persönlichkeiten, und entwarf im September 1847 eine Instruction für die Beobachter. Der Etat des meteorologischen Instituts wurde, nachdem 1847 3000 Thlr. für die Anschaffung der Instrumente bewilligt waren, durch Cabinetsordre vom 11. October 1847 genehmigt; die Kosten desselben wurden im Ganzen jährlich auf 3000 Thlr. festgestellt, von denen 500 Thlr. für Mahlmann, 400 Thlr. ausserdem für die Bereisung der Stationen, 1500 Thlr. zur Remuneration der Beobachter, 100 Thlr. für einen Hilfsrechner (Schmauch), 300 Thlr. für Erhaltung der Apparate und 200 Thlr. zu Bureaukosten bestimmt waren. Spätere Erhöhungen des Etats sind dadurch eingetreten, dass das Gehalt des wissenschaftlichen Raths seit 1856 auf 800, der Fonds für Remuneration der Beobachter seit 1859 auf 2000 Thlr. angesetzt worden ist.

Das meteorologische Institut wurde in der Weise mit dem statistischen Bureau verbunden, dass von dem Director desselben die Oberaufsicht und die Leitung der geschäftlichen Arbeiten des Bureaus, von dem technischen Rath dagegen die wissenschaftlichen Arbeiten, die Prüfung, Ordnung, Bearbeitung der monatlich eingehenden Beobachtungen, die Bereisung der Stationen und die Vergleichung der dortigen Instrumente mit den Normalinstrumenten übernommen wurden. Nachdem Dr. Mahlmann im December 1848 gestorben war, wurde seine Stellung am meteorologischen Institut dem Professor H. W Dove übertragen. Unter der Leitung desselben hat sich der Wirkungskreis des meteorologischen Instituts allmälig über die Stationen des preussischen Staatsgebietes hinaus erweitert, es haben die in beiden Mecklenburg, Holstein, Oldenburg, Hannover errichteten besonderen Institute, sowie die Stationen zu Lübeck und Frankfurt a. M. unter Annahme der diesseitigen Instruction sich dem Netze der Beobachtungen angeschlossen, welche das meteorologische Institut concentrirt und in umfassendster Weise verwerthet.

Professor Helwing als Hilfsarbeiter für statistische Literatur.

Eine Veränderung in den Personalverhältnissen des statistischen Bureaus war im Jahre 1847 durch den Tod des Geheimen Hofraths Müller eingetreten, dessen Thätigkeit, nachdem bereits unter Hoffmann die Angelegenheiten der Bibliothek dem Planinspector Schmidt übertragen waren, hauptsächlich in der Notirung der in Zeitschriften und Zeitungen mitgetheilten statistischen Nachrichten über auswärtige Staaten in Verzeichnisse, welche den Gegenstand und das betreffende Blatt angaben, bestanden hatte. — Schon bei Müllers Tode glaubte der Präsident Rönne die Berufung des Professors Hanssen (als Dieterici's Hilfsarbeiter und Stellvertreter und zugleich als Professor der Staatswissenschaften) in Aussicht nehmen zu können, was für die damalige Fortentwickelung des Bureaus die höchste Bedeutung gehabt haben würde. Indess hielt man an dem von Hoffmann früher bezeichneten Umfange des Bureaus fest, und suchte nur die durch Müllers Ableben entstandene Lücke auszufüllen; hier war dem Director Dieterici das Anerbieten des Professors Helwing sehr willkommen, die Durchsicht der Literatur für die Zwecke des Bureaus zu übernehmen. Der Professor Helwing wurde als Hilfsarbeiter dem statistischen Bureau zugeordnet und hierdurch für die literarischen Arbeiten des Bureaus eine neue wissenschaftliche Kraft gewonnen.

Der Etat des Bureaus für 1848.

Der Etat des statistischen Bureaus, wie er von den obenangeführten Commissarien für jetzt gebilligt wurde, stellte sich im Jahre 1848 auf 10 990 Thlr. (mit Ausschluss des meteorologischen Instituts), darunter 2 000 Thlr. für den Director einschliesslich seiner Wohnungsmiethe, 2 000 Thlr. für den Geheimen Regierungsrath Engelhardt, 600 ℛ für den Professor Helwing, 1 500 ℛ für den Rechnungsrath Schmauch, welchem die dauernde Zufriedenheit und das unbedingte Zutrauen von Dieterici nun in gleicher Weise, wie vormals von Hoffmanns Seite zu Theil wurde, 1 200 ℛ bez. 950 ℛ für die beiden Planinspectoren, 700 ℛ für den Calculator, 240 ℛ für den Kanzleidiener, und 1 800 ℛ für sächliche Bedürfnisse jeder Art. Mit der Zeit sollte dieser Etat auf einen normalen Stand von 9 040 ℛ ermässigt werden. Es trat jedoch bereits von 1851 ab eine Erhöhung bis auf 12 865 ℛ dadurch ein, dass zur Publication der statistischen Tabellen die jährliche Summe von 2 000 ℛ bewilligt wurde.

Uebertragung der Kalenderverwaltung an das Bureau.

Eine weitere Erhöhung erfolgte 1853 dadurch, dass die Kosten der Kalenderverwaltung auf den Etat des statistischen Bureaus übertragen wurden. Die Commission der zweiten Kammer zur Prüfung des Staatshaushalts-Etats von 1851 hatte die Ansicht ausgesprochen, dass es nicht richtig sei, die Kalender-Deputation wegen der von den Kalendern aufkommenden Gebühren dem Finanzministerium unterzuordnen, die Geschäfte der Kalender-Deputation würden sich um so mehr für das statistische Bureau eignen, als mit demselben das meteorologische Institut verbunden sei, dessen wissenschaftlicher Beirath für den astronomischen Theil des Kalenders würde benutzt werden können. Den Vorschlägen der Commission gemäss empfahl die zweite Kammer, das Kalenderwesen dem statistischen Bureau zu übertragen. Dies geschah durch Eintragung der Ausgaben für die Kalenderverwaltung mit 2 012 ℛ auf den Etat des Bureaus von 1853 ab, während die wirkliche Uebergabe der Geschäfte an das Bureau erst 1867 erfolgte.

Die Rathsstelle für die Topographie geht ein.

Inzwischen hatte bereits durch den im Mai 1854 eingetretenen Tod des Geheimen Raths Engelhardt das statistische Bureau einen Verlust erlitten, welcher nicht nur auf die Aenderung der Personalverhältnisse im Bureau, sondern auch auf die Richtung der Thätigkeit desselben von unmittelbarem Einflusse war. Engelhardts Stelle sollte nun eingezogen werden und ebenso die des älteren Planinspectors eingehen, der im Sommer desselben Jahres pensionirt wurde. Dass indess der Umfang an Arbeitskräften, welchen Hoffmann vor 20 Jahren als für das statistische Bureau ausreichend bezeichnet hatte, auf die Dauer nicht festzuhalten sei, hatte Dieterici in den letzten Jahren nach mehr als einer Seite hin empfunden. So zunächst bei der Herausgabe der Tabellenwerke, bei welcher er jedoch überzeugt blieb, dass die wissenschaftliche Bearbeitung allein in seiner Hand liegen müsse, und er nur der Calculatur- und Kanzleihilfe in höherem Maasse als bisher bedürfe. Bei Engelhardts Abgange suchte er diese zunächst zu erreichen. Als im Juni 1854 der Ministerpräsident der Möglichkeit erwähnte, den Dr. Engel für das preussische statistische Bureau zu gewinnen, lehnte Dieterici diesen Vorschlag unter den anerkennendsten Worten für die Persönlichkeit des Vorgeschlagenen ab: Es sei keine Stelle erledigt, die Topographie werde er (Dieterici) von nun an selbst übernehmen; aber calculatorischer Hilfe bedürfe er für die Herausgabe seines Tabellenwerkes. Er erbat sich zu diesen Arbeiten den Dr. Schneider, der seit 1839 am berliner Polizeipräsidium mit statistischen Arbeiten beschäftigt war, zugleich als meteorologischer Beobachter fungirte, und dessen für das geistliche Ministerium gefertigte Arbeiten über den Einfluss der Witterung auf die Sterblichkeit Humboldts Beifall erhalten hatten.

Erweiterte Thätigkeit in Betreff der Statistik des Auslandes,

Wenige Wochen später ging indess Dieterici nach mündlichen Verhandlungen mit dem Ministerium in seinen Anträgen weiter, da noch zwei andere Bedürfnisse sich geltend gemacht hatten. Die freundlichen Beziehungen, welche zwischen bedeutenden Statistikern des Auslandes und dem verstorbenen Hoffmann bestanden hatten, die hohe Achtung, welche unter ihm das statistische Bureau genoss, waren auf seinen Nachfolger übergegangen. Es hatte sich ein reger Verkehr mit auswärtigen Statistikern und Bureau's entwickelt; durch das auswärtige Departement gingen dem Bureau zahlreiche Bücher und Nachrichten aus der Statistik auswärtiger Staaten zu; es war die Nothwendigkeit hervorgetreten und bereits im Anfange 1853 von Dieterici geltend gemacht, dass das Material der auswärtigen Statistik geordnet, vervollständigt und für die Zwecke des Bureaus nutzbar gemacht werde. Dieterici hatte dies dem vom Ministerium des Innern in der Zeit vom November 1852 bis Juli 1855 dem Bureau (auf Kosten des Ministeriums) überwiesenen Regierungsassessor Böckh übertragen. — Gleichzeitig war es noch eine andere Richtung, für welche Dieterici die Nothwendigkeit einer Hilfe anerkannte: »Die Förderung der Provinzial-, Kreis- und Localstatistik, deren Kenntniss bei dem steigenden Nationalwohlstande und der Thätigkeit in der Gesetzgebung und der Verwaltung sich immer mehr als nothwendig herausgestellt habe. Dieser Zweig der Statistik sollte nicht allein bei den Regierungen künftig besser als bisher bearbeitet werden, sondern er sollte auch

und der Provinzial-Statistik.

vom statistischen Bureau selbst in umfassender Weise geleitet werden: Das statistische Bureau, schrieb Dieterici, entwerfe einen Plan für alle Regierungen, wie die statistisch-topographischen Beschreibungen zunächst der Regierungsbezirke, dann der einzelnen Kreise und Communen gefertigt werden müssen; ein eigener Rath bearbeite neben seinem Decernat die statistischen Sachen, prüfe die Tabellen und sorge für eine ordentliche topographisch-statistische Beschreibung des Bezirks (in einem Berichte vom 6. Mai 1858 führte er die Nothwendigkeit der Bestellung besonderer statistischer Decernenten weiter aus); wo schon gute Statistiken vorhanden sind, ist es dabei zu belassen; die Regierung begünstige und rege an zu Privatvereinen für die Statistik, benutze diese zur Prüfung der amtlich einzufordernden Tabellen, und unterstütze sie bei Herausgabe ihrer Arbeiten (so hatte sich Dieterici bereits für den Verein für pommersche Statistik, bei dem der Regierungsassessor Zitelmann thätig war, interessirt). Dieterici erklärte nun, bei der beabsichtigten Ausdehnung der Arbeiten des statistischen Bureaus auf die Statistik der Provinzen sei die Ernennung eines Raths bei demselben wünschenswerth: und würde ihm künftig selbst die Bearbeitung der auswärtigen Statistik wieder zufallen, so wäre ihm höchst wünschenswerth, bei diesem sehr umfangreichen und mühevollen Theile der Statistik der Hilfe eines wissenschaftlich gebildeten Beamten sich erfreuen zu können; er bedürfe nicht eines Statistikers von Fach, sondern eines geübten Geschäftsmannes, der zugleich ein allgemein wissenschaftlich gebildeter Mann sei.

Anstellung des Geh. Raths Graffunder bei dem Bureau.

So wurde, von dem Minister persönlich vorgeschlagen und in völliger Uebereinstimmung mit Dieterici's Wünschen, der Regierungs- und Schulrath Graffunder aus Erfurt an das statistische Bureau versetzt und zum Geheimen Regierungsrath und vortragenden Rath ernannt. Graffunder war seitdem Dieterici's Hilfsarbeiter nicht nur auf dem Gebiet der provinzialen und der auswärtigen Statistik, sondern auch bei zahlreichen wichtigen Fragen der allgemeinen Landesstatistik des preussischen Staates und in den besonderen Angelegenheiten des Bureaus; er fungirte zeitweise zugleich im Ministerium des Innern.

Das statistische Decernat bei den Regierungen.

Die Herstellung des statistischen Decernats bei den Regierungen kam zu Dieterici's Zeit erst in den zwei Bezirken Potsdam und Frankfurt zu Stande. Dieterici hielt dies nicht für ausreichend: »Sollen die statistischen Aufnahmen im Allgemeinen«, schrieb er am 26. Juli 1859, »und die gewerblichen Notizen insbesondere den Grad von Zuverlässigkeit haben, den ihre Benutzung für Verwaltungszwecke, Publication und Wissenschaft erfordert, so ist es unerlässlich, dass bei jeder Regierung einem Mitgliede das Decernat in allen statistischen Angelegenheiten übertragen werde, das die dazu erforderliche allgemeine Landeskenntniss und besondere Befähigung zu statistischen Arbeiten besitzt.«

Die Geschäfte der Kalenderverwaltung.

Als besonderes Decernat waren dem Geheimen Rath Graffunder ferner die Angelegenheiten der Kalenderverwaltung übertragen. Sie bestehen darin, dass das statistische Bureau für die im preussischen Staat erscheinenden Kalender zu redigiren hat: den astronomischen Theil des Kalenders, zu welchem die Angaben (nach der Lage des betreffenden Ortes) von dem Director der Sternwarte geliefert werden, — das Jahrmarkts-Verzeichniss, zu welchem die Nachrichten von den Regierungen geliefert werden, — und die genealogischen Nachrichten der regierenden fürstlichen Häuser, welche nach officiellen Mittheilungen aufgestellt werden.

Personal- und Etats-Verhältnisse des Bureaus 1859.

Nachdem in dieser Weise der Kreis der Thätigkeit des statistischen Bureaus erweitert war, bestand das Personal desselben in der letzten Zeit von Dieterici's Direction (im Jahre 1859) aus dem Director, dem vortragenden Rath (mit 2 000 Thlr Gehalt), dem wissenschaftlichen Rath des meteorologischen Instituts, dem Director der Sternwarte in seiner Mitwirkung für die Kalenderverwaltung (mit 500 Thlr Gehalt), dem Professor Helwing, dem Geheimen Rechnungsrath Schmauch (1 000 Thlr), dem Plankammer-Inspector Schmidt (1 200 Thlr), zwei Calculatoren, Schneider und Böttner (jeder mit 800 Thlr Gehalt), dem Kartenzeichner Nowack (600 Thlr), zwei Kanzleisecretären, Keyser und Wohlgemuth (jeder mit 400 Thlr) und dem Kanzleidiener (240 Thlr). In demselben Jahre war auch der Geheime Regierungsrath Hahn beim statistischen Bureau als Hilfsarbeiter beschäftigt. — Der Etat des Bureaus belief sich für 1859 (mit Einschluss der 3 800 Thlr für das meteorologische Institut) auf 19 610 Thlr. In demselben nicht begriffen waren, wie oben erwähnt, die Kosten für die Herstellung der Tabellenformulare, welche sich in Dieterici's Zeit für jede dreijährige Periode durchschnittlich auf 2 563 Thlr beliefen, und aus dem Bedürfnissfonds der Regierungen bestritten wurden; ebensowenig die Aufwendungen des Finanzministeriums für das Zählungspersonal und die mit Nachrevisionen bei den Zählungen beauftragten Beamten, welche bei den Aufnahmen von 1858 7 170 Thlr betragen haben.

Dieterici's Bestrebungen für die deutsche Statistik.

Wie bei dem meteorologischen Institut sich einzelne deutsche Staaten dem preussischen System der Beobachtungen angeschlossen hatten, so war es Dieterici's lebhafter Wunsch, dass auch die preussischen statistischen Einrichtungen in anderen deutschen Staaten Aufnahme finden und die diesseitigen Formulare dort zur Anwendung gebracht werden möchten. Die Schwierigkeit, für das Zollvereins-Gebiet auf gleichmässige statistische Materialien seine Betrachtungen zu gründen, hatte er bei seinen Arbeiten fortdauernd empfunden. So begrüsste er es mit Freuden, als an das statistische Bureau aus zwei deutschen Staaten Beamte in der Absicht gingen, die hiesigen Einrichtungen zu studiren, um dieselben dann in ihrer Heimath einzuführen; und im Jahre 1850 hatte Dieterici durch Vermittelung des Ministeriums bei dem Verwaltungsrath der deutschen Union den Antrag gestellt, dass die statistischen Nachrichten in den verbundenen Staaten nach gleichen Formularen aufgenommen werden möchten.

Dieterici's Stellung zu den internationalen statistischen Congressen.

Nicht in gleichem Maasse widmete sich Dieterici den Bestrebungen, welche die gleichmässige Behandlung der Statistik in allen Ländern auf den internationalen Congressen zum Ziele hatten. »Der allgemeine Gedanke«, schrieb er, als er die erste Aufforderung zum Besuch des brüsseler Congresses erhalten hatte, »dass die Art der statistischen Aufnahmen, der Formulare, der Schemata in allen Ländern möglichst gleichartig sei, ist gewiss zweckmässig und lobenswerth; ich bin indess der Meinung, dass sich diese Gleichförmigkeit nur auf die Hauptkategorien beziehen kann, manche Detailausführung in der That jedem Lande nach seiner besonderen Entwickelung überlassen werden muss.« »Ueberhaupt bin ich zweifelhaft, ob ich auf Aenderung unserer Formulare werde eingehen können, da dieselben grösstentheils seit vielen Jahren feststehen, und die ausführenden Beamten auf solche eingeübt sind, ausserdem Veränderungen in diesen Tabellen die Vergleichung der Zustände des preussischen Staates aus früherer Zeit gegen die jetzigen Verhältnisse erschweren und vielleicht unmöglich machen könnten.« So war es Dieterici's eigener Wunsch, durch seine Aeusserungen die Regierung nicht binden zu dürfen, und dem entsprach es, dass er sich nach Brüssel mit dem Auftrage schicken liess, als Director des statistischen Bureaus an den Debatten und Berathungen, und als Gelehrter an den etwaigen Beschlüssen Theil zu nehmen. Dass er indess die Congress-Berathungen und -Beschlüsse nicht auf einen engen Kreis beschränkt sehen wollte, geht aus seinem Berichte über den pariser Congress hervor, in dem er eine grössere Anzahl von Fragen (unter andern über die Zustände der arbeitenden Classen, über die Armenpflege) namhaft machte, welche er wünschte auf einem statistischen Congresse erörtert zu sehen. — Aber wenn es auch nicht seinen Ansichten entsprach, den Beschlüssen der Congresse über die verschiedenen Zweige der Statistik volle praktische Anerkennung in den einzelnen Staaten zu verschaffen, so hat er umsomehr die ideelle Bedeutung der Congresse erkannt: »Im Allgemeinen habe ich doch die Ueberzeugung«, schrieb er nach dem brüsseler Congresse, »dass die Zusammenberufung des Congresses, wie wenig ich davon vorher erwartete, eine wichtige Erscheinung gewesen ist, und von guten Folgen sein wird. Das ethische Bewusstsein von den Fortschritten der Völker, ja der Menschheit durch Wohlstand und in sittlicher Richtung, das Princip einer edlen Humanität war das vorherrschende in der Versammlung, wie verschieden die Mitglieder nach Vaterland, Religion, persönlicher Stellung im Leben auch sein mochten. Männer aus allen Gegenden Europas, die sich in solchen Bestrebungen zusammenfinden, führen unbewusst, glaube ich, die Bildung und Entwickelung des Menschengeschlechtes weiter.«

2. Der Umfang der amtlichen statistischen Aufnahmen während Dieterici's Direction.

Die meteorologischen Beobachtungen.

Dem Wirkungskreise des statistischen Bureaus war durch die Einrichtung des meteorologischen Instituts die Aufgabe der Leitung, Sammlung und Verarbeitung der von den meteorologischen Beobachtern zu erstattenden monatlichen Berichte hinzugetreten. Diese Beobachtungen hatten theilweise mit dem December 1847, meist mit dem Januar 1848 auf den ausgesuchten Stationen begonnen, sie wurden zum grössten Theile regelmässig fortgesetzt. In der Mitte des Jahres 1859 waren im preussischen Staate 40 Stationen in Thätigkeit (fünf waren inzwischen eingegangen) und ausserdem wurden auf dem Bureau die Beobachtungen von 20 Stationen, welche anderen deutschen Staaten angehörten, concentrirt. Für die Beobachtungen waren als Instrumente: Barometer, Psychrometer, Thermometer, Regenmesser und Windfahne vorgeschrieben. Den Umfang der Beobachtungen ergeben die Tabellen, welche von dem Bureau veröffentlicht wurden; sie erstrecken sich regelmässig auf die Tagesmittel, die Maxima und Minima der Wärme und des Luftdruckes, ferner bei einer grossen Zahl von Stationen auf die Dunstspannung, die Regenmenge, bei einzelnen Stationen auf die Erdwärme, die Zahl der Regen- etc. Tage und den Zusammenhang der Witterungsverhältnisse mit der Entwickelung der Pflanzen.

Kartographische Arbeiten.

Die Thätigkeit der topographischen Abtheilung in Betreff der Nachtragung auf den Karten und Einziehung und Benutzung der erforderlichen Nachrichten blieb die frühere; seit 1848 trat das Bureau zu der Thätigkeit des topographischen Bureaus des Generalstabes dadurch in Beziehung, dass es für den letzteren die Controle und Vervollständigung der Angaben auf einer Anzahl von Sectionen von der Provinz Schlesien vermittelte. Bei den Verhandlungen, welche in Folge der Denkschrift des Generals Bayer wegen Anfertigung einer guten Karte von den östlichen Provinzen stattfanden, wurde Dieterici zugezogen, und trat den Ausführungen des ersteren in Betreff der Unsicherheit der vorhandenen Vermessungen und der Nothwendigkeit der Erneuerung sowohl der Vermessung als der Kartirung nach den von dem General Bayer bezeichneten Principien in dem von ihm erstatteten Promemoria bei. — Die Herausgabe von Karten wurde von Seiten des statistischen Bureaus in dieser Zeit nicht mehr unternommen; der auf dem Bureau thätige Conducteur Nowack gab unter Benutzung der Sammlungen des Bureaus Karten von den brandenburgischen Bezirken (schon vorher von den Bezirken der Provinz Posen, später auch von denen der Provinz Sachsen) heraus.

Topographien.

Topographien (Ortschaftsverzeichnisse) erschienen während der ersten Jahre von Dieterici's Direction noch in Folge der durch die Verordnung von 1841 gegebenen Anregung für die Bezirke Posen, Minden, Cöln, Münster, Cöslin, Liegnitz (vom Regierungsrath von Tettau), Stralsund (im pommerschen Provinzialkalender), Erfurt, Königsberg (vom Regierungsrath Schlott) und Danzig (letzteres mit vielen Specialangaben für die einzelnen Ortschaften). Ein bedeutendes Werk auf diesem Gebiete ist die Beschreibung des Regierungsbezirks Trier, welche von dem Regierungsrath Bärsch in zwei Theilen, dem topographischen (1846) und dem historisch-geographisch-statistischen (1849) herausgegeben wurde. Bis 1859 erschienen ferner die topographischen Ortschaftsverzeichnisse für die Bezirke Aachen, Merseburg, Arnsberg, Stralsund und Marienwerder (das letztere herausgegeben von der dortigen Ober-Postdirection). Dieterici's Bemühung, ein allgemeines Ortschaftsverzeichniss vom preussischen Staate bearbeiten zu lassen, wozu besondere Mittel bereits 1845 bewilligt, und gutachtliche Aeusserungen in Betreff der aufzunehmenden Nachrichten von den einzelnen Ministerien eingezogen waren, wurde nach zwei Jahren aufgegeben.

Kreisbeschreibungen.

Dagegen wurde die Bearbeitung von Kreisstatistiken in dieser Zeit aufs Neue in Anregung gebracht. Einzelne Kreisbeschreibungen waren in der Zwischenzeit herausgegeben worden, aber erst die von dem Kreisdeputirten Gribel bearbeitete Statistik des bütower Kreises gab die Veranlassung, dass nach Vortrag des statistischen Bureaus durch allgemeine Anordnung des Ministers des Innern die Circularverfügung von 1828 erneuert und den Landräthen vorgeschrieben wurde, eine solche Darstellung der statistischen Verhältnisse und allseitigen Entwickelung der Kreise mindestens von drei zu drei Jahren im Anschluss an die amtlichen statistischen Aufnahmen zu liefern.

Die Uebersicht der Wohnplätze.

Da die Topographien, wie oben erwähnt, zu sehr verschiedener Zeit erschienen und erneuert worden waren, für die statistische Tabelle aber nur die gesonderte Angabe für jeden Kreis und für jede Stadt bestimmt worden war, so fehlte dem statistischen Bureau die genügende Kenntniss der Vertheilung der Wohnplätze und der Bevölkerung auf dem platten Lande. Dem abzuhelfen, zog Dieterici bei den Aufnahmen von 1849 (und dann ebenso für 1852 und 1855) eine Uebersicht der verschiedenen Wohnplätze ein, in welcher für das platte Land jedes Kreises die Zahl der Flecken, die der Dörfer, die der Vorwerke, die der Colonien und Weiler, und die der einzeln gelegenen Etablissements angegeben, und ausserdem für jede dieser fünf Kategorien von Wohnplätzen die Zahl der Häuser (nach den in der statistischen Tabelle unterschiedenen Rubriken) und die Bevölkerungszahl eingetragen werden sollte. Seit 1858 liess Dieterici diese Uebersichten so aufstellen, dass für jeden einzelnen Wohnplatz (jede bebaute Wohnlichkeit, welche einen eigenen Namen führt) die Angaben gesondert erstattet wurden, so dass dieselben nun zugleich zur Controle der Karten und topographischen Ortschaftsverzeichnisse benutzt werden konnten.

Aenderungen in der statistischen Tabelle.

Die statistische Tabelle blieb hinsichtlich der Angaben von den Gebäuden während Dieterici's Direction unverändert, — ebenso in Betreff des Viehstandes (die hier gewonnenen Angaben wurden im Jahre

1846 als Maassstab zur Vertheilung der Entschädigungssummen für Aufhebung des Abdeckereizwanges benutzt). Bei den Angaben von der Bevölkerung führte Dieterici von 1852 ab ein, dass auch die Aufnahme der Militärbevölkerung nur alle drei Jahre (zugleich mit der der übrigen Bevölkerung) zu erfolgen brauchte. Eine Aenderung in Betreff der zu unterscheidenden Altersclassen trat 1846 ein, indem auf Anordnung des Ministers an Stelle des vollendeten 20. bez. 25. Jahres das 19. bez. 24. Jahr gesetzt wurde; 1858 wurden die Altersclassen für das weibliche Geschlecht von Dieterici in gleicher Weise wie die für das männliche Geschlecht (5, 7, 14, 16, 19, 24, 32, 39, 45, 60 Jahr und darüber) specialisirt. Vom Jahre 1846 ab wurde die Angabe der Zahl der Familien oder Haushaltungen in der Tabelle hinzugefügt, da dieselbe für die von allen Zollvereins-Staaten aufzunehmende Bevölkerungsnachweisung erfordert wurde.

Instruction der Ministerien des Innern und der Finanzen für die Zählung von 1846.

In Betreff der Grundsätze, nach welchen die Zählung von den Ortspolizei-Behörden ausgeführt und von den Regierungen geleitet werden sollte, waren, wie oben erwähnt, von den Ministerien der Finanzen und des Innern bereits 1840 und 1843 Bestimmungen getroffen worden. Dies geschah auch für das Jahr 1846, und es wurde bei dieser Zählung eine eingehende Instruction ertheilt, wer an jedem Orte zu zählen sei. (Die Grundsätze sind dieselben, welche für den ganzen Zollverein verabredet sind, nämlich der Hauptsache nach die folgenden: Alle Personen werden als Einwohner des Ortes eingetragen, in welchem sie sich zur Zählungszeit dauernd oder vorübergehend aufhalten; Ausnahmen hiervon finden statt in Betreff der als Fremde in Gasthöfen und der als Gäste zum Besuch in Familien anwesenden Personen, und andererseits werden solche Inländer, welche zur Zählungszeit auf Reisen abwesend sind, dennoch als Einwohner ihres gesetzlichen Wohnortes eingetragen. Besondere Bestimmungen in Betreff des Ortes, wo die auf Reisen befindlichen inländischen und ausländischen Schiffer zu zählen sind, sind in den Jahren 1852 und 1858 getroffen worden. Ausserdem bestehen Specialbestimmungen hinsichtlich der Militärbevölkerung, deren Zählung von den Militärbehörden ressortirt). — Den Regierungen wurden durch dieselbe Instruction bestimmte Förmlichkeiten in Betreff der Aufstellung der Urliste vorgeschrieben; es wurden hinsichtlich der Auswahl und Annahme von Zählern Bestimmungen getroffen; die Zeit der Zählung wurde auf den 3. December, die Dauer auf höchstens 3 Tage festgesetzt, für grössere Städte längere Frist gestattet (diese Vorschrift wurde 1849 dahin abgeändert, dass die Zählung überall in einem Tage, in volkreichen Städten aber innerhalb dreier Tage vollendet werden sollte). In den grösseren Städten wurde gestattet, Formulare zur eigenen Einrückung der am Zählungstage zum Hausstande gehörigen Personen an alle selbständigen Ortseinwohner zu vertheilen, welche am Zählungstage durch die hierzu bestimmten Beamten abgeholt, geprüft und berichtigt werden sollten; die Revision und Berichtigung der Zählungsergebnisse sollte bis Ende December ausgeführt werden (nach Bestimmung von 1858 bis Ende Januar folgenden Jahres, — ferner wurden von 1855 ab für Beamte, welche sich bei dem Zählungs- und Revisionsgeschäfte auszeichneten, Gratificationen in Aussicht gestellt). — Der Präsident des Handelsamtes fand in dem Erlass der

Verhandlungen über das Ressortverhältniss.

Instruction für die Volkszählung eine Beeinträchtigung seines Ressorts; er wies darauf hin, dass für die Gewerbetabelle das Formular in Uebereinstimmung mit den betheiligten Ministerien festgestellt, dann aber die Instruction vom statistischen Bureau erlassen worden sei, und wünschte, dass dies Verfahren in Zukunft auch in Bezug auf die Bevölkerungstabelle beobachtet und dem Bureau mit der Sammlung der betreffenden Nachrichten auch die Anweisung an die Provinzialbehörden überlassen werden möchte. Dieser Wunsch wurde nicht erfüllt, von Seiten der Minister wurde das unmittelbare Interesse der Staatsverwaltung an dem richtigen Ausfall der Zählung betont: die Erlangung eines richtigen Resultats werde eher zu erwarten sein, wenn gerade diejenigen Minister, in deren Händen die Disciplinargewalt über alle bei dem Geschäft betheiligte Beamte gelegt sei, die zu befolgenden Vorschriften unmittelbar erliessen und deren Befolgung überwachten.

Verhandlungen und Anordnungen für die Zählungen von 1855 und 1858.

Auch bei den folgenden Zählungen suchten beide Ministerien durch unmittelbare Anweisungen an die Regierungen die Erlangung besserer Resultate herbeizuführen. Nach der Zählung von 1852 wurden sämmtliche Regierungen zu gutachtlichen Berichten über die dabei in Betracht kommenden Fragen aufgefordert; diese Berichte wurden nach Anhörung der Landräthe erstattet, ihr wesentlicher Inhalt ist Seite 173, 175, 177 des ersten Jahrganges der Zeitschrift des statistischen Bureaus angegeben. Nach Durchsicht derselben gab auch Dieterici sein Gutachten ab; in den Zählungsvorschriften wurde jedoch nichts Wesentliches geändert. — Zwei Jahre später wiederum zur gutachtlichen Aeusserung aufgefordert, kam Dieterici auf Hoffmanns Vorschläge wegen Anlegung fortlaufender Einwohnerlisten zurück, und führte dabei aus, dass es nicht nothwendig sei, wie Hoffmann verlangt habe, die Anlegung derselben überall gleichzeitig unter Vornahme einer genauen Zählung zu veranlassen. Das Finanzministerium sprach sich jedoch gegen die Einrichtung von Volks- oder Seelenlisten aus, indem es Bezug darauf nahm, dass in Berlin, wo eine Behörde zur Führung derartiger Listen seit 1836 bestand, sich diese Einrichtung nicht bewährt hätte, indem im Vertrauen auf die Richtigkeit der bei dieser Behörde geführten Listen die Zählung vernachlässigt und ein weniger günstiges Resultat erreicht worden sei.

Die Resultate der Urlisten von 1855 und theilweise diese selbst waren inzwischen auf dem Finanzministerium einer speciellen Prüfung unterworfen und zahlreiche nachträgliche Ermittelungen veranlasst worden. Es wurde nun für die Zählung von 1858 die frühere Instruction von Seiten des Finanzministeriums ergänzt, die Regierungen wurden auf einzelne Kategorien der Bevölkerung hingewiesen, welche bisher besonders unvollständig aufgenommen waren. Auch die Einrichtung der Urliste wurde verändert; es wurden drei Spalten für die Religion zur Unterscheidung der Evangelischen, der Katholiken, der Juden mit und ohne Staatsbürger-Recht eingerichtet; es wurde bestimmt, dass in der Spalte Stand und Gewerbe bei den Frauen der Civilstand (verheirathet oder verwittwet), bei den Kindern die eheliche oder uneheliche Geburt eingetragen werden sollte u. s. w.; am Schluss der Liste sollte der Zugang und Abgang an bewohnten Grundstücken seit der vorigen Zählung vermerkt werden.

Aufnahmen über die Religionsverschiedenheit, die Dissidenten-Nachweisung.

In Betreff der Religionsverschiedenheiten der Einwohner hatte Dieterici es bei der bisherigen Einrichtung der statistischen Tabelle gelassen, und nur nach dem Zustandekommen der Verfassung die Unterscheidung der Juden ohne Staatsbürgerrecht beseitigt; indess schienen die Colonnen derselben, seit das Gesetz von 1847 über den Austritt der Dissidenten aus der evangelischen Landeskirche und der katholischen Kirche Bestimmung getroffen hatte, den thatsächlichen Verhältnissen nicht mehr zu entsprechen. Bereits 1846 waren die Regierungen aufgefordert worden, in einer besonderen Nachweisung die Dissidenten-Gemeinden, die Zahl ihrer Mitglieder, ihrer Seelsorger und Schulen anzugeben, und ob ihnen der Mitgebrauch einer Kirche gestattet sei. — Ein Staatsministerial-Beschluss von 1848 bestimmte, dass die Einforderung von Nachrichten über die Confessions-Verhältnisse sistirt werden sollte; auf die Nachrichten in der statistischen Tabelle fand derselbe jedoch keine Anwendung. Durch Cabinetsordre vom 8. November 1853 wurde dieser Beschluss beseitigt und der Wunsch ausgesprochen, dass auf die Confessions-Verhältnisse bezügliche Nachrichten in möglichster Vollständigkeit eingezogen werden möchten. Dieterici, zum Bericht aufgefordert, bezeichnete hierauf verschiedene Verhältnisse, in Betreff deren nach den Confessionen getrennte statistische Nachrichten wünschenswerth sein möchten. — Zunächst wurde bei den Aufnahmen von 1855 wieder eine Nachweisung der Dissidenten und Separatisten nach einem bestimmten Schema eingefordert (Zahl und Art der Sectirer an jedem Orte, gottesdienstliche Versammlungsorte und Einrichtungen, Name und Wohnort der Seelsorger, Bemerkungen über die Ausdehnung der Secte); in die Nachweisung sollten aufgenommen werden: Herrnhuter, Niederländisch-Reformirte, lutherische nach der Generalconcession bestehende Gemeinden, andere lutherische Sectirer, Irvingianer, Baptisten, durch gerichtliche Erklärung aus der evangelischen oder katholischen Kirche ausgeschiedene und keiner staatlich anerkannten Gemeinde beigetretene Dissidenten, — Muhamedaner. Die Aufnahme dieser Nachweisung wurde auch weiterhin beibehalten; für die statistische Tabelle aber wurde durch königliche Ordre bestimmt, dass die Freigemeindler u. s. w. und die Muhamedaner in der statistischen Tabelle eine besondere Colonne erhalten sollten. Nachdem das Cultusministerium erklärt, dass die übrigen oben angeführten Secten den evangelischen Christen beizuzählen seien, wurde in der statistischen Tabelle eine Colonne für die Mitglieder der freien Gemeinden und Deutschkatholiken eingerichtet, mit der Bemerkung, dass hierhin alle diejenigen zu rechnen seien, welche gerichtlich ihren Austritt aus einem der anerkannten Religionsverbände erklärt hätten. — Die Aufnahme der Tabelle der persönlichen und gewerblichen Verhältnisse der Juden wurde bei den dreijährigen Zählungen regelmässig beibehalten.

Die Sprachverschiedenheit.

Ermittelungen über die Sprachverschiedenheit der Einwohner hatte Dieterici nicht veranlasst, sie wurden jedoch in verschiedenen Bezirken auf H. Berghaus' Betrieb fortgesetzt. In der damaligen Zeitlage wünschte Dieterici solche Aufnahmen nicht, sie würden nur Verwirrung herbeiführen; und als er im Jahre 1852 erfuhr, dass solche in der Provinz Preussen ausgeführt würden, suchte er dieselben sogar abzustellen. Die Hauptresultate für 1846 und 1849 wurden indess in der preussischen Zeitung durch H. Berghaus veröffentlicht; auch 1852 kamen die Aufnahmen in vier Bezirken zur Ausführung; 1858 forderte Dieterici die einzelnen Regierungen selbst auf, Ermittelungen über die Zahl der Einwohner von anderer als deutscher Abstammung und Nationalität anzustellen, sowie er auch die Zahl der in besonderen Gemeindeverbänden verbliebenen französischen Colonisten zu erfahren wünschte.

Tabellen der Aus- und Einwanderung.

Zur Kenntniss der Bewegung der Bevölkerung durch Aus- und Einwanderung brachte Dieterici kurz nach dem Antritt der Direction ein Formular in Vorschlag. Dasselbe unterschied die Aus- bez. Einwandernden nach dem Geschlecht und Alter (über oder unter 14 Jahr), und enthielt die Werthangabe des Vermögens der Ein- bez. Ausgewanderten; von den letzteren sollten die über See gegangenen getrennt angegeben werden unter Bezeichnung des Zieles der Auswanderung. Dieses Formular kam vom 1. October 1844 ab alljährlich zur Anwendung; seit 1855 wurde der Abschluss der Nachweisung auf den Jahresanfang verlegt und auf Veranlassung des Handelsministeriums besondere Nachricht in Betreff der Zahl der von Auswanderungs-Agenten beförderten Personen eingezogen. Die Nachweisung begriff nur diejenigen Einwanderer, welche Naturalisations-Urkunden erhalten hatten, und nur diejenigen Auswanderer, welche aus dem Staatsverbande entlassen waren; mit der Zeit erschien es nicht unwichtig, auch die Zahl der ohne Entlassungsurkunden Ausgewanderten zu erfahren und es wurden von 1857 ab der Nachweisung besondere Spalten für die Zahl dieser Personen (und speciell der darunter befindlichen Militärpflichtigen) hinzugefügt.

Die Bevölkerungsliste.

Die Bevölkerungsliste der Geburten, Trauungen und Sterbefälle blieb zu Dieterici's Zeit im wesentlichen unverändert. Für das Verfahren bei der Sammlung des Materials wurden jedoch im Mai 1848 neue Bestimmungen getroffen, nachdem durch Gesetze vom vorhergegangenen Jahre die Eintragung der Geburten, Ehen und Sterbefälle der Juden und der christlichen Dissidenten den Gerichten übertragen worden war. — In einer Beziehung aber stellte sich immer mehr das Ungenügende der Einrichtung der Bevölkerungslisten für wissenschaftliche Zwecke heraus, in Betreff der Todesursachen. Seit längerer Zeit war vom Polizeipräsidium der Stadt Berlin die Anordnung getroffen, dass die Todesursachen von den Aerzten in den Todtenscheinen angegeben und diese Angaben auf dem Einwohner-Meldeamt zusammengestellt wurden, es hatte sich hierdurch eine Nomenclatur von Todesursachen gebildet. Im Jahre 1842 reichte der bei dem Einwohner-Meldeamte beschäftigte Secretär Schneider dem Ministerium der geistlichen Angelegenheiten eine Zusammenstellung ein, in welcher zugleich der Einfluss der Witterung auf das Eintreten der einzelnen Todesursachen dargestellt war. Im Auftrage des Ministeriums wurden diese Zusammenstellungen seitdem alljährlich weiter eingereicht. Schönlein und A. v. Humboldt interessirten sich für dieselben, und Humboldt wünschte, dass auf diese Weise eine medicinisch-meteorologische Statistik von Berlin zu Stande gebracht werden möchte: »Athmen und Sterben«, schrieb der letztere, »hängen genau zusammen, und die Wohnungszustände der Arbeiter wirken wie meteorologische Elemente.« Veröffentlicht wurden diese Arbeiten nicht; nur als im Jahre 1843 das statistische Amt des Polizeipräsidiums errichtet wurde und dieses Amt Jahresberichte für 1852, 1853 und 1854 herausgab, welche die verschiedenen über Verhältnisse der Stadt Berlin vorhandenen statistischen Nachrichten, mit besonderer Ausführlichkeit aber die zu dem Medicinalwesen in Beziehung stehenden Nachweisungen enthielten, wurden Tabellen über die Zahl der Gestorbenen nach den einzelnen Todesursachen, dem Alter u. s. w. für die betreffenden Jahre mitgetheilt.

Die Nomenclatur der Todesursachen bei dem statistischen Amt zu Berlin.

Verhandlungen mit dem Cultusministerium wegen Verbesserung der Medicinal-Statistik.

Nach Dr. Schneider's Uebernahme an das statistische Bureau schlug das Ministerium des Innern vor, dass jetzt die Thätigkeit des Bureaus auf dem Gebiete der Medicinalstatistik erweitert werden möchte und veranlasste zu diesem Zwecke im April 1855 eine Conferenz zwischen den Vertretern der Medicinalabtheilung des Cultusministeriums und den Räthen des statistischen Bureaus. In dieser Conferenz wurde beschlossen, dass die Schneider'schen Tafeln über die Sterblichkeitsverhältnisse in Verbindung mit den Witterungsverhältnissen der Stadt Berlin fortgesetzt werden sollten, dagegen wurde die Bevölkerungsliste in der bisherigen Art gebilligt, und nur die Bezeichnung einiger Colonnen derselben in einer der heutigen medicinischen Terminologie besser entsprechenden Weise abgeändert. Als im folgenden Jahre auf's Neue die weitere Ausbildung der Sterblichkeitsstatistik durch das statistische Bureau in Anregung gebracht war, sprach Dieterici den Wunsch aus, dass die sanitätisch-meteorologischen Arbeiten unter die unmittelbare Leitung der bedeutendsten Aerzte der Medicinal-Deputation gestellt und gänzlich der Medicinal-Abtheilung des Ministeriums überwiesen werden möchten. Das statistische Bureau könne nur die Hauptresultate in seine Tabellen aufnehmen, Special-Untersuchungen hätten weniger ein statistisches, als ein medicinisches Interesse.

Indess wurde bald darauf in Folge der Bestrebungen des Dr. Benecke für die Herstellung einer gleichmässigen Mortalitätsstatistik diese Frage vom Ministerium wieder aufgenommen und das Gutachten der wissenschaftlichen Medicinal-Deputation über die verschiedenen vorliegenden Classificationen der Todesursachen erfordert. Dieses Gutachten vom 31. März 1858 ist Seite 327 bis 331 des ersten Jahrganges der Zeitschrift des statistischen Bureaus abgedruckt. Es ging im wesentlichen dahin, dass ein neues Schema, in welchem 76 Todesursachen mit Unterordnung unter 10 der Bevölkerungsliste entnommene Hauptrubriken unterschieden waren, für das berliner statistische Jahrbuch in Vorschlag gebracht wurde. Diese 10 Hauptrubriken, durch welche die bisherige Einrichtung des betreffenden Theils der Bevölkerungsliste etwas modificirt wurde, sind folgende: todtgeboren (1.), — durch Lebensschwäche bald nach der Geburt gestorben (2., neu), — Altersschwäche (3.), — Tod durch äussere Gewalt (4. bis 7., Unterabtheilungen: Selbstmord, Mord und Todtschlag, Hinrichtung, allerlei Unglücksfälle), — Tod in der Schwangerschaft und im Kindbett (8. bis 11.), — Tod durch innere acute Krankheiten (12. bis 38., darunter in der Bevölkerungsliste besonders anzugeben: Pocken und Wasserscheu), — Tod durch innere chronische Krankheiten (39. bis 62.), — Tod durch einen plötzlichen Krankheitsanfall (63. bis 66.), — Tod durch äussere Krankheiten (67. bis 75.), — Tod durch unbestimmte Krankheiten (76.). Die Deputation erklärte hierbei, dass sie das nach 76 Todesursachen aufgestellte oder irgend ein ähnlich detaillirtes Schema zur Aufnahme der Sterblichkeitsverhältnisse im ganzen Lande nicht empfehlen könne; höchstens in grösseren Städten werde die Ermittelung der speciellen Todesursachen zu wissenschaftlichen Zwecken mit einem der Zuverlässigkeit sich nähernden Resultate zu bewirken sein. Den Vorschlägen der Deputation gemäss wurde in Betreff der Unterscheidung der Todesursachen in der auf dem Polizeipräsidium bearbeiteten berliner Statistik an diese Behörde verfügt; die Aenderung der Bevölkerungsliste wurde bis 1861 hinausgeschoben.

Ermittelung der frühzeitigen Ehen.

Noch eine andere Veränderung der Bevölkerungslisten, welche damals beabsichtigt war, wurde auf dieselbe Zeit vertagt: die Einrichtung besonderer Spalten für diejenigen frühzeitigen Ehen, welche von Personen der arbeitenden Classen geschlossen werden. Es war zunächst vom Ministerium zu diesem Zwecke die systematische Extrahirung solcher Fälle aus den Kirchenbüchern und Civilstands-Registern für bestimmte frühere Jahre angeordnet worden; dieselbe ist jedoch, soviel bekannt, nur zum geringsten Theile in Ausführung gebracht worden.

Die Beilagen zur Bevölkerungsliste. Pockenfälle.

Von den Beilagen zur Bevölkerungsliste blieb die Liste der Mehrgeburten unverändert; die Liste der gemischten Ehen wurde in verschiedenen Regierungsbezirken von 1848 ab einige Jahre hindurch nicht aufgenommen. Die Aufstellung einer besonderen Nachweisung vom Verlauf der Cholera wurde im December 1848 in derselben Weise, wie solche im Jahre 1831 angeordnet war, von neuem erfordert und von da ab beibehalten. — Die Aufstellung ähnlicher Tabellen über die Pockenkrankheit wurde für das Jahr 1857 und folgende vom Ministerium der geistlichen etc. Angelegenheiten angeordnet; die Colonnen derselben ergeben die Dauer der Epidemie, die Zahl der Erkrankungen und Sterbefälle (von Kindern und Erwachsenen, geimpften und nicht geimpften).

Nachweisung der Blitzschläge, der Unglücksfälle etc.

Eine besondere Nachweisung (welche sich dem Inhalte nach der Bevölkerungsliste anschloss) zog das statistische Bureau auf Veranlassung des Professors Riess durch Ausschreiben vom April 1855 über die vom Blitz getödteten und verletzten Personen ein; sie enthielt 17 Colonnen, deren Angaben sich hauptsächlich auf die Localität, die Bekleidung etc. der Getroffenen und die Art der stattgefundenen Verletzung bezogen. Im Jahre 1858 wurde von der ferneren Einziehung dieser jährlichen Nachweisungen Abstand genommen, da dieselben nicht die gewünschten Resultate gewährt hatten.

Im Frühjahr 1856 erforderte das Ministerium des Innern vom statistischen Bureau nähere Angaben über die Tödtungen durch Unglücksfälle. Das Bureau stellte dieselben aus den amtlichen Zeitungsberichten des Vorjahres nach den einzelnen Arten zusammen, und legte dem Ministerium ein Schema zur eventuellen künftigen detaillirten Aufnahme derselben vor. Dieses Formular unterschied dreizehn Todesarten, bei welchen dann nach den besonderen, bei jeder Todesart in Betracht kommenden Umständen weitere Unterabtheilungen gemacht waren, im Ganzen 265 Colonnen; dasselbe kam indess nicht zur Anwendung. Auch die Zahl der Selbstmorde wurde auf dem statistischen Bureau nach den Mitteln der Tödtung (13 Arten) auf Grund der Aufstellungen des berliner Polizeipräsidiums aus den Jahren 1829 bis 1853 zusammengestellt.

Tabelle der Sanitäts-Anstalten.

In der Conferenz vom April 1855 war die Tabelle der Sanitätsanstalten gleichfalls einer Revision unterworfen worden; es wurden hier beim Sanitätspersonal vier neue Colonnen hinzugefügt (das Personal der Apotheken, die Heilgehülfen etc. betreffend), und die Unterscheidung der Krankenanstalten in öffentliche mit Corporationsrechten, und in private beschlossen. In Betreff der Krankenanstalten war bereits 1846 eine Aenderung dadurch eingetreten, dass statt der Zahl der am Anfang und am Schluss des Jahres verpflegten Kranken, die Zahl der Kranken nach den Tagen der Verpflegung erfordert wurde; beim Eingange der Nachrichten für 1858 zog jedoch das statistische Bureau auch über die absolute Zahl der verpflegten Kranken Auskunft ein. Für dieselbe Aufnahme wurde auch von den Militärbehörden die entsprechende Nachricht über die Lazarethe eingezogen. Neben den dreijährigen Aufnahmen der Sanitätstabelle wurde vom Ministerium der geistlichen etc. Angelegenheiten die jährliche Aufstellung speciellerer Tabellen über das Medicinalpersonal fortgesetzt und diese (für 1849, 1853, 1856 und 1859) zu besonderen statistischen Zusammenstellungen verarbeitet.

Statistik der Irrenhäuser.

Das Schema für die Irren-Heilanstalten sollte nach Beschluss der Conferenz wie bisher verbleiben. Von diesen Anstalten hatte (mindestens seit 1844) das Ministerium der geistlichen etc. Angelegenheiten alljährlich tabellarische Nachweisungen eingezogen, in denen Ab- und Zugang der Kranken, die Resultate der ärztlichen Behandlung (geheilt, gebessert, ungeheilt), die Aufnahmebedingungen (auf eigene Kosten derselben, unentgeltlich) und das Personal der Anstalten (im Ganzen 36 Spalten) anzugeben waren. Dagegen hatte Dieterici die Herstellung einer vollständigen Irrenstatistik (nach den Vorschlägen des Dr. Guggenbühl) bei dem Ministerium in Antrag gebracht. Aufnahmen in Betreff der Zahl der vorhandenen Irren wurden in dieser Zeit nur in einzelnen Landestheilen zu Zwecken der Irrenanstalten für die betreffenden Verbände ausgeführt.

Kirchen- und Schul-Tabelle.

Die alle drei Jahre aufgenommene Kirchen- und Schultabelle blieb bis 1858 im Wesentlichen unverändert; da dieselbe aber nur die öffentlichen Unterrichtsanstalten enthielt, so ersuchte Dieterici 1862 die Regierungen, die in den Bezirken vorhandenen Privat-Unterrichtsanstalten (sowie die Zahl der Lehrer und Schüler) in einer Beilage anzugeben. Die in den Beilagen vermerkten Arten von Anstalten wurden 1858 unter der Hauptüberschrift der Privat-Unterrichtsanstalten der Kirchen- und Schultabelle hinzugefügt. Auch hier wurde die Zahl der Anstalten, Lehrer, Lehrerinnen, Schüler, Schülerinnen erfordert; als Arten der Privat-Unterrichtsanstalten waren: Elementarschulen, höhere Schulen für Söhne, für Töchter, Provinzial-Gewerbe-, Kunst-, Ackerbau-, Navigations- und Handelsschulen, Handwerker-Fortbildungsanstalten und Kleinkinder-Bewahranstalten unterschieden. Ueber die Verhältnisse dieser letzteren Kategorie hatte das statistische Bureau auf höhere Veranlassung im Jahre 1851 besondere Nachweisungen anstellen lassen. Von den Militär-Unterrichtsanstalten zog Dieterici ausserdem Nachrichten ein. — Bei den Kirchen etc. setzte Dieterici Colonnen für die gottesdienstlichen Versammlungsorte der Freigemeindler etc. und der griechischen Christen hinzu. Ein besonderes Formular für die Klöster und geistlichen Congregationen wurde der obengenannten Tabelle seit 1855 beigegeben, in welches Benennung, Ort, Zweck der Anstalt, Zahl der Personen, welche Ordensgelübde geleistet haben, der Novizen, der Laien (männlich, weiblich) und Bemerkungen über die Existenzmittel der Anstalt einzutragen waren.

Tabelle der Klöster etc.

Conversionen.

Nachrichten über die Uebertritte von der evangelischen zur katholischen Confession und umgekehrt sind in neuester Zeit von den Consistorien nach bestimmtem Formulare aufgestellt worden; ausführliche statistische Tabellen, welche sich auf diese und andere kirchliche Verhältnisse beziehen, hat das Consistorium der Provinz Schlesien seit 1859 zusammengestellt und durch den Druck vervielfältigt.

Höhere Unterrichts-Anstalten.

Neben der Kirchen- und Schultabelle wurde die regelmässige Zusammenstellung der tabellarischen Nachweisungen von der Frequenz der Universitäten, von den Abiturienten-Prüfungen und von der Frequenz der Gymnasien fortgesetzt; in der letzten Tabelle wurde seit 1853 die Angabe der Confession der Schüler erfordert. Besondere Nachrichten über den Schulbesuch jüdischer Kinder hatte das Cultusministerium seit 1844 eingezogen.

Nachweisungen aus der Verwaltung der geistlichen etc. Angelegenheiten.

Als Dieterici den vierten Band der statistischen Tabellen und amtlichen Nachrichten (die Resultate der Verwaltung) bearbeitete, hatte er sich an das Cultusministerium wegen der bei demselben regelmässig aufgestellten tabellarischen Nachweisungen gewendet. Er erhielt vom Ministerium Nachweisungen über die Prüfung der Schulamts-Candidaten (seit 1845), die Zahl der Predigtamts-Candidaten, welche das Zeugniss der Wahlfähigkeit und welche die Ordination erhalten haben (seit 1840), die Zahl der erledigten und der wiederbesetzten katholischen Curatstellen (seit 1849).

Aufnahme über Areal und Besitz-Verhältnisse, 1849.

Eine Statistik des Grundeigenthums fand Dieterici nicht vor; die vorhandenen Nachrichten beschränkten sich in Betreff des Areals für die östlichen Provinzen auf die Kenntniss des Flächenraums nach den Karten (auch in dieser Beziehung hatte Dieterici die vorgekommenen genaueren Ermittelungen berücksichtigt, und besondere Messungen und Berechnungen des Flächenraums der Gewässer anstellen lassen); die Zahl der landwirthschaftlichen Besitzclassen war ebenfalls seit längerer Zeit nicht ermittelt. Um zu überblicken, wie sich die Einwohner des Staates nach den Erwerbsverhältnissen vertheilen, suchte Dieterici die Gewerbetabelle durch die Aufnahmen des landwirthschaftlichen Gewerbes zu ergänzen und wandte sich zu dem Behufe an das landwirthschaftliche Ministerium. Dieses schlug vor, die Fläche der nutzbaren Grundstücke (Gärten, Weinberge, Obstplantagen, — Acker, — Wiese, — beständige Weide, — Wald) und die Zahl der Besitzungen (5 Classen: unter 5 Morgen, bis 30, 300, 600 Morgen und darüber), sowie die Zahl der sich vom Landbau als Hauptgewerbe und bez. als Nebengewerbe nährenden Personen (d. h. die ganze von der Landwirthschaft lebende Bevölkerung) ermitteln zu lassen. Dieterici nahm die bezeichneten 15 Colonnen in die Gewerbetabelle für 1849 auf.

Erweiterungen für 1852.

Für die Aufnahmen von 1852 ging das landwirthschaftliche Ministerium in seinen Vorschlägen weiter: Es wurde für wünschenswerth erklärt, die Fläche kennen zu lernen, welche jede der 5 Classen von Eigenthümern besitze; es sollten ferner, damit nicht das ganze in der Tabelle nicht nachgewiesene Land als Unland erscheine, neue Colonnen für Häuser ohne Zubehör, für Wege und Chausseen und für sonstiges Unland eingerichtet werden; beim Acker sollte angegeben werden, wieviel Areal bei der Ernte von 1852 zum Anbau von Weizen, Roggen, Gerste, Hafer, Kartoffeln, Hülsenfrüchten, Oelfrüchten, Flachs etc., Tabak und anderen Handelsgewächsen, Runkelrüben, anderen Wurzelgewächsen und Futterkräutern, und als Brache und Weideschlag benutzt worden sei. Für 1851 hatte das Ministerium von den Landrathsämtern Berichte über die Ernteergebnisse mit Bezeichnung der Ackerfläche und insbesondere des zum Weizenbau oder zum Gersten- und Kleebau geeigneten Ackers eingezogen; die Angaben waren jedoch sehr unsicher ausgefallen. — Auf diese Vorschläge ging Dieterici für 1852 nur theilweise ein, insofern er nämlich nur bei jeder der 5 Classen von Besitzungen angeben liess, wieviel nutzbares Areal zu jeder derselben gehöre; »obgleich in den meisten Theilen, wo der Grund und Boden nicht vermessen ist, die Aufnahmen kein genügendes Resultat ergeben haben«, schrieb Dieterici an die Regierungen, »so ist der Mangel dieser Nachrichten doch zu fühlbar, um nicht die Versuche fortzusetzen, nach und nach zu einem brauchbaren Resultate zu gelangen«. Gleichzeitig aber liess er die Zahl der die Landwirthschaft als Hauptgewerbe Treibenden in vier Unterabtheilungen angeben: die Landwirthe selbst, ihre Familienangehörigen, die Knechte Jungen und Mägde, und die Tagelöhner.

Weitere Verhandlungen mit dem landwirthschaftlichen Ministerium.

Nachdem im August 1854 die Conferenz der Zollvereins-Bevollmächtigten zu München beschlossen hatte, dass eine Agriculturstatistik des Zollvereins aufgenommen werden sollte, und hierzu zwei Formulare entworfen waren: die Viehstandstabelle (in 30 Colonnen) und die Tabelle über Areal, Anbau, Ertrag, Besitzverhältnisse und Lohn der ländlichen Arbeiter (87 Colonnen), nahm Dieterici die Vorschläge wieder auf, welche das landwirthschaftliche Ministerium im Jahre 1852 gemacht hatte und reichte ein hiernach ausgearbeitetes Schema demselben Ministerium ein. Indess hatten sich dort die Ansichten geändert: das landwirthschaftliche Ministerium erachtete die Aufnahmen für zu colossal, meinte auch, dass die geforderten Angaben ein Eindringen in den Wirthschaftsbetrieb der Landwirthe enthielten und das Misstrauen derselben erwecken würden; gleichzeitig nahm das Ministerium die Aufnahme derartiger Nachrichten für sein alleiniges Ressort in Anspruch. Das Ministerium des Innern hielt jedoch die Befugnisse des statistischen Bureaus aufrecht: es hiesse das Bureau auseinanderreissen und auflösen, sollte den einzelnen Zweigen der Staatsverwaltung überlassen bleiben, ob und wie sie die amtliche Statistik überhaupt ins Leben rufen und ausführen wollten; das Ministerium müsse sich gegen die Lähmung, wenn nicht indirecte Auflösung verwahren, die aus der vom landwirthschaftlichen Ministerium beanspruchten ausschliesslichen Competenz hervorgehen würde. Das landwirthschaftliche Ministerium beharrte indess auf der Ansicht, dass für praktische Auffassung die vorhandenen Kenntnisse über das Verhältniss der einzelnen Provinzen bezüglich des Betriebes der Landwirthschaft vollkommen genügend seien, und dass es von den Arbeiten des statistischen Bureaus besondere Erfolge für die öffentliche Verwaltung nicht wahrzunehmen vermöge.

Die Aufnahmen von 1858.

Dieterici beschränkte sich nun darauf, für die Aufnahme von 1858 in Betreff des landwirthschaftlichen Gewerbes einige Erweiterungen eintreten zu lassen, welche durch die potsdamer Regierung beantragt worden waren: die Erweiterung der anzugebenden Flächen auf das gesammte Areal unter Zusatz besonderer Colonnen für noch nicht aufgenommene Bodennutzung (Torfstiche, Steinbrüche u. s. w., Häuser und Höfe, Wege und Gewässer, und Unland), — die Unterscheidung der die Landwirthschaft als Nebengewerbe treibenden Bevölkerung in die vier früher schon für das Hauptgewerbe angeordneten Abtheilungen — und die Unterscheidung des landwirthschaftlichen Gesindes und der Tagelöhner nach dem Geschlecht, wodurch diese Angaben mit den übrigen Colonnen der Gewerbetabelle in unmittelbare Beziehung gesetzt wurden. Vom landwirthschaftlichen Ministerium wurde ausserdem für diese Aufnahme die Unterscheidung der Landwirthe in Eigenthümer und Pächter veranlasst.

Ermittelung der Ernteerträge.

Ueber die Ernteerträge hatte das Landes-Oeconomie-Collegium mit dem Jahre 1846 angefangen, die Berichte der landwirthschaftlichen Vereine zu erfordern; der Ertrag an Weizen, Roggen, Gerste, Hafer, Kartoffeln sollte in Procent einer Mittelernte angegeben und sollten Bemerkungen in Betreff der sonst gebauten Früchte hinzugefügt werden. Es wurden aus diesen Berichten alljährlich beim Landes-Oeconomie-Collegium Culturtabellen aufgestellt, für 1846 z. B. aus den Berichten von 181 Vereinen, für 1849 von 132, für 1852 von 311 Vereinen.

Tabellen der Besitzungen für die Kreisordnung.

Als es sich im Jahre 1853 darum handelte, das erforderliche Material für die Berathung einer neuen Kreisordnung zu sammeln, wurde Dieterici vom Ministerium aufgefordert, ein Schema für diese Aufnahme zu entwerfen. Das von ihm vorgelegte Formular wurde mit einigen Abänderungen angenommen; die Aufnahme erstreckte sich auf die Zahl und den Besitzstand der Städte, der Rittergüter, der bäuerlichen spannfähigen Nahrungen und der kleineren ländlichen Besitzungen. (Eine ähnliche Aufnahme, jedoch mit anderen Kriterien der Unterscheidung wurde 1850 vom Ministerium des Innern zu gleichem Zwecke ausgeschrieben.)

Landwirthschaftliche Regulirungen.

Im Ressort des landwirthschaftlichen Ministeriums zog Dieterici über die Erfolge der landwirthschaftlichen Regulirungen, der Ablösungen und der Gemeinheitstheilungen zunächst aus den einzelnen Bezirken Nachrichten ein; dieselben waren damals in abweichender Form aufgestellt. Die regelmässige Zusammenstellung dieser Nachrichten wurde 1849 wieder durch das Ministerium herbeigeführt; es wurden nun auch aus den weiter zurückliegenden Jahren die Nachrichten gesammelt, die neuen Zusammenstellungen jedoch auf die allgemeinsten Ergebnisse der Regulirungen und Ablösungen (17 Colonnen) und der Gemeinheitstheilungen (17 Colonnen) beschränkt und ausserdem von den Regulirungsbehörden eine Geschäftsübersicht (23 Colonnen) alljährlich eingezogen. Von den Erfolgen der Thätigkeit der Rentenbanken wurden gleichfalls tabellarische Nachweisungen aufgestellt.

Parcellirungen etc.

Sehr umfangreiche Aufnahmen veranlasste das landwirthschaftliche Ministerium in Betreff der Veränderungen, welche in der Vertheilung des ländlichen Grundbesitzes in den Jahren 1837 bis 1851 vorgegangen waren. Es wurden von den Regierungen und Landrathsämtern drei Nachweisungen erfordert: die Uebersicht der Zahl und des Flächenraums der Rittergüter, der spannfähigen bäuerlichen Besitzungen und der kleineren ländlichen Besitzungen, im Anfange und am Schluss der betreffenden Periode, — die Uebersicht der Zerschlagungen, durch welche die Natur der Güter verändert worden, — und die Uebersicht der Abtrennungen, durch welche die Natur der Güter nicht verändert worden; in den beiden letzteren waren die Parcellen zu unterscheiden, aus denen neue Besitzungen entstanden, und diejenigen, welche den schon vorhandenen Besitzungen der obengedachten drei Arten hinzugetreten waren. Aehnliche Aufstellungen fanden dann statt in Betreff der Parcellirungen, durch welche in den Jahren 1852 bis 1856 der Umfang der zu den einzelnen ländlichen Besitzclassen gehörigen Güter verändert worden war; es wurden hierbei als Besitzclassen: Bauer- und Halbbauer-Güter, Kossäthen- und Halbkossäthen-Güter u. s. w. unterschieden. Ausgeschlossen von diesen Aufnahmen blieben die Rheinprovinz und Neu-Vorpommern. — Eine andere Nachweisung, welche schätzbares Material über den Wechsel der ländlichen Besitzverhältnisse gewährte, war die Zusammenstellung der Kaufpreise der Ackerländereien und Wiesen aus den Jahren 1833 bis 1851, welche die coblenzer Regierung aus den Fortschreibungsbüchern hatte aufstellen lassen. — Was die Verschuldung des Grundbesitzes betrifft, so wurden die tabellarischen Aufstellungen von den Pfandbriefschulden der landschaftlichen Creditverbände beibehalten.

Verschuldung des Grundbesitzes.

Von dem Justizministerium wurden für einzelne Kreise Zusammenstellungen sämmtlicher Hypothekenschulden für 1837, 1847 und 1857 veranlasst. Besondere Ermittelungen in Betreff des Werthes und der Verschuldung des Grundbesitzes fanden 1858 in der Provinz Sachsen statt.

Statistische Nachrichten aus dem Versicherungswesen.

Die Nachweisungen von den öffentlichen Feuerversicherungs-Societäten gingen gleichfalls in der früheren Weise alljährlich ein. Die Privat-Feuerversicherungs-Gesellschaften angehend, so liess sich Dieterici 1854 die Zahl der concessionirten Agenten für den vierten Band der Tabellen mittheilen. Sein Wunsch, auch über den Geschäftsumfang dieser Gesellschaften Nachricht zu erhalten, ging im folgenden Jahre in Erfüllung: er erhielt den Auftrag, ein Schema für die Resultate der Mobiliar- und Immobiliar-Versicherung bei Privatsocietäten zu entwerfen, und diese Nachrichten wurden für die Jahre 1853 und 1854 eingezogen. Im Jahre 1858 brachte Dieterici in Anregung, dass der Betrag der Feuerversicherungs-Summen bei Privatgesellschaften durch bei den Polizeibehörden zu führende Register regelmässig festgestellt werden möchte.

Zum Vergleich mit von anderer Seite gesammelten Nachrichten über Hagelversicherung liess Dieterici aus den amtlichen Zeitungsberichten die Angaben über die Hagelschäden der Jahre 1830 bis 1853 bei dem Bureau zusammenstellen. Was sonst von Dieterici an statistischen Angaben im Bereich des Versicherungswesens gesammelt worden ist, beschränkt sich auf die Nachrichten von einzelnen Gesellschaften und Instituten.

Die Gewerbetabellen für 1846.

Eine der ersten Aufgaben Dieterici's nach Uebernahme der Direction war die mit Rücksicht auf die Zollvereins-Beschlüsse von 1843 vorzunehmende anderweite Einrichtung der Gewerbetabelle. Er fand es nothwendig, dieselbe zu theilen, so dass die Angaben in Betreff der Weberei und Spinnerei, der Mühlenwerke, der Dampfmaschinen und derjenigen Fabriken, welche in der Zollvereins-Conferenz namentlich bezeichnet worden waren, in eine besondere Fabrikentabelle gebracht, die übrigen Theile der Gewerbetabelle aber zusammenbehalten, nur systematischer geordnet und vervollständigt wurden. Die beiden Formulare, welche er hiernach vorlegte, hielten 112 bez. 169 Colonnen. In dem bei Vorlage derselben erstatteten Bericht vom 2. Januar 1845 sprach sich Dieterici zugleich darüber aus, welche Aufgabe seiner Ansicht nach in der Gewerbestatistik dem statistischen Bureau zufalle: alle statistische Betrachtung könne nur darauf ausgehen, in grossen Zügen und Umrissen den Zustand im ganzen Lande nach den verschiedenen Theilen der Verwaltung anzuzeigen und Wahrheiten für das Gesammtbild der Verhältnisse aufzufinden; auch für die Handels- und Gewerbe-Verwaltung würden die statistischen Tabellen nur die Hauptansicht verschaffen können, ob und welche Gewerbe in dieser oder jener Provinz besonders blühen, und dergleichen mehr; komme es auf specielleres Wissen an, z. B. welche Präparate in den chemischen Fabriken besonders gefertigt würden u. s. w., so müssten Fabrikencommissarien, Handelskammern und die sonst geeigneten Behörden und Organe über solche Fragen ausführlichen und besonderen Bericht erstatten.

Verhandlungen mit den Ober-Präsidenten und mit dem Finanzministerium.

Der Präsident von Bönne zog zunächst die Gutachten der Oberpräsidenten über den Inhalt der vorgelegten Tabellen und über die Art der Aufnahmen ein; in letzterer Beziehung bemerkte er: es müsse dem Gewerbetreibenden selbst eine grössere Theilnahme an der Aufnahme dieser Tabellen gewährt werden; es sei zu erwarten, dass die Einsichtsvollen unter den Gewerbetreibenden die Hand dazu bieten würden, wenn ihnen vorgestellt würde, wie grosse Nachtheile daraus entstehen könnten, wenn bei Verträgen mit dem Auslande, bei Tarifregulirungen auf falsche statistische Data gefusst werde. Diese Ansicht wurde besonders vom Oberpräsidenten der Provinz Sachsen unterstützt, welcher vorschlug, dass Deputationen von Gewerbetreibenden zugezogen und mit diesen Protokolle über die Richtigkeit der Gewerbetabellen aufgenommen werden möchten. — Demnächst wurden die von Dieterici aufgestellten Tabellen dem Finanzministerium vorgelegt. Dasselbe stellte einen Gegenentwurf auf, in dem es sich lediglich an die Beschlüsse der Zollvereins-Conferenz hielt. Nach diesem Entwurf sollten vier Tabellen aufgenommen werden: Eine Uebersicht der Webestühle, — eine Fabrikentabelle, in welcher für die Mehrzahl der im Conferenzprotokolle angegebenen Arten besondere Spalten mit der Arbeiterzahl (nach Geschlecht und Alter) und mit den einzelnen ebendaselbst erwähnten Fabrikations-Vorrichtungen aufgeführt wurden, und zwar einschliesslich der Fabriken in Geweben (einzelne Arten von Fabriken wurden übergangen, weil sie zu unbedeutend seien, weil nicht klar sei, was darunter verstanden wäre u. s. w.), — drittens die Tabelle der Dampfmaschinen, — viertens eine Tabelle derjenigen nicht in der Fabrikentabelle aufgeführten Gewerbe, welche in den verschiedenen Zollvereins-Staaten in grösserer Ausdehnung betrieben würden. Für die Aufnahme dieser Gewerbetabellen wünschte das Finanzministerium, dass aus dem Dispositionsfonds des statistischen Bureaus Remunerationen gezahlt werden möchten.

Die Tabelle der Handwerker etc.

Mit der Annahme dieser Vorlage wäre die Continuität der Gewerbetabellen geradezu beseitigt gewesen; Dieterici hob dies hervor, und erreichte, dass die Aufnahme der Tabelle der Handwerker etc. nach seinen Vorschlägen vom Finanzministerium genehmigt wurde. Die letztere Tabelle enthielt nun folgende Abtheilungen: die mechanischen Künstler und Handwerker (110, bisher 72 Colonnen, es waren mehrere Arten hinzugesetzt, und durchgehend die Zahlen für die selbständigen Gewerbtreibenden und für die Gehilfen und Lehrlinge getrennt worden), — die Anstalten für den literarischen Verkehr (diese waren aus den bisherigen Abtheilungen für die Handwerker und für die Handelsgewerbe zusammengelegt und die Angaben durch Colonnen für die Zahl des beschäftigten Personals erweitert worden, 18, früher 8 Colonnen), — die Handelsgewerbe (26, früher 14 Colonnen, neben der Zahl der Geschäfte war bei den meisten dieser Gewerbe die Zahl der Factoren, Buchhalter, Commis und Lehrlinge anzugeben), — die Schifffahrt (See- und Flussschiffe, Tragfähigkeit, Bemannung, 6, früher 5 Colonnen) und das Fracht- und Lohn-Fuhrwerk (3, früher 2 Colonnen) — die Gast- und Schankwirthschaft (5 Colonnen), — das Gesinde (4 Colonnen wie bisher) und neu hinzutretend: Handarbeiter, welche selbständig von Handarbeit leben (männlich, weiblich).

Die Fabrikentabelle mit Beilagen.

Dagegen sah sich Dieterici genöthigt, die vorgelegte Fabrikentabelle den Entwürfen des Finanzministeriums gemäss wesentlich umzugestalten: Die neue Tabelle begann mit der Maschinenspinnerei (35 Colonnen, 5 Arten von Fabriken mit der Zahl der Feinspindeln und Arbeiter), — dann folgten die gehenden Webestühle, als Hauptgewerbe (mit der Zahl der dabei beschäftigten Personen) und als Nebengewerbe (im Ganzen 17, bisher 9 Colonnen), — dann die Fabriken in Geweben und diesen verwandte Fabrikationszweige (19 Arten, Zahl der Anstalten, der Arbeiter und event. der mechanischen und Hand-Webestühle, der Drucktische etc., im Ganzen 138 Colonnen), — die Mühlenwerke (Getreidemühlen: fünf Arten mit der Zahl der Mahlgänge, Oel-, Loh-, Walkmühlen, Sägemühlen: 3 Arten, andere Mühlenwerke, nebst der Arbeiterzahl, im Ganzen 27, bisher 14 Colonnen), — die Dampfmaschinen (12 Arten, nach den hauptsächlichen Gewerbszweigen einschl. Bergbau, Schifffahrt, Eisenbahnen, und Zahl der Pferdekraft, 24 Colonnen), — die Fabriken in Metall und überhaupt dem Bergbau angehörige oder verwandte Unternehmungen (23 Arten, Zahl der Arbeiter, ausserdem bei den Eisenwerken bez. den Stahlfabriken die Zahl der Hochöfen etc., der Frischfeuer etc., im Ganzen 137 Colonnen, die Angaben für Bergwerke und Salinen blieben auch von dieser Tabelle ausgeschlossen), — endlich andere Fabriken mit namentlicher Unterscheidung von 17 Arten mit der Arbeiterzahl (im Ganzen 88 Colonnen) und leere Rubriken für die sonst in den einzelnen Landestheilen vorkommenden Fabrikationszweige. Die Zahl der Arbeiter war bei den meisten Fabrikarten (soweit sie nämlich in der Zollvereins-Conferenz namhaft gemacht worden waren) in vier Spalten unterschieden (unter und über 14 Jahr alt, männlich, weiblich). In Betreff der Eintragung der vorhandenen Anstalten in die Tabelle wurde auf Veranlassung des Ministeriums (des Assessors Delbrück) bestimmt, dass wenn mehrere Fabrikationszweige in einer Fabrik betrieben würden, sie als soviel einzelne Anstalten mit den zu dem betreffenden Geschäftszweige gehörigen Arbeitern eingetragen werden sollten. Solche Fabriken liess Dieterici in einer Beilage näher bezeichnen und ordnete für 1849 die Aufstellung einer tabellarischen Nachweisung der verbundenen Fabrikationszweige nach bestimmtem Schema an; dieselbe wurde später in eine Nachweisung aller Fabrikunternehmungen, welche mehr als 50 Arbeiter beschäftigen, abgeändert. — Damit auch die vierte vom Finanzministerium vorgeschlagene Nachweisung für die Zollvereins-Statistik aufgestellt werden könnte, hatte Dieterici die Regierungen aufgefordert, in einer zweiten Beilage diejenigen in der Handwerkertabelle bezeichneten Gewerbe anzugeben, welche hauptsächlich für den Grosshandel arbeiteten; für 1849 wurde dies aufgehoben und bestimmt, dass alle hauptsächlich für den Grosshandel arbeitenden Gewerbe in die Fabrikentabelle übertragen werden sollten. — Den oben erwähnten Anträgen gemäss wurden 1846 die Regierungen angewiesen, in allen bedeutenderen Ortschaften eine Prüfung der Tabellen durch Gewerbtreibende eintreten zu lassen. Der Erfolg dieser Maassregel und überhaupt das Interesse der Gewerbtreibenden für diese Aufnahmen war local sehr verschieden; noch im Jahre 1852 sprach Dieterici sein Bedauern aus, dass selbst intelligente Fabrikbesitzer die über den Umfang

Beziehung der Gewerbtreibenden.

ihres Geschäfts erforderten Angaben erst verweigerten, und hinterher sich beklagten, dass die Fabrikentabelle kein richtiges Bild von dem Umfange der betreffenden Gewerbszweige in dortiger Gegend darbiete.

Die Weberei in der Gewerbetabelle.

Schon bei den Aufnahmen von 1846 hatte sich herausgestellt, wie dadurch, dass diejenigen Webestühle, welche für Fabriken arbeiteten, und die bei denselben thätigen Arbeiter zweimal in der Fabrikentabelle aufzuführen waren (die letzteren nämlich: einmal mit den übrigen Fabrikarbeitern vermischt, und zweitens mit den handwerksmässig arbeitenden Webern vermischt), die Erreichung eines richtigen Ergebnisses sehr erschwert wurde. Dieterici's Vorstellungen auf Beseitigung dieses Uebelstandes wurden indess mit Bezugnahme auf die Zollvereins-Beschlüsse unberücksichtigt gelassen; in Folge dessen ist es fortdauernd unmöglich geblieben, die Zahl der für die Fabriken in Geweben und die sonstige Weberei thätigen Personen durch die Gewerbetabellen festzustellen.

Erweiterung der Fabrikentabelle

Die Fabrikentabelle blieb demnächst bis 1858 einschliesslich fast unverändert; es wurden nur im Jahre 1849 16 weitere Arten von Fabrikanstalten in besondere Colonnen aufgenommen, 1852 bei der Weberei und dem Müllergewerbe die Zahl der selbständigen Gewerbtreibenden von der der Gehilfen und Lehrlinge getrennt, und andere kleinere Aenderungen. Seit 1849 wurde eine Beilage zur Angabe der zur Aufnahmezeit stillstehenden Fabrikanstalten erfordert, seit 1852 (nachdem bestimmt war, dass die Unternehmungen der Fabrikverleger als Fabriken einzutragen seien) eine besondere Nachweisung derjenigen Arbeiter, welche für an anderem Orte befindliche Fabriken beschäftigt werden, neben der Gewerbetabelle eingezogen.

und der Handwerker-Tabelle für 1849 bis 1858.

In welcher Weise die Gewerbetabelle der Handwerker etc. hinsichtlich der im landwirthschaftlichen Gewerbe thätigen Personen vervollständigt wurde, ist oben erwähnt. Davon ausgehend, dass die Gewerbetabelle die Vertheilung der Bevölkerung nach ihren Erwerbsmitteln zeigen solle, schob Dieterici 1849 in dieselbe noch sechs neue Spalten für Staats- (Justiz-, bez. Verwaltungs-) und Communal-Beamte ein, und eine für die ohne Gewerbetrieb aus eigenen Mitteln selbständig lebenden Personen; 1852 fügte er die Zahl der lediglich von Almosen lebenden, 1858 auch die der theilweise von Almosen lebenden Personen (Familienhäupter) hinzu. Die aufgeführten Arten der mechanischen Künstler und Handwerker wurden 1849 um 16 vermehrt (1852 noch um 2), die der Handelsgewerbe um 2 Arten.

1858 setzte Dieterici auf den Antrag und nach Verhandlung mit der potsdamer Regierung weitere Spalten für die noch nicht tabellarisch verzeichneten Literaten, Künstler und einige Beamtenkategorien, sowie für Personen, welche gewisse Arten concessionspflichtiger Dienstleistungen verrichten, hinzu, und verbesserte die Anordnung der Rubriken für das landwirthschaftliche Gewerbe (wie oben erwähnt), für das Gesinde (nun 8 Col.) und für die Handarbeiter (nun 6 Col.). Die Gewerbetabelle bot jetzt zusammengehalten mit der Militärbevölkerungs-Tabelle, der Sanitäts-, Kirchen- und Schultabelle und der Bergwerkstabelle das Material zu einer Uebersicht der Beschäftigungen der Bevölkerung. — Seit 1854 hatte das Handelsministerium von den Regierungen alljährlich tabellarische Nachweisungen der Handwerksmeister, seit 1855 der Gesellen in bestimmten Handwerken, seit 1856 auch der Lehrlinge eingefordert; für 1858 brachte Dieterici die Handwerkertabelle mit diesen Ermittelungen in Uebereinstimmung, worauf die Einziehung derselben vom Handelsministerium fallen gelassen wurde.

Die Gewerbetabelle des Zollvereins, die Vorlagen des Handelsministeriums.

Während sich so die Gewerbetabelle des preussischen Staates allmälig weiter entwickelte, fanden schon seit 1852 unter den Zollvereins-Staaten Verhandlungen statt, welche die neue Erhebung einer Gewerbestatistik des Zollvereins zum Ziele hatten; mit der Vertretung der preussischen Regierung bei diesen Verhandlungen war von den Ministerien der Finanzen und des Handels der Geh. Finanzrath Hellwig beauftragt. Das Handelsministerium sprach im Februar den Wunsch aus, dass die Aufnahme der Gewerbetabellen, nachdem die nicht zum Ressort des Ministeriums gehörigen Positionen daraus entfernt sein würden, ihm allein überlassen werden möchte. Dieterici erhob hiergegen Einspruch, erklärte sich jedoch bereit, dass wie das Ressortministerium im Jahre 1846 bei Feststellung der Formulare mitgewirkt habe, so dasselbe auch bei der Prüfung der eingehenden Tabellenresultate mitwirken möchte. — Im Handelsministerium hatte der Geh. Ober-Finanzrath von Viebahn einen neuen Entwurf zu den Gewerbetabellen ausgearbeitet. Es sollten drei Tabellen sein: die erste die Landwirthschaft und die Handwerker (230 Colonnen), — die zweite die Fabriken und für den Grosshandel arbeitenden Anstalten und die Dampfmaschinen enthalten (478 Colonnen, es waren hier 28 bisher nicht besonders bezeichnete Unternehmungen, als Zinkwerke, Steinkohlenwerke, Gasanstalten, Kienssamen-Darren, Schiffbau-Anstalten, Krappmühlen etc. hinzugefügt), — die dritte die Handelsgewerbe, das Transportwesen (Schiffahrt, Chausseen, Eisenbahnen), die Consumtionsgewerbe (Gastwirthschaften), die Gewerbe des literarischen Verkehrs, die Handarbeiter und das Gesinde enthalten (im Ganzen 120 Colonnen). In allen drei Tabellen waren die Gewerbe nach derjenigen Classification aufgeführt, welche für die münchener Industrieausstellung zur Anwendung gebracht worden war. Zur Berathung dieses neuen Entwurfs fand eine Conferenz mit dem Director Dieterici statt, in welcher der letztere dabei blieb, er wünsche, dass die jetzt bestehende Tabelle von den übrigen Zollvereins-Staaten angenommen werde, und sich namentlich gegen die neugewählte Classification der Gewerbe aussprach. — Der Viebahnsche Entwurf wurde dann im August 1854 in München berathen; durch die daselbst gefassten Beschlüsse wurden die Angaben über das landwirthschaftliche Gewerbe aus der ersten Tabelle gestrichen, — in der Fabrikentabelle noch 15 weitere Arten (als Steinbrüche, Torfstechereien, Salinen etc.) hinzugefügt, — die Hausindustrie von der Industrie in geschlossenen Etablissements geschieden, — bei verschiedenen Fabrikanlagen die Angabe der bewegenden Kraft (Dampfkraft, Wasserkraft) erfordert, — ferner in allen drei Tabellen zu der Zahl der Gewerbetreibenden (der Meister bez. des Directionspersonals) und der Arbeiter (bez. Gehilfen und Lehrlinge) die Zahl der Familienangehörigen hinzugefügt; hierdurch und durch einige kleinere Abänderungen stellte sich der Umfang der drei Tabellen auf 315, 909 und 114 Spalten.

Die münchener Beschlüsse.

Dieterici erklärte sich auch gegen diese Tabellen, unerachtet das Finanzministerium und das Handelsministerium fanden, dass sie im Ganzen sehr viel besser, als die hier bestehenden seien. »Jemehr ich die Angelegenheit überlege«, schrieb Dieterici, »um so bestimmter befestigt sich bei mir die Meinung, dass es gegen meine Pflicht und mein Gewissen wäre, in der mir angewiesenen Stellung als königlich preussischer Staatsdiener mich für die Annahme der neuen Vorschläge zu den statistischen Tabellen für Gewerbe- und Fabrikations-Anstalten zu erklären; ja ich muss, sollen mehr als funfzigjährige Leistungen Hoffmanns und des statistischen Bureaus in allen auf Gewerbe- und Fabrikationswesen sich beziehenden Ermittelungen nicht völlig werthlos werden, gegen die Annahme der jezt abermals vorgelegten Vorschläge auf das Entschiedenste protestiren.« »Ich kann den historischen Zusammenhang des seit 50 Jahren bestehenden Bureaus und die vieljährigen Arbeiten Hoffmanns um anderer Ideen willen nicht annulliren lassen.«

Modificirung derselben durch die berliner Conferenz.

Dieterici's fortgesetzter Einspruch bewirkte, dass die münchener Beschlüsse in Conferenzen zwischen ihm und Commissarien des Ministeriums der Finanzen (Geh. R. Hellwig), des Handels (Geh. R. Delbrück) und des Innern im Juni 1850 berathen wurden. In diesen Conferenzen wurde beschlossen, die Angabe der Zahl der Familienangehörigen durchweg zu beseitigen, — die Unterscheidung des Fabrikbetriebes durch Wasserkraft oder durch Dampfkraft fallen zu lassen, — 27 Arten von Fabrik- und ähnlichen Unternehmungen zu streichen und verschiedene Gewerbe der Handelstabelle zusammenzuziehen, — die Colonnen für die Getreidemühlen im Wesentlichen so herzustellen, wie sie in den preussischen Tabellen standen, — die Unterscheidung der Hausindustrie und der geschlossenen Etablissements aufzuheben, die auf die Hausindustrie bezüglichen Colonnen zu entfernen und statt dessen die Colonnen für die gehenden Webestühle, wie solche in den preussischen Tabellen noch immer beibehalten waren, nun auch in die neuen Gewerbetabellen einzuführen. — Nach den hier beschlossenen Modificationen sind dann die Gewerbetabellen für den Zollverein abgeändert worden: die Tabelle der Handwerker und für den örtlichen Bedarf beschäftigten Gewerbtreibenden und Künstler enthält 85 Gewerbe unter 15 Hauptrubriken (174 Col.); die Fabrikentabelle 100 Arten unter 10 Hauptrubriken (469 Col.) und die Dampfmaschinen (24 Col.); die Tabelle der Handelsgewerbe enthält: Handelsvermittelung (7 Arten, 13 Col.), See- und Fluss-Schiffahrt (10 Col.), Landtransport (10 Col.), Gast- und Schankwirthschaft (6 Col.), Anstalten des literarischen Verkehrs (7 Arten, 22 Col.). Nach diesem Muster sind später die Aufnahmen der Gewerbe-Tabellen von 1861 ausgeführt worden.

Tabellen der Production der Bergwerke etc.

Von den Zusammenstellungen der Production des Bergwerks-, Hüttenwerks- und Salinenbetriebes durch die Ober-Bergämter war im vorigen Abschnitt die Rede; zu der Zeit, wo das statistische Bureau unter dem Handelsamt stand, brachte Dieterici eine Erweiterung des Formulars derselben in Anregung. Von 1847 ab wurden in dieselben auch die Nachrichten von den Privat-Hüttenwerken aufgenommen, mit Bezug hierauf wurden später die Regierungen von der Einsendung der betreffenden Nachweisungen an das statistische Bureau entbunden. Vom Jahre 1852 ab sind die Uebersichten der Production etc. in der Zeitschrift für Berg-, Hütten- und Salinenwesen im preussischen Staate mitgetheilt und auch in Separatabdrücken verbreitet worden. — Bei den Berathungen, welche 1854 zu München stattfanden, wurde auch die alljährliche Aufnahme einer Statistik der Bergwerke, Hüttenwerke und Salinen beschlossen; das neue Formular enthält im Wesentlichen das in den bisherigen preussischen Uebersichten Mitgetheilte: die Zahl der Gruben etc., die producirten Quantitäten, den Geldwerth am Ursprungsorte, die Zahl der Arbeiter und der Familienangehörigen derselben; es sind 18 Arten von Gruben, 29 von Hütten, 4 von Salinen unterschieden.

Bearbeitung der Gewerbe-Statistik bei den Regierungen.

Ausser den Bergbehörden bez. der betreffenden Abtheilung des Handelsministeriums haben auch die Regierungen die Statistik des Berg- und Hüttenwesens, wie die des Gewerbewesens überhaupt gefördert. Sie ist durch den Vorgang der Regierung zu Arnsberg ein besonders cultivirter Zweig der Provinzialstatistik geworden. Durch den Regierungsrath L. W. H. Jacobi daselbst, in dessen Hände später die specielle Bearbeitung der statistischen Angelegenheiten im Ministerium des Innern gelegt wurde, ist im Jahre 1857 »das Berg-, Hütten- und Gewerbewesen des Regierungsbezirks Arnsberg, eine statistische Darstellung aus amtlichen Quellen« herausgegeben worden. Diesem Werke ist unter der Bezeichnung des zweiten Theiles der preussischen Gewerbestatistik zwei Jahre später eine entsprechende Darstellung für den Regierungsbezirk Oppeln vom Regierungsrath Schück gefolgt. — Besonders eingehende Aufnahmen in Betreff der Gewerbestatistik waren im Jahre 1855 vom berliner Polizeipräsidium projectirt; es sollten durch 31 Fragen an die Gewerbtreibenden die persönlichen und gewerblichen Verhältnisse derselben u. a. Menge und Werth der gefertigten Waaren und der verarbeiteten Rohstoffe, Kosten des beschäftigten Personals etc., und durch 30 Fragen an die Arbeiter deren persönliche und Erwerbs-Verhältnisse festgestellt werden.

Schifffahrts-Tabellen.

In der Verkehrsstatistik ging die Aufstellung der Nachweisungen der Rhederei regelmässig fort; sie enthalten den Bestand an Seeschiffen und Küstenschiffen (Anzahl, Tragfähigkeit, Bemannung), den Zugang (durch Neubau, durch Erwerb von Ausländern, bez. aus anderen Landestheilen, durch neue Vermessung etc.) und den Abgang (durch Verlust in der See oder Binnengewässern, Abwrackung, Uebergang an Ausländer, an Rheder anderer Landestheile, durch neue Vermessung etc.); — ferner die Nachweisungen der ein- und ausgegangenen Schiffe von den einzelnen Seehäfen (nach der Staatsangehörigkeit der Schiffe und dem Ausgang bez. dem Ziele der Fahrt aufgestellt), — und die Nachweisungen der über See aus- bez. eingegangenen Waaren (nach der Gattung der Waaren, nach dem Lande woher bez. wohin, und nach der Staatszugehörigkeit der Schiffe). Es wurden diese Tabellen bereits früher von Dieterici für die Uebersichten vom Verkehr und Verbrauch benutzt, seit 1846 auch besonders gedruckt und vom folgenden Jahre ab in dem vom Handelsministerium begründeten Handelsarchiv veröffentlicht, in welcher Zeitschrift ebenfalls die Jahresberichte der Handelskammern abgedruckt wurden. Genauere Zusammenstellungen über den Schiffsbestand hat das Bureau im Jahre 1855 aus den beim Handelsministerium befindlichen Zusammenstellungen angefertigt. Weniger ausgebildet wurde die Statistik des Verkehrs auf Flüssen und Canälen; dieselbe ist auf die Nachrichten beschränkt geblieben, welche an den einzelnen Hebestellen in nicht gleichmässig geregelter Weise zusammengetragen werden.

Tabellen der Post- und Telegraphenverwaltung.

Die tabellarischen Nachweisungen, welche die Postverwaltung in Betreff des Brief-, Güter- und Personenverkehrs aufstellen liess, wurden seit 1850 vervollständigt und sind für dieses Jahr in dem vierten Bande der Tabellen etc. publicirt worden. Sie sind später von der Postverwaltung noch weiter ausgebildet und in Druckexemplaren verbreitet worden. Auch statistische Nachweisungen über den Telegraphenverkehr erhielt Dieterici auf ein im Jahre 1853 gestelltes Ersuchen vom Jahre 1850 ab mitgetheilt, sie enthalten 28 Colonnen. —

Die Eisenbahn-Statistik.

Der cultivirteste Zweig der Statistik des Transportwesens und vielleicht der am meisten eingehend bearbeitete Zweig der preussischen Statistik überhaupt ist die Statistik der Eisenbahnen. Nachdem die Betriebsresultate derselben (mit Nachweisungen des Betriebsmaterials und der geförderten Personen und Güter) zuerst 1844 zusammengestellt waren, sind die aufgestellten Tabellen, welche schon 1849 gedruckt erschienen, immer mehr erweitert worden. Seit 1855 wurden (zuerst für 1853) die »statistischen Nachrichten von den preussischen Eisenbahnen, bearbeitet von dem technischen Eisenbahnbureau des Ministeriums für Handel etc.« alljährlich veröffentlicht. Sie enthalten nächst einer allgemeinen Uebersicht (in 51 Colonnen) Specialtabellen über das Anlagecapital (26 Col.), über die Betriebsmittel (133 Col.), die Leistungen der Betriebsmittel (275 Col.), die Betriebsergebnisse einschliesslich der Nachweisungen des Personen- und Güterverkehrs (297 Col.), die Zusammenstellungen der Länge der Eisenbahnen (31 Col.), der Achsenbrüche (183 Col.), der Unglücksfälle (41 Col.), des Fahrdienstes (211 Col.) und der beschäftigten Beamten und Arbeiter (59 Col.). An Druckkosten werden für diese Werke vom Handelsministerium etwa 2 000 Rthlr. jährlich aufgewendet.

Tabellen der Märkte, der Marktpreise etc.

Ueber den Marktverkehr liegen nur von den Wollmärkten statistische Aufstellungen vor (und in den Nachweisungen der Zollverwaltung Nachrichten von dem Verkehr auf den Messen); von den übrigen Arten von Märkten ist nur eine Zusammenstellung nach Zahl, Ort und Zeit derselben bei dem statistischen Bureau gefertigt worden. Die Tabellen der Durchschnitts-Marktpreise der Lebensbedürfnisse (Weizen, Roggen, Gerste, Hafer, Erbsen, Kartoffeln, Buchweizen, Rübsen, Leinsaat, Tabak, Hopfen, Bier, Branntwein, Butter, Talg, Rindfleisch, Schweinefleisch, Flachs, Garn, Heu, Stroh und Brennholz) sind fortdauernd weiter eingezogen und zusammengestellt worden; die regelmässigen Berichte über die Lebensmittel-Preise, welche Hoffmann erstattet hatte, hörten wie die übrigen Immediatberichte unter Dieterici auf; den einzelnen Ministerien wurden auf Verlangen Berichte und Zusammenstellungen über die Preisverhältnisse eingereicht, so namentlich dem Kriegsministerium. Die Zahl der Städte, von denen die Nachrichten eingezogen wurden, mehrte sich allmälig; es waren 1852 62, 1859 83 Städte. Die Sammlung der Preiscourante und Börsen-Courszettel setzte Dieterici fort.

Aufnahmen über den Bedarf der Arbeiterfamilien.

Die Verhältnisse der arbeitenden Classen zog er (abgesehen von der erwähnten Vervollständigung der Gewerbetabelle) nicht in den Bereich seiner statistischen Aufnahmen. Dagegen sammelte das Landes-Oekonomie-Colleg durch Ausschreiben vom Juli 1848 an die landwirthschaftlichen Vereine hierüber ein umfangreiches Material. Die an die Vereine gestellten Fragen gingen dahin: was eine ländliche Arbeiterfamilie von 5 Köpfen (Mann, Frau, Kinder) zu ihrem auskömmlichen Unterhalte nach der Lebensweise dieser Leute bedarf, und zwar für Wohnung, Feuerung und Erleuchtung, Nahrung, Kleidung, Viehfutter, Unterhaltung der Arbeitswerkzeuge und des Hausgeräthes, Salz und Gewürze, Abgaben an Staat, Kirche und Schule, nach den Preisen der betreffenden Gegend zu Gelde gerechnet, — und ob der Arbeiter nach den dortigen Verhältnissen im Stande ist, für diese Bedürfnisse durch seinen Verdienst auskömmlich zu sorgen. Als Classen der Arbeiter, für die die Angaben zu erstatten seien, wurden die Dienstleute oder Feldgesinde, Häusler oder Colonisten, Einlieger oder Heuerlinge bezeichnet. Die Resultate der Aufnahmen wurden durch den Landes-Oekonomierath v. Lengerke in seiner Schrift über die ländliche Arbeiterfrage publicirt (andere vom Landes-Oekonomiecolleg gesammelte statistische Materialien hat derselbe in den Annalen der Landwirthschaft mitgetheilt).

Sparcassen und Unterstützungscassen.

Angehend die für die arbeitenden Classen bestehenden öffentlichen Anstalten, so wurden die statistischen Nachweisungen von der Verwaltung und Benutzung der öffentlichen Sparcassen alljährlich fortgeführt und das für dieselben vorgeschriebene Formular (nach dem Vorgange einer Regierung) von 1856 ab erweitert. Nachrichten von den Privat-Sparcassen wurden 1846 eingezogen. Tabellarische Nachweisungen der Communal-Leihämter wurden 1852 auf Antrag der zweiten Kammer aufgestellt, Uebersichten über den Geschäftsbetrieb der Darlehnscassen in den Jahren 1848 bis 1851 nach den verpfändeten Objecten gegeben. Ueber die gewerblichen Unterstützungscassen zog das Handelsministerium seit dem Jahre 1854 alljährlich Nachweisungen ein, enthaltend die Zahl der Mitglieder, die Beitragsverhältnisse, die Leistungen und Vermögensverhältnisse dieser Cassen (sie sind später zusammengestellt worden, aber noch nicht veröffentlicht).

Statistik der Armenpflege.

Bei der Bearbeitung des vierten Theils der Tabellen und amtlichen Nachrichten hat Dieterici die Aufstellung einer Statistik der Armenpflege im preussischen Staate unternommen. Das Formular, welches von den Regierungen aufzustellen war, enthielt 17 Colonnen, insbesondere die Zahl der Almosenempfänger und die erhaltene Unterstützung (baar und in Naturalien), beides mit Unterscheidung der offenen Armenpflege und der Armenpflege in geschlossenen Instituten, ferner die Mittel, aus denen die Unterstützung gewährt worden (Communal- etc. Fonds, Stiftungsfonds, Privatmittel). Die Ermittelungen erfolgten für das Jahr 1849. Die Schwierigkeit derselben verhehlte sich Dieterici nicht, und hat sie Seite 429 bis 431 des genannten Werkes angegeben, er hatte sogar weitere Bedenken: »ist erst bekannt, dass amtlich nach den Armen gefragt wird, so mehrt sich die Zahl der Armen und sie fordern als Recht, was als Wohlthat gegeben werden soll.« Aber »aller dieser Bedenken ungeachtet«, sagte er, »darf es doch nicht aufgegeben werden, den Versuch zu wagen, wenigstens den Anfang zu einer Armenstatistik des preussischen Staates zu machen.« Ebenso ist ihm die Unvollkommenheit der Resultate nicht entgangen, welche von ihm in übersichtlicher Bearbeitung mitgetheilt worden sind. Dass Dieterici ausserdem durch die Gewerbetabelle die Zahl der Almosenempfänger ermitteln liess, wurde oben gesagt. — Die obenerwähnten Nachweisungen der Schenkungen und Vermächtnisse zu milden und gemeinnützigen Zwecken sind bis 1848 an das statistische Bureau gelangt.

Statistik der Strafanstalten.

Die statistischen Resultate der unter dem Ministerium des Innern stehenden Strafanstalten wurden jährlich nach einem im Jahre 1831 angeordneten Formular zusammengestellt, welches in 67 Colonnen den Ab- und Zugang und Bestand, den Erwerb der Sträflinge und die Unterhaltungskosten der Anstalt behandelte; ausserdem wurden Uebersichten über die Gefangenen nach der Zeit der Detention aufgestellt. Die ersteren Tabellen, sowie die Beköstigungstabellen von diesen Anstalten benutzte Dieterici im vierten Theil seiner Tabellen etc. Ein neues Formular und zwar für alle Gefängniss-, Straf- und Correctionsanstalten (die Resultate der letzteren sind aus den jährlichen Berichten bis jetzt nicht zusammengestellt worden) hatte im Jahre 1855 der Geheimerath Graffunder entworfen, es enthielt in 258 Colonnen die persönlichen Verhältnisse der Gefangenen, die Beschäftigungs- und Disciplinar-Verhältnisse und die Krankheits- und Sterblichkeitsverhältnisse derselben. Dies Formular ist nicht eingeführt worden; es ist aber für die Strafanstalten seit 1858 ein neues Formular in Anwendung gebracht, welches in 5 Abtheilungen den Abgang, Zugang und Bestand an Gefangenen (30 Col.), die persönlichen Verhältnisse der Sträflinge (Rückfälligkeit, Heimathsverhältniss, Alter, Religion, Familienverhältniss d. h. uneheliche Geburt und Civilstand, Bildungsgrad, Militärverhältniss, Dauer der Strafe), die Gesundheitspflege (27 Col.), den Arbeitsbetrieb in den Strafanstalten (28 Col.) und die finanziellen Resultate derselben (38 Col.) behandelt. Diese Tabellen sind für 1858 bis 1860 nachmals in den »Mittheilungen aus den amtlichen Berichten über die unter dem Ministerium des Innern stehenden Straf- und Gefängnissanstalten« veröffentlicht worden. — Die über die Zahl der Gefangenen in den vom Justizministerium ressortirenden Gerichtsgefängnissen aufgestellten jährlichen Nachweisungen wurden um 1850 aufgegeben.

Tabellen der Justizverwaltung, Statistik der Schwurgerichte.

Die Jahresberichte der Justizverwaltung, welche schon seit längerer Zeit zusammengestellt, auch im Justizministerial-Blatt veröffentlicht wurden, haben in Folge der Veränderungen der Gerichtsorganisation wie des Gerichtsverfahrens in den Jahren 1846 bis 1851 verschiedene Modificationen der angewendeten Schemata erlitten. Die neuen Uebersichten für 1851 theilte Dieterici im vierten Bande der Tabellen und amtlichen Nachrichten mit: die Geschäftsübersichten von den Prozessen, Untersuchungen, Vormundschaftssachen u. s. w. bei den Gerichten erster Instanz (124 Col.), mit besonderem Schema für die rheinischen Gerichte (80 Col.), ausserdem ähnliche Tabellen für die Obergerichte; dann die Criminaltabellen, enthaltend die Zahl der Untersuchungen nach der Art des Verbrechens (58, bez. bei den rheinischen Gerichten 45 Arten unterschieden), und die Zahl der Angeklagten nach Geschlecht, Alter, Religion und Rückfälligkeit (24, bez. 14 Col.). Ferner die Tabellen der Todesurtheile in der bisherigen Weise. — Seit dem Jahre 1854 (zunächst für 1853) wurde im Justizministerium die Statistik der Schwurgerichte bearbeitet. Die jährlich aufgestellten Tabellen enthalten die Geschäftsübersichten, die Zusammenstellungen der Verbrechen mit Rücksicht auf den Spruch der Geschworenen (9 Col.), der Angeklagten nach Geschlecht und Beruf (17 Col.), der verhängten Strafen bei 18 unterschiedenen Hauptarten der Verbrechen (je 13 Col.), und kürzere Zusammenstellungen in Betreff der bei den Schwurgerichten behandelten Vergehen. Die Einrichtung dieser Tabellen wird dem Geh. Justizrath Sydow im Justizministerium verdankt; sie sind zuerst für 1854, dann für 1855, und weiter für je 2 Jahre gedruckt erschienen.

Tabellen der Aushebungen.

Die Nachrichten, welche Dieterici im vierten Bande der Tabellen beim Kriegsministerium mittheilte, beschränkten sich auf den Bestand der Armee und Verpflegungs-Tabellen. Ungefähr zu gleicher Zeit hatte Dieterici durch das Cultusministerium Nachrichten über den Bildungsgrad der ausgehobenen Mannschaften (Lesen, Schreiben, Rechnen) eingezogen, welche er für 1851 und 1852 empfing. Erst später erhielt er von den Tabellen der Ersatz-Aushebung Kenntniss, welche bei dem Ministerium des Innern gesammelt wurden, und welche u. A. die Zahl der Dienstpflichtigen der verschiedenen Jahrgänge, die Zahl der vom Termine ausgebliebenen, der dienstunfähig befundenen und zurückgestellten (mit Unterscheidung der Gründe), die Zahl der zur Disposition gebliebenen und der eingestellten Mannschaften (bei den letzteren unter Angabe der einzelnen Truppentheile) enthielten. Dieterici benutzte einen Theil hiervon für die Mittheilungen des statistischen Bureaus. Das Formular für diese Nachweisungen ist von 1831 bis 1860 im wesentlichen dasselbe geblieben.

Statistische Tabellen von den Staatseinnahmen.

Die statistischen Nachrichten von dem Ein-, Aus- und Durchgang der Waaren über die Landesgrenze hatte Dieterici vom Jahre 1832 ab für die Uebersichten des Verkehrs und Verbrauchs im preussischen Staate etc. benutzen dürfen. Diese Commercial-Nachweisungen wurden im Laufe der Zeit immer mehr erweitert und vom Jahre 1844 ab, zuerst für das Jahr 1843 unter dem Titel »Waarenverkehr und Zollertrag im deutschen Zollverein« zusammengestellt, durch das Centralbureau des Zollvereins alljährlich herausgegeben. Ihr Inhalt kann als bekannt vorausgesetzt werden. Für die Uebersichten des Verkehrs u. s. w. benutzte Dieterici gleichfalls regelmässig die statistischen Uebersichten der Runkelrüben-Fabrikation seit 1836, und ferner für verschiedene Jahre die Statistiken der Branntwein-Brennereien, Bierbrauereien und des Tabaksbaues, und regelmässig die Nachrichten vom Weinbau, die Abrechnungen über die gemeinschaftlichen Steuern und Uebergangsabgaben, und die statistischen Nachweisungen von der Mahl- und Schlachtsteuer und vom Salzmonopol.

Die dem statistischen Bureau von der Steuerverwaltung zugehenden Nachrichten hatten sich übrigens auf die Haupt-Abschlüsse der Verwaltung der directen und der indirecten Steuern beschränkt. Erst bei Bearbeitung des vierten Theils der Tabellen etc. liess Dieterici sich die bei dem Finanzministerium vorhandenen statistischen Zusammenstellungen von den einzelnen Steuern mittheilen, und brachte in diesem Werke ausser den statistischen Nachweisungen von den einzelnen vorgenannten Verbrauchsabgaben für das Jahr 1849, auch die von den Stempeleinnahmen (12 Arten), den Einnahmen von den Chausseen, an Brücken- und Fährgeldern, Canal- und Schleusengeldern, Hafen- und Schiffahrtsabgaben, Damm- und Wegegeldern für dasselbe Jahr zum Abdruck, — ferner die Nachweisung von der Gewerbesteuer-Veranlagung (Anzahl und Steuerbetrag der Steuerpflichtigen, 32 Col.), — die Nachweisung von der Classensteuer-Veranlagung für 1849 (79 Col.) und ausserdem die von dem Zugange durch die Aufhebung der Exemtionen im Jahre 1850, — die Nachweisung vom Grundsteuer-Aufkommen für 1849 nach den c. 120 Arten der Grundsteuer für die östlichen Provinzen und eine solche kleinere Nachweisung für die westlichen Provinzen. — Als im Jahre 1853 dem statistischen Bureau die aufgestellte Uebersicht der Einkommensteuer-Veranlagung mitgetheilt wurde, brachte Dieterici die regelmässige Mittheilung der Steuer-Uebersichten an das statistische Bureau von neuem in Gang. — In Betreff der Gewerbesteuer hat Dieterici im Jahre 1856 als Commissar des Ministeriums des Innern ein Votum bezüglich des Gesetzentwurfes zur Abänderung dieser Steuer abgegeben, worin er auf statistischer Grundlage erörterte, welche Gewerbe höher und welche niedriger zu besteuern seien, und auf welche Weise eine Steigerung der Einnahme ohne Beeinträchtigung der Industrie herbeigeführt werden könne; Dieterici ging hierbei von dem Grundsatze aus, dass vorzugsweise der im Gewerbe steckende Fonds, nicht der Arbeitslohn, durch die Steuer getroffen werden müsse. — Eine wichtige Aufnahme, welche in Dieterici's Zeit im Bereich der Steuerverwaltung erfolgte, die Grundsteuer-Veranlagung von 1850 und die von derselben zu erwartenden Resultate, eine Aufstellung, bei welcher im Detail zahlreiches Material über die Besitzverhältnisse und die Nutzungsarten des Bodens gewonnen wurde, ist vom statistischen Bureau nicht unmittelbar für seine Zwecke verarbeitet worden.

Im vierten Bande der Tabellen hat Dieterici ferner die tabellarischen Nachweisungen von dem Flächeninhalt und den Bestandtheilen, den Einnahmen und Ausgaben der Domänen (27 Col.) und dem Forstareal, dem Beamtenpersonal, den Einnahmen und Ausgaben der Forstverwaltung (55 Col.) abgedruckt. —

Nachrichten von den Staats-Geldinstituten.

Für dieses Werk zog er Nachrichten von dem Geschäftsbetriebe der Bank und der Seehandlung ein, von denen er einiges zum Abdruck brachte. Die Einziehung der tabellarischen Nachweisungen von der Münzverwaltung ging regelmässig fort. Ueber den Cours der Staatsschuldscheine liess Dieterici für die Mittheilungen eine Zusammenstellung fertigen.

Statistik der Provinzial-, Kreis- und Communal-Finanzen.

Einen andern Zweig der Statistik zog Dieterici nach langer Vergessenheit in den Bereich der statistischen Ermittelung: die Statistik des Haushalts der Communen. Nur von einer kleinen Anzahl von Städten gelangten hierüber durch gedruckte Rechenschaftsberichte statistische Nachrichten in die Oeffentlichkeit; und diese waren unter einander nicht vergleichbar. Durch Vermittelung des Ministeriums des

Innern zog Dieterici für das Jahr 1849 aus allen Gemeinden (Stadt und Land) Nachrichten ein: über den Geldwerth des Gemeindevermögens, die Gemeindeschulden, die Höhe der Communalbedürfnisse und wieviel davon durch Einnahmen aus dem Vermögen bez. durch Steuern aufgebracht wird; das Resultat wurde in dem vierten Bande der Tabellen etc. veröffentlicht. — Wenige Jahre später wurde vom Finanzministerium eine ähnliche Aufnahme veranlasst: über die Höhe der Beiträge aller Art zu Provinzial-, Kreis- und Ortscommunal-Zwecken im Jahre 1855. — Eine anderweite Aufnahme in dieser Richtung wurde für das Jahr 1857 durch gemeinsames Ausschreiben der Ministerien des Innern und der Finanzen angeordnet unter Aufstellung von 4 bestimmten Tabellenschematen; sie betraf die Höhe der Beiträge zu Provinzial-, Kreis-, Ortscommunal-, Kirchen- und Schul-Zwecken, die Einnahmen der Communalverbände aus eigenem Vermögen und die Verschuldung derselben. Die Resultate dieser Aufnahmen sind erst neuerdings veröffentlicht worden.

Statistik der Wahlen zur Landesvertretung.

Den bisherigen statistischen Ermittelungen traten in Folge der Veränderung der Staatsverfassung die Nachrichten von den Wahlen zu den Kammern hinzu. Dieterici hatte bereits bei den Wahlen von 1848 auf diesen Gegenstand seine Aufmerksamkeit gerichtet, die von ihm hierüber veröffentlichten Aufsätze beschränkten sich jedoch darauf, die Zahl der Urwähler zu schätzen. Für die Wahlen zur zweiten Kammer vom Juli 1849 veranlasste er durch das Ministerium die Aufnahme von Nachweisungen über die Zahl der Wähler jeder Abtheilung, die Höhe der angerechneten Steuerbeträge und die Betheiligung an den Wahlen; ähnliche Aufnahmen bewirkte er im folgenden Jahre über die Anzahl und Steuerbeträge der Wähler zum deutschen Volkshause; die Resultate beider Aufnahmen erschienen in den Mittheilungen. Nachweisungen über die Zahl der Wähler und ihre Betheiligung an den Urwahlen wurden auch bei den Wahlen zum Abgeordnetenhause in den Jahren 1855 und 1858 durch das Ministerium des Innern eingezogen.

Lage der statistischen Aufnahmen bei Dieterici's Tode.

In welchem Maasse sich die preussische Statistik während Dieterici's Direction entwickelte und welche Stellung er selbst inmitten dieser Entwickelung einnahm, wie er das Vorhandene fortzubilden, Neues ins Leben zu rufen strebte, dürfte aus der vorangegangenen nach den einzelnen Zweigen der Statistik getrennt gehaltenen Darstellung ersichtlich sein. Zugleich auch das: wie wenig bei Dieterici's am 30. Juli 1859 unerwartet eingetretenem Tode die preussische Statistik zu einem bestimmten Abschlusse gelangt war. Die preussische Statistik hatte diejenige Ausbildung noch nicht erreicht, welche Dieterici herbeizuführen sich vorgesetzt hatte, und wenn er, bei Unterschätzung seiner bisherigen Leistungen in einem am 28. April 1859 dem Minister des Innern erstatteten Berichte sagte: »Gross und weit sind die Aufgaben des statistischen Bureaus und viele derselben sind noch ungelöst, weil es an Material und geeigneten Kräften gebricht. Nach den Grundlagen, die Hoffmann zu seinem grossen Verdienst gelegt hat, nach allen meinen Bemühungen, wage ich nur das Allerwichtigste, Bevölkerung, Grösse, Schulwesen, zum Theil Gewerbe- und Fabrikwesen herzustellen. Eine Menge anderer Fragen der Statistik bleiben zum Nachtheile der Administration noch ungelöst«. — So sieht man auch hieraus, dass er seiner erfolgreichen Thätigkeit noch eine weitere Entwickelung vorbehalten glaubte.

3. Die Veröffentlichungen W. Dieterici's und des von ihm dirigirten statistischen Bureaus.

Dieterici's Nachrichten von den Universitäten.

Die erste statistische Arbeit, welche Wilhelm Dieterici veröffentlichte, erschien im Jahre 1836, als er bereits im 46. Lebensjahre stand: die geschichtlichen und statistischen Nachrichten über die Universitäten im preussischen Staate; es waren darin die statistischen Verhältnisse derselben seit dem Ende des vorigen Jahrhunderts bis 1834 behandelt. — Eine andere kleine Schrift Dieterici's aus der Zeit vor Antritt der Direction des Bureaus ist die statistische Uebersicht der Stadt Berlin, welche im berliner Kalender von 1844 abgedruckt wurde.

Die Nachrichten des Verkehrs und Verbrauchs im Zollverein.

Schon 1836 hatte er sich indess einem umfassenderen Gegenstande zugewendet, den er in einer Reihe statistischer Schriften behandelte: Er unternahm die Fortsetzung der Ferberschen Beiträge, welche mit dem Jahre 1831 abgeschlossen hatten; aber er concentrirte den Gegenstand der Darstellung auf die Ermittelung der Verhältnisse des Verkehrs und Verbrauchs. Die Commercial-Nachweisungen gaben nur den auswärtigen Verkehr; das Bild schien ihm hiernach unvollständig, denn in allen Ländern sei der innere Verkehr, seien die Bedürfnisse, die Durchschnitte der Verzehrung und des Verbrauchs der verschiedenen Objecte für jeden Einwohner die viel wichtigere Frage für die Anschauung des Volkslebens, des Wohlstandes der Völker; vollständig werde das Bild der materiellen Güter der Nation erst dann, wenn der innere Bedarf mit den Quantis verglichen werden könne, die an das Ausland abgegeben werden. Diese Ermittelungen suchte er aus den vorhandenen statistischen Nachrichten abzuleiten, wobei er für die einzelnen Gegenstände, die bei der Verwaltung der indirecten Steuern aufgestellten Tabellen, die Tabellen der Bergwerksproduction, der Schiffahrt, der Chausseen und Eisenbahnen, die Börsennachrichten über Preise der Colonialwaaren, die Gewerbetabelle u. s. w. benutzte. Der erste Theil dieser »statistischen Uebersichten der wichtigsten Gegenstände des Verkehrs und Verbrauchs im preussischen Staate und im deutschen Zollverein« erschien im Mai 1838 und behandelte die Periode von 1832 bis 36, der zweite im Jahre 1842 behandelte die Periode von 1837 bis 39, der dritte im September 1844 erschienene die Periode von 1840 bis 42. — Mit der Erweiterung des Zollvereins wurde die Darlegung dieser Verhältnisse schwieriger; die gewerblichen Zustände der übrigen verbundenen Staaten mussten in Betracht gezogen werden, und schon bei der Bearbeitung der zweiten Fortsetzung (der Jahre 1840 bis 42) bemühte er sich, diejenigen Nachrichten, über welche die preussischen Tabellen (namentlich die Gewerbetabelle) Auskunft gaben, aus den andern Staaten gleichfalls zu erhalten.

An der Spitze des statistischen Bureaus stehend, setzte Dieterici diese Arbeiten fort; der vierte Theil, die Jahre 1843 bis 45 behandelnd, wurde 1848, der fünfte für die Jahre 1846 bis 48 wurde 1851 herausgegeben, und schliesslich die Periode 1849 bis 1853 in einem 1857 erschienenen sechsten Werke behandelt; dieses letzte beschränkte sich auf die Verkehrs- und Verbrauchsnachrichten, der frühere Anhang mit den Nachrichten über Messen, Seehäfen, Chausseen und Eisenbahnen blieb fort.

Der Volkswohlstand im preussischen Staate.

An die Bearbeitung des dritten Theiles des Verkehrs und Verbrauchs knüpfte Dieterici diejenigen in den Gesichtspunkten allgemeineren, in der Behandlung tieferen Untersuchungen an, welche im Jahre 1846 unter dem Titel: »der Volkswohlstand im preussischen Staate, in Vergleichungen aus den Jahren vor 1806 und von 1828 bis 1832, sowie aus der neuesten Zeit, nach statistischen Ermittelungen und dem Gange der Gesetzgebung aus amtlichen Quellen dargestellt« erschienen ist, — ein Werk, welches für diese Zeit eine ähnliche Bedeutung in Anspruch nehmen konnte, wie Krugs Nationalreichthum für eine 40 Jahre zurückliegende Periode. »Lange schon trug ich mich mit dem Gedanken«, sagt Dieterici in der Einleitung, »ob es nicht möglich sei, in Bezug auf materielle Güter, auf den Wohlstand im preussischen Staate statistische Vergleichungen anstellen zu können über die frühere Zeit und die jetzige, um, soweit es ging, in einigermaassen bestimmter Zahl zu übersehen, ob und in wiefern die Zustände sich verbessert hätten oder nicht. In vieler Beziehung hatten sich die Verhältnisse, nachdem viele Jahrzehnte vor und bis 1806 alles im alten Geleise fortgegangen war, fast plötzlich nach wenigen Jahren der Noth und der Entbehrung durch die Gesetzgebung von Grund aus umgestaltet; später war nach Annahme des wichtigsten Abschnittes der neueren Gesetzgebung in Bezug auf Erwerb und Verkehr, der Zollgesetzgebung in vieler Hinsicht ein neuer Aufschwung der Dinge durch die Bildung des Zollvereins entstanden. In alle diese Verhältnisse klarer hineinzusehen, als nach bloss allgemeinen Eindrücken geschieht, wo möglich in Zahlen sich die wichtigsten Gedanken und Schätzungen gleichsam zu verkörpern, ward immer dringender, je mehr über die bestehende Gesetzgebung, und dass solche zum Theil in Hauptsätzen geändert werden müsste etc., viel hin und her geredet wurde, und viele Klagen laut wurden über steigendes Proletariat, über sich vermehrende Armuth. War auch die Vertheilung der Güter nicht speciell zu ermitteln, so war es doch schon wichtig, bestimmter zu übersehen, ob und in welchem Grade die Masse der Güter sich vermehrt oder vermindert habe. Diese Frage, soweit es möglich, zu beantworten, erschien mir in meiner Stellung fast als Pflicht.« Indem nun Dieterici zur Ausführung seiner Vergleichungen Krugs Angaben für die ältere Periode benutzte, gingen doch seine Ermittelungen einen anderen und gewissermaassen entgegengesetzten Weg: »Wie man bei den Abgaben das Einkommen trifft, wenn man bei der Ausgabe die Steuer erhebt, so wird Jedermann soviel erwerben müssen, als er verzehrt oder verbraucht.« Die Consumtion und das Durchschnittsmaass derselben pro Kopf an den wichtigsten Verbrauchsgegenständen: Getreide, Fleisch, Bier, Branntwein, Wein, Tabak, Reis, Zucker, Gewürze, Salz, Leder, Leinwand, Wollen-, Baumwollen-

und Seidenwaaren, berechnete Dieterici für jede der drei bezeichneten Perioden in der Weise, wie es die aus derselben für den preussischen Staat vorhandenen statistischen Nachrichten bei den einzelnen Stoffen zulässig erscheinen liessen. Zu dem Consumtionsquantum an diesen Hauptartikeln rechnete dann Dieterici die Bergwerksproduction, ein Pauschquantum für die sonstige inländische Fabrikation, und den Werth der Einfuhr mit Ausschluss der oben genannten Artikel. Die so ermittelten Summen des Erwerbs oder Verbrauchs in verschiedenen Zeiten sollten annähernd darstellen, in welchem Maasse der Volkswohlstand im preussischen Staate gestiegen sei. »Fast alle in den folgenden Blättern aufgestellten Zahlenresultate«, sagte Dieterici in der Einleitung, »sind nur als approximative Grössen zu betrachten; aber auch schon aus diesen, und da die Untersuchung sich auf die Hauptobjecte der Verzehrung, des Verbrauchs, des Erwerbs bezieht, wird sich ein ungefähres Bild im Ganzen mit, wie ich hoffe, innerer Wahrscheinlichkeit entwickeln.« — Als derselben Richtung angehörig dürfte hier noch eine kleinere Schrift zu erwähnen sein, welche Dieterici im Jahre 1848 herausgab: über preussische Zustände, über Arbeit und Capital, ein politisches Selbstgespräch. Es ist dies eine mehr populäre Darstellung, deren statistischer Inhalt sich wesentlich schon in dem »Volkswohlstand« findet. Das Bedeutende derselben liegt darin, dass sie der getreueste Ausdruck der staatswirthschaftlichen Anschauungen und der politisch-socialen Ueberzeugungen Dieterici's ist; beim Schreiben dieses Werkes trat ihm immer schärfer und bestimmter die Ansicht hervor, die er als das Hauptergebniss seiner wissenschaftlichen Untersuchungen bezeichnete: »dass auch des Staates Wohl ganz und gar auf der Moral beruht, dass alle gute Verwaltung, dass die wahre Politik ihre Wurzel hat in der Sittenlehre, dass nur der Weg der Tugend die Menschen führt zu Glück und Wohlstand.«

Dieterici's Schrift über preussische Zustände.

Die statistischen Tabellen vom 1843 und 1846.

Als Director des statistischen Bureaus ging Dieterici von dem Grundsatze aus, die zusammengestellten Tabellen vollständig der Oeffentlichkeit zu übergeben. »Man kann dagegen das Bedenken haben«, sagte er, »dass, wer mit statistischen Zahlen und Betrachtungsweisen nicht umzugehen weiss, und die Entstehung der einzelnen Zahlen nicht kennt und verfolgen kann, leicht Missbrauch mit den Tabellen treiben, aus Missverständniss grosse Irrthümer aus den gegebenen Zahlen herleiten kann. Mein Herr Amtsvorgänger hat deshalb mit der vollständigen Mittheilung jener Tabellen bisher gezögert und vorgezogen, einzelne Zahlen und Zahlengruppirungen zu veröffentlichen und an diese allgemeine Bemerkungen anzuknüpfen. Bei der in neuerer Zeit sehr vorgeschrittenen politischen Bildung in der Nation, dem vielfach laut gewordenen Bedürfniss nach Mittheilung genauer und vollständiger Zahlenverhältnisse, und da England, Frankreich, Belgien bis ins äusserste Detail die Resultate der statistischen Zählungen bekannt machen, habe ich jetzt für meine Pflicht gehalten, Preussen gegen jene Staaten nicht zurückstehen zu lassen, und gehe mit der Publication der sämmtlichen statistischen Tabellen voran.« So gab er »die statistischen Tabellen des preussischen Staates nach der amtlichen Aufnahme des Jahres 1843« im Jahre 1845 heraus, indem er die statistische Tabelle, die Bevölkerungsliste, die Sanitäts-, Kirchen- und Schultabelle und die Gewerbetabelle nach den Regierungsbezirken zum Abdruck brachte und die Resultate derselben darlegte. In der Einleitung gab er einen Ueberblick der Grundlagen der Flächeninhalts-Berechnungen vom preussischen Staate; am Schlusse eine Tabelle des Flächeninhalts, der Einwohnerzahl und des Viehstandes der Kreise etc. Von den Aufnahmen des Jahres 1846 wurde zunächst nur der Haupttheil der statistischen Tabelle mit der Uebersicht der Einwohnerzahl nach Kreisen, »die Bevölkerung des preussischen Staates nach der amtlichen Aufnahme des Jahres 1846«, herausgegeben.

Die Mittheilungen des statistischen Bureaus.

Gerade in der damaligen politisch erregten Zeit schien es wichtig, ein Organ für die Besprechung der statistischen Verhältnisse solcher Angelegenheiten zu gründen, die in dem gegebenen Zeitpunkte das Nachdenken derjenigen beschäftigten, welche an der politischen Entwickelung des Staates Theil nähmen. Zur Behandlung der Tagesfragen vom statistischen Standpunkte aus wurden die »Mittheilungen des statistischen Bureaus in Berlin, herausgegeben von W. Dieterici« gegründet, welche, mit dem April 1848 beginnend, in halbmonatlichen Lieferungen erschienen, und seitdem bis zu Dieterici's Tode und darüber hinaus bis zum Jahresschlusse 1860 fortgesetzt worden sind. Sie sollten nach Dieterici's Worten die verschiedensten Gegenstände statistischer Betrachtung behandeln, und hierdurch dahin wirken, dass das statistische Wissen sich immer mehr verbreite, dass alle Gebildeten inne werden, wie wichtig für alle Staatsangelegenheiten diese Art der Betrachtungen ist, die für alle legislatorischen Fragen Anfang und Ende sind.

In der That wurden nicht nur die verschiedenen Aufnahmen, welche vom statistischen Bureau unmittelbar veranlasst wurden (zunächst fast sämmtliche Aufnahmen von 1846), sondern auch sehr viele statistische Nachweisungen, welche ausserhalb des eigentlichen Geschäftskreises desselben entstanden waren, in den Bereich der Mittheilungen des statistischen Bureaus gezogen. Sie brachten in der Zeit bis zu Dieterici's Tode: aus dem Wirkungskreise des meteorologischen Instituts in dem 6., 7., 8. und 10. Jahrgange Aufsätze vom Professor Dove über die klimatischen Verhältnisse des preussischen Staates, und seit dem Februar 1855 vierteljährlich die Tabellen der Beobachtungen des Thermometerstandes, des Barometerstandes, des Dunstdruckes, des Druckes der trockenen Luft, der relativen Feuchtigkeit und der Niederschläge. — Aus der topographischen Abtheilung erschien darin die Berechnung des Flächeninhalts aller Länder der Erde vom Geh. Rath Engelhardt, die Berechnung der Wasserflächen im preussischen Staate, und die Beiträge zur Territorialstatistik der Rheinprovinz vom Plankammer-Inspector Schmidt. — Ferner das Project zu einer neuen Landeseintheilung vom Geh. Rath von Viebahn. — Aus der Bevölkerungsstatistik wurden besprochen: die frühere und jetzige Bevölkerungszahl der einzelnen Provinzen, die Volkszählungs-Resultate und die Zunahme der Bevölkerung (insbesondere der Bevölkerung von Berlin), die Zunahme der jüdischen Bevölkerung (1846), die Zahl der Taubstummen und Blinden (1846), die Uebersicht der Wohnplätze (1849), die Viehstands-Zählungen (bis 1855), die statistischen Nachrichten aus Hohenzollern (1851 nach den preussischen Formularen nachträglich gesammelt), — die Aus- und Einwanderungen (bis 1858), — Geburten, Trauungen, Sterbefälle (bis 1854, auch insbesondere Pocken, Cholerafälle, Sterblichkeit der kleinen Kinder zu Berlin), die Nachweisungen der vom Blitz verletzten Personen. — Ferner die Sanitätstabellen (1846 und 55), die Irrenanstalten (1850), — die Kirchen- und Schultabelle (1846), die Klöster etc. (1855), die höheren Unterrichtsanstalten, Kleinkinder-Bewahranstalten, berliner Volksbibliotheken. — Aus der Gewerbestatistik wurden die Resultate der Gewerbetabelle von 1846 in einer Reihe von Aufsätzen von verschiedenen Gesichtspunkten aus behandelt, auch die Resultate dieser Aufnahmen aus den anderen Zollvereins-Staaten mitgetheilt, später einzelne Theile der Gewerbetabellen von 1852; — die Production des Bergbaues etc. (1849), — die ländlichen Besitzverhältnisse (nach der Gewerbetabelle von 1849 bis 1855 und den Nachrichten über Parcellirungen), — die Kaufpreise der Ackerländereien, — die Pfandbrief-Institute, — die nationalökonomische Bedeutung der Jagd etc. — Versicherung gegen Hagelschaden, — Feuerversicherung (1846). — Der Post- und Telegraphen-Verkehr (bis 1857), — der Betrieb der preussischen Eisenbahnen (1849), — der Handelsverkehr von Stettin, — Jahrmärkte (1858), Kalender (1853), — Marktpreise der Lebensmittel (alljährlich mitgetheilt), — und insbesondere Marktpreise des Getreides zu Berlin seit 1624. — Die Uebersicht der Mittelsätze des auskömmlichen Unterhalts ländlicher Arbeiterfamilien, — Zustand der Sparcassen (1849 bis 56); — Schenkungen und Vermächtnisse zu milden Zwecken. — Aus der Justizstatistik: die Todesurtheile (bis 1857), und im letzten Quartal des Jahres 1859: die tabellarischen Uebersichten aus der Justizverwaltung (1853 bis 57). — Aus der Militärstatistik: das preussische Heerwesen in verschiedenen Zeiträumen, — die Schulbildung der Recruten, — die Resultate der Ersatzaushebungen. — Aus den finanzstatistischen Aufnahmen: Versuch statistisch zu ermitteln, wie hoch die Verzehrungs- und Verbrauchsgegenstände an Quantität und Werth im preussischen Staate durchschnittlich auf den Kopf der Bevölkerung zu berechnen sind (im Jahrgang 1851, eine Fortsetzung der Untersuchungen im Volkswohlstande), — über Fleisch- und Brodconsumtion (Jahrgang 7), — Weinbau (J. 2.), — Tabaksbau (J. 9), — Rübenzucker-Fabrication (J. 11), — Indigohandel, — Theehandel, — Holzverkehr im Zollverein, — und der Vortrag über den Verbrauch der wichtigsten ausländischen Verzehrungsgegenstände; — die Uebersicht der Besteuerungsverhältnisse (1850), — Classensteuer und Einkommensteuer (1849 bez. 1853); — Cours der Staatsschuldscheine (bis 1854); — im Umlauf befindliche Münzen (1858). — Ferner sieben Aufsätze über die Wahlen zur preussischen Landesvertretung und bez. zum deutschen Parlament (im ersten bis dritten Jahrgang). — Von allgemeinerem Inhalt ist der Aufsatz im vierten Jahrgang über den Begriff der Statistik, deren Bedeutung für die Wissenschaft und für die praktische Anwendung auf das Leben, auf welchen im Eingange dieser Darstellung Bezug genommen ist. Auch ausländische statistische Verhältnisse wurden in den Mittheilungen behandelt (Bevölkerungs-Verhältnisse und Bodennutzung in England und Frankreich, Getreideeinfuhr von England, Eisenbahnwesen in Frankreich, Handel von Bremen u. s. w.) — Fast alle diese Aufsätze waren entweder von Dieterici persönlich verfasst, oder unter seiner unmittelbaren Leitung von dem Rechnungsrath Schmanch gearbeitet wurden. — Hierzu kamen seit dem dritten Jahrgange (1850) die Jahres-Uebersichten der statistischen Literatur vom Professor Helwing, und seit 1858 verschiedene Besprechungen statistischer und staatswirthschaftlicher Werke durch denselben.

Die Aufsätze im Magazin des Auslandes,

Zur Besprechung der statistischen Verhältnisse auswärtiger Staaten waren die »Mittheilungen« eigentlich nicht bestimmt. Dieterici wählte hierzu ein anderes Organ, das Magazin der Literatur des Auslandes, welches vormals mit der Staatszeitung verbunden gewesen war. Eine Reihe von Aufsätzen über bedeutendere Werke auf dem Gebiete der auswärtigen Statistik wurden in dem genannten Blatte in den Jahren 1853 bis 1855 durch das statistische Bureau veröffentlicht (sie waren vom Assessor Böckh verfasst). — Dass das Magazin dem statistischen Bureau als Organ diente, gab zu einer Beschwerde des Curators des Staatsanzeigers R. Quehl Veranlassung, welcher die Veröffentlichungen des Bureaus für den Staatsanzeiger reclamirte. Dieterici übernahm es, dem Staatsanzeiger gleichfalls geeignete statistische Aufsätze mitzutheilen und hat in demselben seit dem October 1853 bis 1856 20 grössere und kleinere Aufsätze über Zählungsresultate, Ehescheidungen (nach den Geschäftsübersichten der Justizverwaltung), uneheliche Geburten, kirchliche Verhältnisse, Fabriken, Seeschiffahrt, Messverkehr, Getreidepreise, Feuerversicherung und den Communalhaushalt mehrerer Städte veröffentlicht.

im Staats-Anzeiger.

Die Tabellen und amtlichen Nachrichten über den preussischen Staat,

Wie oben erwähnt, wurde bei Feststellung des Haupt-Finanzetats für das Jahr 1850 in Folge Kammerbeschlusses eine Summe aus Staatsfonds bewilligt, damit die Resultate der statistischen Zählungen dem Publicum in grösserer Ausführlichkeit bekannt gemacht würden, als es bisher möglich war. Diesem Beschlusse entsprechend hat Dieterici in den »Tabellen und amtlichen Nachrichten über den preussischen Staat, herausgegeben von dem statistischen Bureau zu Berlin«, alle von dem Bureau ressortirende Aufnahmen des Jahres 1849 in derselben Ausführlichkeit veröffentlicht, wie solche dem Bureau selbst zugingen (nämlich sämmtliche Zahlen für jeden Kreis und für jede Stadt). Und obwohl es zweifelhaft war, ob nicht schon durch den Abdruck derselben die gestellte Aufgabe gelöst sei, so hielt er es doch für zweckmässig, Erläuterungen hinzuzufügen, welche er zwar nur als Beigabe betrachtet wissen wollte, in denen er jedoch die Resultate der mitgetheilten Aufnahmen in sehr eingehender Weise behandelte. So erschienen für das Jahr 1849 im ersten Bande: die statistische Tabelle mit der Liste der Wohnplätze (und in den beigefügten Erläuterungen: die Tabellen der Aus- und Einwanderungen und der Verhältnisse der Juden), — im zweiten Bande (welcher 1851 herauskam) die Bevölkerungslisten mit ihren Beilagen, die Sanitätstabellen, die Kirchen- und Schultabellen mit den Nachweisungen der höheren Unterrichtsanstalten, — im fünften Bande (1854) die Tabelle der Handwerker etc., — im sechsten Bande (1855) die Fabrikentabelle (mit der Specialnachweisung der grösseren Fabriken). Da inzwischen bereits die Resultate der Aufnahmen von 1852 vorlagen, wurden die betreffenden Gewerbetabellen dem fünften und sechsten Bande noch angeschlossen, die übrigen oben genannten Tabellen aus diesen Aufnahmen (sowie die Nachweisung der Immobiliar-Feuerversicherungen, und die Bevölkerungslisten der zwischenliegenden Jahre) wurden im siebenten Bande (der 1855 erschien), mitgetheilt, jedoch nicht in gleicher Specialität, wie die Tabellen von 1849 (für die einzelnen Städte nämlich nur die Einwohnerzahl, für die Kreise die Zahlen der statistischen Tabelle, die Zahlen der übrigen Tabellen nur für die Regierungsbezirke). — In gleicher Weise sind die Tabellenaufnahmen vom Jahre 1855 im achten Bande (1858) und ähnlich (nämlich mit Unterscheidung der Zahlen für Stadt und Land) nach Dieterici's Tode die noch von ihm veranlassten Aufnahmen von 1858 als zehnter und letzter Band der Tabellen und amtlichen Nachrichten durch seinen Nachfolger herausgegeben worden.

Die Berichte über die meteorologischen Beobachtungen, vom Professor H. W. Dove erstattet, bildeten den dritten Theil (die Beobachtungen der Jahre 1848 und 1849, erschienen 1851) und den neunten Theil des Tabellenwerks (die Beobachtungen bis 1857, erschienen 1858). In die Zeit zwischen dem Erscheinen dieser beiden Theile fällt die Veröffentlichung einer Schrift über das meteorologische Institut in dem zweiten Bande des Archivs für Landeskunde, deren drei Abschnitte von Dieterici, Professor Dove und Geheimerath Schmauch gearbeitet sind.

insbesondere die Resultate der Verwaltung.

Da die vom statistischen Bureau ausgehenden Tabellen nur einen Theil des Materials der preussischen Statistik enthielten, ein anderer Theil in den zahlreichen Aufnahmen seitens der einzelnen Ministerien enthalten war, so fasste Dieterici die letzteren zu einem besonderen Theile seiner Publication zusammen, dem im Jahre 1853 erschienenen vierten Bande »den Resultaten der Verwaltung.« Als Zweck dieser Arbeit bezeichnete er: die Resultate zu kennen, welche in verschiedenen Verwaltungszweigen in Zahlen unmittelbar hervortreten, und durch richtige Erwägung und Vergleichung derselben ein Mittel zu gewähren, ein billiges und gerechtes Urtheil über die Zustände der Nation und die ergriffenen Verwaltungsmassregeln sich zu bilden. Er ging hierbei die einzelnen Ministerien durch: das Finanzministerium mit den zugehörigen Central-Instituten (die betreffenden Tabellen sind oben bezeichnet), — das Handelsministerium (Postverwaltung, Eisenbahnverwaltung, Land- und Wasserstrassen 1849, Schiffahrt 1849 und bez. 1850, Berg-, Hütten- und Salinenwesen 1851) — das Ministerium des Innern (Communalhaushalt, Armenpflege, Strafanstalten 1849, Sparcassen etc., Versicherungsanstalten, Pfandbriefs-Institute), — das Ministerium der landwirthschaftlichen Angelegenheiten (Regulirungen 1849 und 1852), — das Ministerium der geistlichen, Unterrichts- und Medicinal-Angelegenheiten (Pfarrstellen etc., Irrenhäuser), — das Justizministerium (Tabellen von 1851), — das Kriegsministerium — und das der auswärtigen Angelegenheiten. Als erster Versuch zur Herstellung einer Verwaltungsstatistik bot schon das Sammeln des Materials grosse Schwierigkeiten dar, um so dankenswerther war es, dass Dieterici sich angelegen sein liess, bei Mittheilung der tabellarischen Nachweisungen die Leser zugleich in die Verhältnisse der einzelnen Verwaltungszweige wirklich einzuführen. Die regelmässige Wiederholung der Veröffentlichung der Verwaltungs-Resultate hat Dieterici nicht beabsichtigt. — Sein Vorhaben, in den zwischen den dreijährigen Zählungen liegenden Jahren ein statistisches Jahrbuch herauszugeben, wozu er bereits 1852 Einleitungen traf, ist nicht zur Ausführung gekommen.

Den geistig bedeutendsten Theil von Dieterici's Werken bilden die Abhandlungen, die er seit 1847 in seiner Eigenschaft als Mitglied der Akademie der Wissenschaften — auf welche, wie auf seine Lehrthätigkeit an der Universität, er mit Recht den höchsten Werth legte — verfasst hat, und die in den Abhandlungen der Akademie, theilweise auch in besonderen Abdrücken erschienen sind. Sie behandeln nach der Zeitfolge geordnet: die Vertheilung der Bevölkerung nach Alter und Geschlecht im preussischen Staate, in anderen Staaten Europas und in Nordamerica, — den Begriff der Uebervölkerung, — die Vermehrung der Bevölkerung im preussischen Staate und in Europa seit dem siebzehnten Jahrhundert, — die Sterblichkeits-Verhältnisse in Europa und die Gründe der Verschiedenheit derselben in den einzelnen Staaten, — Betrachtungen über die Todesarten und das Verhältniss derjenigen, welche das höchste Lebensalter erreichen zu den Culturzuständen der Völker, — die Fortschritte der Industrie und die Vermehrung des Wohlstandes der Völker mit besonderer Beziehung auf die ethischen Verhältnisse und die geistige Entwickelung, — die Zahl der Geburten in den verschiedenen Staaten Europas, — das Verhältniss der neugeschlossenen Ehen zur Zahl der gleichzeitig lebenden, — die Zunahme der Bevölkerung im preussischen Staate mit Bezug auf Vertheilung derselben auf Stadt und Land, — die Bevölkerung der Erde, — der Begriff der mittleren Lebensdauer und deren Berechnung für den preussischen Staat. Aus dem reichen Inhalte dieser Abhandlungen möge hier nur eines hervorgehoben werden, ein charakteristischer Zug, der durch mehrere derselben geht, dass Dieterici den hauptsächlichen Werth der Verbesserung der materiellen Verhältnisse in der günstigen Einwirkung derselben auf die sittliche und geistige Entwickelung der Völker erkannte. So sagte er in der drittletzten Abhandlung: »die Sterblichkeits-Verhältnisse verbessern sich mit vermehrtem Wohlstand; für ganze Völker ist die Armuth nicht der Weg zur Tugend; — das Aufblühen der Fabrikation, der Technik, das Erfinden neuer Maschinen, das Aufsuchen neuer Quellen und neuer Wege des Handels und Absatzes, die vermehrte Benutzung rascher Communicationsmittel muss nothwendig den Verstand und die Urtheilskraft der ganzen Nation heben, und wenn der Geist und Verstand des Menschen höchstes Eigenthümliches ist, so können Zustände, welche Tiefe des Urtheils, Verbreitung der Bildung als Bedingung fordern und als Wirkung herbeiführen, nicht den Anfangspunkt rückgängiger Bewegung bezeichnen.«

Dieterici's akademische Abhandlungen.

Was vormals Hoffmann auszuführen seines vorgerückten Alters wegen aufgegeben hatte, unternahm Dieterici in seinen letzten Lebensjahren, die Bearbeitung eines »Handbuchs der Statistik des preussischen Staates.« Fünf Lieferungen davon wurden noch von ihm selbst herausgegeben; sie enthalten die

Das Handbuch der Statistik des preussischen Staates.

historische Einleitung, die geographische Lage, das Klima, die Orographie, die Hydrographie und die politische Eintheilung des Landes, — den Stand und die Bewegung der Bevölkerung (bis 1855), — die Rohproduction, Thierreich, Pflanzenreich, Landescultur-Verhältnisse (bis 1855 bez. 1856), Mineralien (Production bis 1857), — Gewerbe und Fabrikation (bis 1855). Zum Abschlusse des Werkes sind die weiteren Lieferungen, der Abschnitt über Handel und Verkehr (Geldinstitute, Communications-Anstalten, Handelsgewerbe enthaltend) nach seinen hinterlassenen Papieren von seinem jüngeren Sohne, dem Dr. C. Dieterici, hinzugefügt worden.

V. Die neuesten Momente der Entwickelung in der amtlichen Statistik des preussischen Staates.

Ernennung des Dr. Ernst Engel zum Director des statistischen Bureaus, und Berufung des Professors Hanssen an die berliner Universität.

Die Frage, welche nach dem Tode des Directors Dieterici zunächst in den Vordergrund trat, war, ob die beiden Aemter, welchen Dieterici seit 1844 und Hoffmann ungefähr während einer gleichen Zeitdauer zusammen vorgestanden hatte, die Direction des statistischen Bureaus und die Professur für Staatswissenschaften an der berliner Universität, auch ferner verbunden bleiben sollten. Wenn für die Beibehaltung der Verbindung das ökonomische Interesse sprach, so konnte man sich doch andererseits nicht verhehlen, dass seit dieser vor 28 Jahren von Hoffmann hergestellten Anordnung die Anforderungen an beide Stellen erheblich gestiegen waren. Die Erörterung dieser Frage blieb nicht auf Beamtenkreise beschränkt; ein Gutachten, auf welches man mit Recht besonderes Gewicht legte, machte geltend, wie der eigentliche Beruf des Directors ein wesentlich anderer als der des Professors sei, und die erspriessliche Wirksamkeit des einen und des andern für jeden besondere Eigenschaften voraussetze; wie es schwer sein werde, eine für beide Aemter gleichmässig befähigte, mit ungewöhnlicher doppelter Arbeitskraft begabte Persönlichkeit für diese Doppelstellung aufzufinden; und wie jede dieser beiden Aufgaben gross genug sei, um Kopf und Zeit eines Mannes vollständig in Anspruch zu nehmen. — Man entschied sich für die Trennung, und während zur Professur für Staatswirthschaft und Statistik der Professor Hanssen aus Göttingen berufen wurde, erhielt der Regierungsrath Dr. Ernst Engel aus Dresden die erledigte Stelle als Director des statistischen Bureaus; in wenigen Jahren hatte derselbe aus geringen Anfängen das statistische Bureau im königlich sächsischen Ministerium des Innern zu einem Institute von europäischem Rufe gehoben, und die von diesem Bureau unter seiner Leitung ausgegangenen, von ihm persönlich verfassten Werke: die Mittheilungen (vier Bände, 1849 bis 1855 erschienen), das Jahrbuch für Statistik und Staatswirthschaft (1854), die Zeitschrift des statistischen Bureaus (vier Jahrgänge) liessen in ihm den Mann erkennen, der aus einer zur Zeit offenbar schwierigen Lage die Statistik des preussischen Staates zu glücklicher Fortentwickelung führen würde.

Vorschläge zur Reorganisation der amtlichen Statistik.

Am 1. April 1860 wurde dem Geheimen Regierungsrath Director Engel die Leitung des Bureaus übergeben, welche bis dahin von dem Geheimen Regierungsrath Graffunder seit Dieterici's Tode interimistisch geführt worden war. Der neue Director erkannte schnell, dass vor allem drei Maassregeln nothwendig sein würden, um dem statistischen Bureau eine fruchtbringende Thätigkeit zu sichern: die Errichtung einer statistischen Centralcommission aus den Vertretern der höchsten Beamtenstellen unter Zuziehung wissenschaftlicher Capacitäten, die Verstärkung der Leistungsfähigkeit des Bureaus selbst durch Vermehrung der Arbeitskräfte bei demselben, und die Umgestaltung der Veröffentlichungen des Bureaus, in der Weise, dass sie geeignet würden, auf einen grösseren Kreis von Lesern als bisher belehrend und anregend einzuwirken. Nach diesen drei Richtungen hin stellte der Director Engel am 24. Juni 1860 seine Anträge beim Ministerium.

Errichtung der statistischen Centralcommission und Zusammensetzung derselben.

Aus welchen Motiven der Antrag auf Einrichtung der Centralcommission hervorging, ist in Nr. 3 der Zeitschrift des statistischen Bureaus dargelegt worden: Solle ein amtliches statistisches Bureau, heisst es hier, seiner zwiefachen Aufgabe, der Verwaltung wie der Wissenschaft dienstbar zu sein, genügen, so müsse es nach und nach alle Gruppen von Erscheinungen im Staatsleben in den Bereich seiner Controle ziehen. Es brauche sie nicht alle selbst zu beobachten; allein bei dem Mangel eines geregelten Planes, einer systematischen Zusammenstellung, einer organisirten Centralisation der verschiedenen Beobachtungen bleibe ein grosser Theil derselben todtes Material. Werde die Erhebung und Verwerthung der Beobachtungen solcher Erscheinungen aus den manchfaltigen Branchen des öffentlichen Lebens dem betreffenden Zweige der Verwaltung je nach seinem Bedürfnisse überlassen, so werde diesen einzelnen Behörden nothwendig die Verfolgung neuer interessanter Gesichtspunkte, die sich so häufig aus der Gegenüberstellung von Thatsachen aus verschiedenen Verwaltungszweigen ergeben, fern bleiben müssen, während gerade in solcher Rückwirkung eine Hauptquelle des Fortschrittes für jedes statistische Bureau in Hinsicht auf allseitige Durcharbeitung des Stoffes und der Vervollkommnung der Methoden gefunden werden dürfte. Hieraus folge, dass eine innige Verbindung des statistischen Bureaus mit sämmtlichen Spitzen der Verwaltung im Staate und eine vollständige Kenntniss der Bedürfnisse und der statistischen Mittel die unerlässliche Bedingung zur nutzbringenden Entwickelung der Statistik im Staate überhaupt sei. Unmöglich sei es, dass ein einzelner Mann sich jene Kenntniss der Bedürfnisse und Mittel aneigne; selbst eine Mehrzahl geistiger Arbeiter eines statistischen Bureaus und dessen collegialische Zusammensetzung vermöchte das nimmermehr zu leisten, was ein zeitweiliger Zusammentritt der Specialbeamten der fraglichen Fächer und der Männer der concurrirenden Wissenschaften mit Leichtigkeit bewerkstellige. In ihrer Vereinigung bilden sie eben die Centralcommission und diese sei daher auch das geistige Bindeglied zwischen dem statistischen Bureau und der unmittelbaren Verwaltung.

Auch von anderer Seite war bereits die Errichtung einer Centralcommission als das geeignetste Mittel empfohlen worden, um die preussische Statistik zu einer systematischen Einheit zurückzuführen. Den Anträgen des Directors Engel wurde durch die Berufung einer Conferenz entsprochen, welche am 26. November 1860 unter dem Vorsitze des Unter-Staatssecretärs Sulzer stattfand und zu welcher für jedes Ministerium ein Delegirter desselben, sowie ausserdem der Director Engel selbst und der Geheime Regierungsrath Professor Hanssen berufen waren. Die Beschlüsse dieser Conferenz sind in Nr. 8 der Zeitschrift des statistischen Bureaus ausführlich mitgetheilt; aus denselben dürfte hervorzuheben sein: — dass die Bildung einer »stehenden Commission für die allgemeinen Zwecke der Statistik des preussischen Staates« beschlossen wurde, — dass diese aus denselben Mitgliedern, welche zu der Conferenz geladen waren (also »aus je einem Vertreter der sämmtlichen Ressortminister, dem Director des statistischen Bureaus und dem Professor Hanssen«), vorläufig zusammengesetzt werden sollte, — dass die Aufgabe der Commission dahin bestimmt wurde: sich über die ihr vorgelegten Fragen gutachtlich zu äussern und durch ihre Berathung dazu beizutragen, dass in Angelegenheiten der Statistik ein einheitliches Zusammenwirken zwischen den verschiedenen Zweigen der Staatsverwaltung und dem statistischen Bureau stattfinde, — und dass die Commission ihren geschäftlichen Anschluss an das Ministerium des Innern erhalte und dessen Chef den Vorsitzenden derselben ernennen möchte. — Die in der Conferenz gefassten Beschlüsse wurden vom Minister des Innern genehmigt; die Commission begann im April des folgenden Jahres ihre Thätigkeit. In Ergänzung vorstehender Bestimmungen ist anzuführen, dass die Commission sich später nicht darauf beschränkt hat, die ihr von den königlichen Ministerien zugewiesenen Gegenstände zu begutachten, sondern in der Folge mehrfach die Initiative ergriffen hat, Gegenstände der amtlichen Statistik in den Kreis ihrer Berathungen zu ziehen.

Den Vorsitz in der statistischen Centralcommission hat der Unter-Staatssecretair Sulzer beibehalten. Die Mitglieder derselben für die einzelnen Ministerien sind zur Zeit: der Unter-Staatssecretair Lehnert für das Cultusministerium, — der Geheime Ober-Justizrath Friedberg für das Justizministerium, — der Geheime Regierungsrath Jacobi für das Ministerium des Innern, — der Wirkliche Legationsrath Jordan für das Ministerium der auswärtigen Angelegenheiten, — der Geheime Finanzrath Meinecke für das Finanzministerium, — der Geheime Ober-Regierungsrath Moser für das Handelsministerium, — der Geheime Ober-Regierungsrath Schuhmann für das Ministerium der Landwirthschaft, — der Oberst Zimmermann für das Ministerium des Krieges und der Marine.

Die Personal- und Etats-Verhältnisse des statistischen Bureaus.

Das Verhältniss des statistischen Bureaus gegenüber dem Ministerium des Innern blieb übrigens unverändert; der weitere Plan, dasselbe dem Ministerium des Innern einzuverleiben, so dass der Director desselben die Stellung eines Ministerialraths erhielte, wurde fallen gelassen. — Die Stelle des Directors ist zur Zeit mit 2500 Thalern dotirt, ausserdem sind ihm im Etat 300 Thaler für Bereisung der Provinzen ausgeworfen. Bei Berufung des Professors Hanssen war darauf Bedacht genommen worden, denselben mit dem statistischen Bureau in unmittelbare Verbindung zu setzen; es wurde ihm am statistischen Bureau eine zweite Rathsstelle (mit 1000 Thaler Gehalt) creirt. — Dem von dem Director Engel ausgesprochenen Wunsche nach Vermehrung der Arbeitskräfte des Bureaus ist einstweilen dadurch entsprochen worden, dass von den Ministerien des Innern und der Finanzen der Assessor Böckh dem statistischen Bureau commissarisch überwiesen worden ist, und dass mit Genehmigung des Ministeriums des Innern auf dem statistischen Bureau der sachsen-weimarische Auditeur Dr. Schwabe, welcher schon unter Dieterici zeitweise beim statistischen Bureau arbeitete, der Redacteur Carl Brämer (hauptsächlich für die Bearbeitung des statistischen Jahrbuchs, sowie der zwanglosen Hefte für preussische Statistik, deren Inhalt weiter unten bezeichnet werden wird), als Hilfsarbeiter beschäftigt sind; ausserdem ist für Calculatur- und Kanzleiarbeiten der Diätarius Riese hinzugetreten. Dagegen hat das Bureau gegen Ende des Jahres 1862 durch den Tod des Geheimen Rechnungsraths Schmauch ein durch eine Reihe von beinahe 50 Jahren thätiges Mitglied verloren. In den Etatsverhältnissen des Bureaus hat sich bis jetzt hierdurch ebensowenig, wie durch die Annahme der eben bezeichneten neuen Hilfskräfte etwas geändert. — Die Stellung und die Besoldungsverhältnisse des Geheimen Regierungsraths Graffunder, des Geheimen Regierungsraths Helwing, des Professors Encke (für die Kalenderverwaltung), des Geheimen Regierungsraths Dove beim meteorologischen Institut, und die des Plankammer-Inspectors Schmidt sind dieselben geblieben; die übrigen im vorigen Abschnitte bezeichneten fünf Beamten des Bureaus sind in ihrer Besoldung (im Ganzen um 600 Thaler) erhöht worden.

Bei den sächlichen Ausgaben des Bureaus ist mit Rücksicht auf die erweiterte Thätigkeit desselben für statistische Publicationen der betreffende Fonds um 1000 Thaler erhöht worden; beim meteorologischen Institut sind 200 Thaler mehr zur Remuneration der Beobachter bewilligt. — Der Etat des statistischen Bureaus (ohne das meteorologische Institut) stellt sich hiernach für 1863 auf 19 210 Thaler (darunter 13 140 Thaler an Besoldungen), der Etat des meteorologischen Instituts auf 4 000 Thaler; die Gesammtausgabe für das Bureau auf 23 210 Thaler.

Die Umgestaltung der Veröffentlichungen.

Die Zeitschrift des statistischen Bureaus.

In Betreff der vom statistischen Bureau ausgehenden Veröffentlichungen hatte der Director zunächst den Antrag gestellt, dass eine Zeitschrift des statistischen Bureaus als monatliche Beilage zum Staatsanzeiger herausgegeben werde. Welche Aufgabe er sich hierbei stellte, geht aus den einleitenden Worten in der ersten Nummer der Zeitschrift hervor: »Obwohl die statistischen Forschungen, namentlich, wenn ihre Resultate der Zeit und dem Gegenstande nach vergleichbar mit einander sind, je älter sie werden, zu immer werthvolleren geschichtlichen Material heranreifen, so hat doch die Gegenwart das nächste und unbestreitbarste Anrecht auf dieselben, denn Statistik ist ja hauptsächlich die Zustandsschilderung der Gegenwart. Damit die Statistik aber auch der Gegenwart von Nutzen sei, muss die Darlegung ihrer Ergebnisse den Begebenheiten, worauf sie sich bezieht, nicht nur so rasch als möglich auf dem Fusse folgen, sondern es muss ihr auch die grösstmöglichste Verbreitung deshalb gegeben werden, weil die Oeffentlichkeit das befruchtende und corrigirende Element für die Statistik ist. Von dieser Ansicht ausgehend, hält es das königlich preussische statistische Bureau für seine Pflicht, die Hauptresultate seiner Arbeiten sofort nach deren Beendigung durch ein besonderes an und für sich schon ziemlich weit verbreitetes Organ bekannt zu machen, in dasselbe aber auch gleichzeitig solche Aufsätze staatswirthschaftlichen und statistischen Inhalts aufzunehmen, welche für die Gegenwart von Interesse sind.« Seit dem October 1860 ist die Zeitschrift des statistischen Bureaus regelmässig erschienen, so dass gegenwärtig das Juli-Heft (Nr. 7) des dritten Jahrganges (1863) herausgegeben ist. — Welche Gegenstände aus der preussischen Statistik in der Zeitschrift bis jetzt speciell behandelt worden, wird weiter unten angegeben; hier ist zunächst zu erwähnen, dass dieselbe zugleich regelmässig ein Repertorium der statistischen und staatswirthschaftlichen Literatur enthält, welches von dem Geheimen Rath Helwing gearbeitet ist, sowie dass verschiedene Erscheinungen der statistischen Literatur des In- und Auslandes in derselben durch den Geheimen Rath Helwing und einzelne durch den Geheimen Rath Hanssen und den Dr. Schwabe eine eingehende Besprechung gefunden haben.

Das Eingehen der Mittheilungen des Bureaus.

Eine unmittelbare Folge der Herausgabe der Zeitschrift war das Eingehen der Mittheilungen des statistischen Bureaus, welche der Professor Helwing durch das Jahr 1860 fortgesetzt hatte, und welche in ihrem letzten Jahrgange neben den Literaturberichten u. a. Aufsätze über die Bewegung der Bevölkerung Berlins, über die Kaufpreise der Aecker, über die Mahl- und Schlachtsteuer (sämmtlich vom Geheimen Rath Schmauch), über die Verschlechterung der physischen Beschaffenheit der Einwohner der Stadt Berlin, die Abnahme der Kriegstüchtigkeit der ausgehobenen Mannschaften in der Mark Brandenburg (beide vom Professor Helwing), die Betriebsverhältnisse der Eisenbahnen, die Durchschnitts-Marktpreise des Getreides, die Salzproduction im preussischen Staat, den Tabaksverbrauch, und über die Kreis-Statistiken für die Jahre 1856 bis 1858 im Allgemeinen und die des düsseldorfer Bezirks insbesondere enthalten.

Das Jahrbuch für die amtliche Statistik.

Bereits im November 1860 brachte der Director Engel die Erweiterung des Systems der statistischen Veröffentlichungen durch die Herausgabe eines statistischen Jahrbuches in Antrag, in welchem der neueste auf das abgelaufene Jahr oder doch auf die neueste Zeit bezügliche statistische Stoff aus dem preussischen Staate in einer systematischen Reihenfolge veröffentlicht werden sollte, so dass ein Jahrgang immer ein thunlichst vollständiges Repertorium über den Stand und die Bewegung der statistisch erfassbaren Zustände des Staates darböte. Das Ministerium genehmigte diesen Antrag, indem es anerkannte, dass das Bedürfniss nach einem solchen fortlaufenden statistischen Handbuch, als einer jederzeit bereiten Quelle der neuesten wissenswerthen Nachrichten sowohl im Publicum, als innerhalb der Beamtenkreise in hohem Maasse vorhanden sei. Bei der Reichhaltigkeit des vorhandenen Stoffes hat die vollständige Herausgabe des »Jahrbuchs für die amtliche Statistik des preussischen Staates« noch nicht stattfinden können; die im vorigen Jahre erschienenen 5 Abschnitte desselben behandeln: das Staatsgebiet (frühere und jetzige Ausdehnung, geographische Lage, orographische Gestaltung, hydrographische Gestaltung, Klima, Bodenbeschaffenheit), — die Staatsbehörden und die Eintheilung des Staatsgebietes, — die Wohnplätze, — die Bevölkerung (Stand, Bewegung und Resultate beider), — das Grundeigenthum (natürliche Verschiedenheiten des Grundeigenthums, politische und sociale Verschiedenheit desselben, Gebäude, Zertheilung des Grundeigenthums, Belastung und Entlastung des Grundeigenthums, Besitzwechsel). — Gegenwärtig erscheinen die Abschnitte 6 bis 13; sie enthalten: die Landwirthschaft (Bodenverhältnisse, Feldbau, Garten-, Obst- und Weinbau, Seidenzucht, Wiesen und Weiden, Viehzucht und Viehhaltung, landwirthschaftliche Bevölkerung, Beförderung der Landwirthschaft), — die Forstwirthschaft (Waldbau, Förderungsmittel und Forstverwaltung), Jagd und Fischerei, — den Bergbau und das Hüttenwesen, — die grosse und kleine Industrie, — den Handel (Handelszweige, Marktverkehr, Handel mit dem Auslande), — die öffentlichen Bauten, — den Verkehr (Post, Telegraphen, Eisenbahnen, Schiffahrt, Gastwirthschaften), — und das Versicherungswesen. Die übrigen 17 Abschnitte des Jahrbuchs sind zur Zeit noch in der Bearbeitung begriffen.

Die preussische Statistik in zwanglosen Heften.

Es war Anfangs die Absicht, neben dem Jahrbuche die Herausgabe der »statistischen Tabellen und amtlichen Nachrichten«, der sogenannten Blaubände, fortzuführen, und so wurde, wie oben erwähnt, noch der zehnte Theil derselben, die Resultate der Aufnahmen von 1858 enthaltend, herausgegeben, welcher sich den vorhergegangenen Zusammenstellungen gleichartig anschloss. Indess gebot schon die Rücksicht auf die Oekonomie in der Herstellung dieser Publicationen und deren unmittelbarer Einfluss auf das Maass der Verbreitung derselben, von der bisherigen Form abzugehen. Diese Aenderung wurde im Juni 1861 veranlasst; das eigentliche Quellenwerk für die preussische Statistik erscheint seitdem in der Form von Ergänzungsheften zur Zeitschrift. Es sind bis jetzt drei Hefte: »Preussische Statistik, herausgegeben in zwanglosen Heften vom königlichen statistischen Bureau in Berlin« erschienen. Sie enthalten die vergleichenden Uebersichten des Ganges der Industrie, des Handels und Verkehrs in den Jahren 1859, 1860 und 1861, nach den Berichten der Handelskammern und kaufmännischen Corporationen. Die Bearbeitung eines vierten Heftes, welches die Resultate der Aufnahmen von 1861 in übersichtlicher Zusammenstellung enthalten soll, ist gegenwärtig im Werke. — Gleichzeitig mit den Anträgen auf die Umgestaltung der Veröffentlichungen des Bureaus hatte der Director Engel auch darauf hingewiesen, dass es Sache der topographischen Abtheilung sein werde, eine Reihe statistischer Karten vom preussischen Staate zu bearbeiten; nach dieser Richtung ist bis jetzt nur im Auftrage des Bureaus die Herstellung der Sprachkarte vom preussischen Staate nach den Aufnahmen von 1861 (von dem Verfasser dieser Darstellung) unternommen worden. — Neben dem bezeichneten Systeme der Veröffentlichungen des statistischen Bureaus, den zwanglosen Heften, dem Jahrbuche und der Zeitschrift, ist es zweckmässig erschienen, die Mittheilung der neuesten Zahlenergebnisse von allgemeinstem Interesse (insbesondere die monatliche Mittheilung der Getreidepreise) durch den Staatsanzeiger beizubehalten.

Publicationen im Staatsanzeiger.

Als der Director Engel die Wirksamkeit des statistischen Bureaus durch Herstellung einer organischen Verbindung desselben mit den einzelnen Ministerien in Form der statistischen Centralcommission zu verstärken strebte, hatte er zugleich die bereits von mehr als einer Seite in Anregung gebrachte Ausbildung der Provinzialstatistik ins Auge gefasst: »Mit der sachlichen Centralisation resp. Organisation muss eine räumliche Hand in Hand gehen. In jeder Provinz, in jedem Regierungsbezirke, in jedem landräthlichen Kreise, in jeder Stadt müsste ein für Statistik bestimmtes amtliches Organ vorhanden sein, das oben als Glied des Ganzen und nicht lediglich auf eigene Faust Statistik treibt. Die Instruction über die formelle und materielle Behandlung der Geschäfte hätten die verschiedenen statistischen Organe von der Centralcommission zu empfangen. Für diese räumliche und personelle Organisation sind in Preussen gleichfalls alle Bedingungen aufs Beste und Vollkommenste gegeben; es handelt sich nur darum, dieselben in angemessene Formen zu giessen.« — Am 5. Juni 1861 gelangte vom Ministerium des Innern die Vorlage wegen Behandlung der Statistik bei den Regierungen an die Centralcommission. Das Referat in dieser Sache erhielt der Geh. Regierungsrath Jacobi.

Anordnungen für die Bearbeitung der Statistik bei den Regierungen.

Die in Folge der Berathungen der Centralcommission erlassene Verfügung der Minister des Innern und der Finanzen vom 22. Februar 1862, durch welche die Grundsätze für eine gleichmässige Bearbeitung der statistischen Angelegenheiten bei den Regierungen vorgeschrieben worden sind, ist in der Zeitschrift des statistischen Bureaus (S. 163 des zweiten Jahrgangs) abgedruckt; als Hauptpunkte können folgende bezeichnet werden: Der Geschäftskreis des statistischen Decernats begreift die gesammte Statistik; alle Angelegenheiten, bei welchen das statistische Interesse überwiegt und insbesondere alle für das statistische Bureau bestimmten Arbeiten gehören dem statistischen Decernat an, in allen sonstigen statistischen Angelegenheiten hat der statistische Decernent das Codecernat. Aufgabe des statistischen Decernenten und seines Bureaus ist die Sammlung, Ordnung, Prüfung, Berichtigung und Zusammenstellung der statistischen Aufnahmen und weiter die Nutzbarmachung derselben durch Veröffentlichungen. Als Arten der Veröffentlichungen sind bezeichnet: statistisch-topographische Darstellungen des Bezirks in Verbindung mit Ortschaftsverzeichnissen (in dieser Beziehung ist an die Verfügung von 1816 erinnert), — Veröffentlichungen fortlaufender Nachrichten (nach einer Verfügung vom 11. December 1859) — und Behandlung einzelner wichtiger Zweige der Statistik, — ferner die Kreisstatistiken (nach den betreffenden, an anderer Stelle erwähnten Verfügungen) — und Localstatistiken, deren Bearbeitung durchaus von der Besonderheit der örtlichen Verhältnisse abhängen soll.

Es kann nicht erwartet werden, dass schon jetzt die Folgen dieser Verfügung fertig vorliegen; eine Arbeit aber, die in Verbindung mit der Organisation der statistischen Decernate unternommen wurde, ist gegenwärtig vollendet: die durch Ausschreiben des statistischen Bureaus vom Mai 1862 bewirkte Einziehung von Nachrichten darüber, über welche Zustände bei den Verwaltungsbehörden in gewissen Zeitschriften regelmässig statistische Nachweisungen eingehen, und welche nicht regelmässig eingehende, sondern aus bestimmter vorübergehender Veranlassung eingezogene Nachweisungen daselbst vorhanden sind. — Was die Leistungen der Regierungen auf den obengenannten Gebieten der Veröffentlichungen betrifft, so sind an Topographien (ausser Beziehung zu der Verfügung von 1816 stehend) in den letzten Jahren veröffentlicht worden: die Ortschaftstabelle vom Regierungsbezirk Oppeln vom Assessor Molly (die Tabelle hält 18 Col.), das Verzeichniss sämmtlicher Ortschaften des Regierungsbezirks Bromberg (Tabelle von 21 Col.) mit historischen und statistischen Beilagen vom Regierungsrath Hoffmann, die topographisch-statistische Uebersicht des Regierungsbezirks Königsberg vom Regierungsrath Schlott (Ortschaftstabelle von 13 Col. mit einleitender Beschreibung des Bezirks) und die Ortschaftsstatistik und historisch-geographisch-statistische Uebersicht vom Regierungsbezirk Potsdam mit der Stadt Berlin von R. Böckh. — In der Veröffentlichung der wichtigsten statistischen Uebersichten (der statistischen Nachrichten) auf Grund der letzten Zäh-

Statistik der bei den Regierungen eingehenden Nachweisungen.

Topographien der Regierungsbezirke.

Statistische Uebersichten.

lung war die Regierung zu Arnsberg vorangegangen, diese Arbeit wurde den übrigen Regierungen zur Nachahmung empfohlen und es sind statistische Zusammenstellungen dieser Art demnächst von den Regierungen zu Münster, Minden und Frankfurt herausgegeben worden. — Die beiden Werke, welche auf dem Gebiete der Gewerbestatistik im Auftrage der Regierungen bearbeitet worden sind, wurden bereits im vorigen Abschnitte erwähnt.

Kreisstatistiken.

Kreisstatistiken sind in Folge des Ministerial-Rescripts vom 11. April 1859 für die Periode 1856 bis 1858 278 eingegangen: 40 aus Preussen, 24 aus Posen, 30 aus Brandenburg, 14 aus Pommern, 58 aus Schlesien, 25 aus Sachsen, 35 aus Westfalen, 52 aus der Rheinprovinz. Sie wurden, wie oben erwähnt, zunächst vom Professor Helwing in den Mittheilungen des statistischen Bureaus besprochen, ein fernerer Aufsatz desselben in Betreff der Ergebnisse der Kreisstatistiken aus dem Regierungsbezirk Cöln folgte in der Zeitschrift; als nach Umfang und Inhalt vorzugsweise bedeutend sind die der Kreise Beuthen, Angerburg und Franzburg hervorzuheben. — Im Frühjahr 1861 beauftragte der Director Engel den Assessor Böckh mit der Ausarbeitung eines Programms für die Kreisstatistiken, welches dann in Nr. 12 des Jahrganges 1861 der Zeitschrift abgedruckt wurde. Bei der Berathung desselben durch die statistische Centralcommission wurden verschiedene Abänderungen beschlossen (so die Erweiterungen der Angaben vom Territorium, der Naturbeschaffenheit und dem Klima, die Beseitigung der Angaben über die Hypothekenschulden, die Privat-Versicherungen, die Budgets der Strassen- und Wasserbauten, die rechtliche Eigenschaft der Volksschulen, die Correctionsanstalten, und verschiedener Angaben in Betreff der Militär- und der Steuerverhältnisse). Das hiernächst von der Commission redigirte, Seite 169 etc. des zweiten Jahrganges der Zeitschrift abgedruckte Programm für die Kreisstatistiken ist unter dem 27. Juni 1862 vom Minister des Innern als Norm für die im Anschluss der Zählungsaufnahmen von 1861 auszuarbeitenden Kreisstatistiken den Regierungen übersendet worden. Die Absicht, dass sämmtliche Kreisstatistiken bis zum statistischen Congresse vorliegen sollten, hat sich nicht erfüllt; bis zur Mitte des August sind erst 97, und zwar 37 aus Preussen, 16 aus Posen, 1 aus Brandenburg, 5 aus Pommern, 21 aus Schlesien, 2 aus Sachsen, keine aus Westfalen, 14 aus der Rheinprovinz und die Statistik von Hohenzollern eingegangen, darunter höchst schätzbare statistische Leistungen.

Die Errichtung des statistischen Seminars.

In derselben Sitzung der Centralcommission, in welcher die Bearbeitung der Statistik bei den Regierungen zuerst berathen wurde, stellte der Director Engel den Antrag, dass bei dem statistischen Bureau zur Ausbildung praktischer Statistiker ein statistisches Seminar errichtet werde; am 9. Juni überreichte er dem Minister des Innern die Seite 174 der Zeitschrift Jahrgang 1862 abgedruckte Denkschrift, in welcher die Motive für die Errichtung einer solchen Anstalt in überzeugender Weise dargelegt wurden. Nachdem diese Vorlage in ihren Grundzügen von der Centralcommission gebilligt worden, genehmigte durch Verfügung vom Januar 1862 der Minister des Innern: dass bei dem statistischen Bureau eine Einrichtung behufs theoretisch-praktischer Ausbildung für die Aufnahmen der amtlichen Statistik ins Leben gerufen werde. Die Modalitäten der Ausführung wurden in einer auf dem statistischen Bureau unter Mitwirkung des Decernenten im Ministerium gehaltenen Conferenz festgestellt, und es erging demnächst den Anträgen des Directors Engel entsprechend am 15. August 1862 der Circularerlass der Minister der Finanzen und des Innern an die Oberpräsidenten, welcher ebenfalls in der Zeitschrift (S. 175) abgedruckt ist. Es ist in demselben darauf hingewiesen, dass zur Vervollkommnung der amtlichen Statistik des preussischen Staates darauf Bedacht genommen werden müsse, statistisch vorbereitete Staatsbeamte heranzubilden. »Wenngleich nun die beste Schule hierfür die Praxis selbst ist, so bleibt doch die Erreichung des Zieles davon abhängig, dass die Ausübung der Praxis nach einem zweckmässigen einheitlichen Systeme und mit Rücksicht auf bestimmte, in der Centralstelle der amtlichen Statistik festgestellte Gesichtspunkte erfolge. Hierzu ist eine besondere Vorbereitung schon deshalb erforderlich, weil sich das theoretische Studium der Statistik auf den Universitäten mit der Lehre der eigentlichen Technik der Statistik, worauf in der Praxis so viel ankommt, nicht befassen kann. In Folge dieser Erwägungen ist Fürsorge getroffen worden, bei dem königlichen statistischen Bureau versuchsweise einen alljährlich wiederkehrenden theoretisch-praktischen Cursus zur Ausbildung in der amtlichen Statistik zu errichten.«

Die Eröffnung des ersten Cursus, oder um den üblicheren Namen beizubehalten, des statistischen Seminars, fand am 5. November statt. Wie vorher als höchste zulässige Anzahl bestimmt worden, zählt dasselbe acht Mitglieder; die Regierungsassessoren Förster, v. Helldorf, v. Hirschfeld, Reinick und Reuscher, den Stadtphysikus Dr. Arndt, den Kammergerichts-Assessor Richter, den Verwaltungssecretär Ziller aus Hildburghausen. Nach der von dem Director Engel entworfenen Instruction erfolgt die Ausbildung durch regelmässige Vorträge, verbunden mit Conversatorien, sowie durch praktische Uebungen unter Mitwirkung an den Arbeiten des Bureaus und durch Excursionen in grössere gewerbliche Anstalten. Die Vorträge im Gebiet der Volkswirthschaft und Statistik sind von den Professoren Hanssen und Helwing, die Vorträge über Statistik der Landwirthschaft etc. vom Professor Hanssen, über Industriestatistik etc. vom Professor Helwing, über Methoden der Statistik vom Director Engel, über Bevölkerungsstatistik etc. vom Assessor Böckh gehalten worden.

Die Denkschrift über die Methoden der Volkszählung.

Wie nach dem Vorstehenden eine vielseitige Umgestaltung der amtlichen Organisation der Statistik unternommen und theilweise bereits ins Werk gesetzt worden ist, so ist auch zu Reformen von nicht geringer Bedeutung in dem Tabellenwesen und dem Aufnahmeverfahren ein kräftiger Anstoss gegeben worden. Wenige Monate nach seinem Eintritte sprach der Director Engel die Ueberzeugung aus, dass das ganze Aufnahmeverfahren reformirt werden müsse; den Plan hierzu legte er dem Minister des Innern, der Centralcommission und der Oeffentlichkeit in der Märznummer der Zeitschrift von 1861 vor: »die Denkschrift über die Methoden der Volkszählung mit besonderer Berücksichtigung der im preussischen Staate angewandten.« Die Haupt-Grundsätze, welche derselbe für die damals bevorstehende Aufnahme aufstellte, sind folgende:

Die gesammte Aufnahme erfolgt durch ein System von drei Urlisten: die Haushaltungsliste, Hausliste, Ortsliste. Die Haushaltungslisten werden von den Haushaltungsvorständen (von jedem Inhaber einer besonderen Wohnung) aufgestellt (Princip der Selbstzählung); ausserdem sogenannte Extra-Listen von: Gasthäusern, Heil- und Versorgungsanstalten, Armenhäusern, Gefängnissen und Strafanstalten, Erziehungshäusern, Casernen. Die Hausliste wird von den Hauswirthen und Administratoren aufgestellt, die Ortsliste von den Ortsbehörden. — Alle persönlichen Verhältnisse der Einwohner, welche durch die Zählung ermittelt werden, sind in der Haushaltungsliste enthalten; auf der Rückseite derselben stehen Fragen, deren Beantwortung das Material zu den Gewerbetabellen giebt. Die Hausliste enthält ein Verzeichniss der Haushaltungslisten, ferner Fragen, welche sich auf das Grundstück, den Werth und die Verschuldung desselben und die Gebäude beziehen, sowie Fragen über Landwirthschaft und Viehhaltung. Die Ortsliste enthält ausser der Zahl der ausgegebenen Listen Fragen in Betreff der öffentlichen Gebäude des Orts, des Ab- und Zugangs an Gebäuden, und Nachweisungen der Aus- und Eingewanderten. Alle drei Listen enthalten zugleich die erforderliche Instruction für die Ausfüllung derselben. Aus den Angaben der drei Listen wird ein Tabellensystem entwickelt, welches in 11 Tabellen der Bevölkerung, 4 der Gebäude, 8 der Landwirthschaft, 6 der Industrie, des Handels und Verkehrs besteht.

Die statistischen Aufnahmen von den persönlichen Verhältnissen der Einwohner beziehen sich auf Alter und Geschlecht (in der abgeleiteten Tabelle werden die einzelnen Lebensjahre unterschieden), — die körperliche und geistige Beschaffenheit der Einwohner (in der abgeleiteten Tabelle Taubstumme und Blinde wie bisher, dagegen neu: Blödsinnige und Irrsinnige, im Ganzen 34 Col.), — die Confession, — den Familienstand (unverheirathet, verheirathet, verwittwet, geschieden, bei den Eheleuten die zusammen und die getrennt wohnenden besonders angegeben, die abgeleitete Tabelle enthält durch Unterscheidung von Altersclassen und Hinzufügung einer Classification der Familien nach der Zahl der Mitglieder 37 Col.), — die Beschäftigung (d. h. den Nahrungszweig) — und das Arbeits- oder Dienstverhältniss (beide Angaben zusammen geben das Material zu den Gewerbetabellen, soweit in denselben die Angabe von Personenzahlen erfordert wird; ausserdem wird hieraus eine kleine Tabelle abgeleitet, welche die Einwohner unter 14 Haupt-Erwerbszweige classificirt mit Unterscheidung der selbstthätigen und der Angehörigen derselben, 43 Col.), — die Art des Aufenthalts (beständig, zeitweilig, vorübergehend), — die Art der Abwesenheit der nach den Zollvereins-Vorschriften ungeachtet ihrer Abwesenheit an dem Zählungsorte einzutragenden Personen — und die Ansässigkeit mit Grundbesitz (diese drei Angaben liefern zusammengenommen mit den Resultaten der Extrahaushaltungs-Listen das Material zur Aufstellung einer Tabelle über die Art des Wohnens und des Aufenthaltes von 47 Col.), — das Geburtsland — und die Sprache, die in der Familie gesprochen wird, (dazu eine abgeleitete Tabelle bezüglich dieser beiden Verhältnisse von im Ganzen 39 Col.), — ausserdem erfordert die Haushaltungsliste Auskunft in Betreff der vorgekommenen Unterstützungen durch die Armenpflege (zur Benutzung für eine Armenstatistik in Verbindung mit den Angaben der Extra-Listen von den Armenhäusern).

Die aus den Nachweisungen der Aus- und Einwanderung abgeleiteten Tabellen enthalten die Zahl der Ausgewanderten nach Alter und Geschlecht mit Unterscheidung der selbständigen Auswanderer (15 Col.), die Erwerbszweige und Arbeitsverhältnisse derselben (24 Col.), das Ziel der Auswanderung (29 Col.), und entsprechende Nachrichten in Betreff der Eingewanderten (als dritte Tabelle die bisherige Heimath derselben); einige ausserdem durch die Specialnachweisungen der Aus- und Einwanderer erforderten Angaben werden für die zusammenzustellenden Tabellen nicht benutzt.

Die aus den Orts- und Hauslisten abgeleiteten Tabellen von den Gebäuden enthalten: Zahl und Bestimmung der Gebäude (13 Col., beinahe wie bisher), eine Classification der Gebäude nach der Zahl der Familien und Einwohner (14 Col.), die Zahl der abgebrochenen und neugebauten Häuser (mit Unterscheidung der Ursache, bez. des Zweckes der Zerstörung, und der Hauptarten der Gebäude, 25 Col.), und den Werth und die Verschuldung des nicht landwirthschaftlichen Grundbesitzes (14 Col.).

Die aus den Angaben der Hauslisten abgeleiteten Tabellen der Landwirthschaft enthalten: eine Classification der Besitzungen nach ihrer Grösse (10 Classen, 29 Col.), — die Verwendung der Fläche nach den Culturarten (9 Col.), — die Anbauverhältnisse des Ackerlandes (von der Fläche werden bestellt mit Weizen, Roggen, Gerste, Hafer, Oelfrüchten, Hülsenfrüchten, Kartoffeln, Futtergewächsen, sonstigen Gewächsen, blieben liegen als Brache, 12 Col.), — die Production (auf der bestellten Ackerfläche wurden geerntet an Weizen etc. Scheffel, an Wiesenheu wurden eingebracht Centner, 10 Col.), — die Viehhaltung (die bisherigen Unterscheidungen, sowie ausserdem Zahl der Ackerbau-Pferde, der Lohnfuhr-Pferde, der Militärpferde, des zur Mast stehenden Rindviehs, der zur Mast stehenden Schafe und der Fleischschafe, 22 Col.), — die Viehhaltung nach der Grösse der Besitzungen (18 Col.), — die Art des Betriebes der Landwirthschaft (Bewirthschaftung als Hauptgewerbe, als Nebengewerbe, Verpachtung im Ganzen, im Einzelnen, unterschieden nach Classen der Besitzungen, 24 Col.), — der Werth und die Verschuldung des landwirthschaftlichen Grundbesitzes (17 Col.).

Für die aus den Haushaltungslisten abgeleiteten Tabellen der Industrie und des Handels musste allerdings die auf der Zollvereins-Conferenz beschlossene Classification der Gewerbe beibehalten werden; indess wurde zur Erlangung gleichmässiger vollständigerer Nachrichten von den einzelnen Gewerbszweigen dadurch Vorkehrung getroffen, dass eine Tabelle (von 18 Col.) entworfen wurde, welche für jeden Gewerbszweig die Zahl der einfachen und der combinirten Geschäfte, die Zahl der Arbeitgeber (männlich, weiblich) und die der Arbeitnehmer (in 6 Classen nach dem Arbeitsverhältniss für jedes Geschlecht) enthält. Ausserdem wurde die Angabe der mechanischen Kräfte bei den »Gross-Gewerben« (Motoren 7 Arten, und die jedem Industriezweige eigenthümlichen Apparate, 8 Col.), bei den Handelsgewerben (Dampfwagen, Dampfschiffe, Segelschiffe, thierische Zugkraft, 13 Col.) und bei den typographischen Gewerben (9 Col.) erfordert; — ferner bei den Gross-Gewerben die Werthsumme der Fabrikate, und bei diesen und bez. den Handelsgewerben die Werthsumme des Umsatzes und Absatzes und die Richtung desselben (12 Col.). Hierzu traten noch zwei abgeleitete Tabellen: vom Umfange der Gewerbe nach der Zahl der beschäftigten Personen (22 Col.) und vom Alter der Firmen (9 Col.).

Revision des vorgeschlagenen Listen- und Tabellensystems durch die Centralcommission.

Die »Methoden der Volkszählung« wurden von der Centralcommission in ihren Grundzügen: der Grundsatz der Selbsteintragung, die systematische Gliederung, die Eintragung der ganzen ortsanwesenden Bevölkerung, unbedingt gebilligt. Die Aenderungen, welche die Commission beschloss, bezogen sich nur auf einzelne Angaben in den Urlisten und den denselben beigefügten Instructionen, sowie auf den Umfang der abgeleiteten Tabellen; sie lassen sich, soweit sie auf die aufzustellenden Tabellen von Einfluss waren, dahin zusammenfassen:

In den Haushaltungslisten sollte fortfallen: die Angabe der Blödsinnigen und Irrsinnigen, weil die Zahl derselben auf dem Wege der Selbstzählung nicht mit Zuverlässigkeit ermittelt werden könne (die abgeleitete Tabelle in Betreff der körperlichen und geistigen Mängel reducirte sich hierdurch auf die bisherigen Angaben in Betreff der Taubstummen und Blinden), ferner die Unterscheidung der zusammenwohnenden und getrennt lebenden Ehepaare, und die Frage nach den im Wege der offenen Armenpflege

Unterstützten. Die Angaben in Betreff des Aufenthaltsverhältnisses und der Abwesenheit sollten auf dasjenige beschränkt werden, dessen Ermittelung durch die Zollvereins-Verträge erfordert wurde (es musste in Folge dessen die abgeleitete Tabelle für diese Verhältnisse erheblichen Aenderungen unterworfen werden). Hinzugesetzt wurde durch Beschluss der Commission in der Haushaltungsliste die Frage, in welcher preussischen Provinz die Einwohner geboren seien; doch sollte die Aufstellung einer abgeleiteten Tabelle in Betreff des Geburtslandes und der Geburtsprovinz diesmal noch nicht stattfinden. Die Classification der Bevölkerung nach den Haupt-Erwerbszweigen wurde um zwei Abtheilungen erweitert.

Die Verbindung der Tabellenaufnahme der Aus- und Einwanderungen mit der Volkszählung wurde von der Commission abgelehnt. Dagegen sollten durch die Ortsliste Nachrichten über die topographischen und administrativen Verhältnisse der Ortschaften eingezogen werden, welche zur Aufstellung eines allgemeinen statistischen Ortschaftsverzeichnisses benutzt werden könnten; als später in dieser Beziehung eine Vorlage gemacht wurde, beschloss jedoch die Commission, die Thätigkeit der Ortsbehörden bei der diesmaligen Aufnahme nicht in weiterem Maasse in Anspruch zu nehmen.

Bei den Angaben für die Gebäude und Grundstücke wurde die Ermittelung des Werths und der Verschuldung der Grundstücke nebst den hieraus abgeleiteten Tabellen beseitigt; — desgleichen wurden die sämmtlichen Ermittelungen in Betreff des Flächeninhalts, der Bodennutzung, der Aussaat und Ernte mit Rücksicht darauf gestrichen, dass die mit der Grundsteuer-Regulirung verbundene Aufnahme ein vollständiges und zuverlässiges Material über die betreffenden Gegenstände ergeben würde; — auch wurde die Zusammenstellung der Gebäude nach der Dichtigkeit der Bewohnung abgelehnt.

Von den beiden Viehstands-Tabellen wurde nur die erstere genehmigt, und zwar unter Streichung der Colonnen der Mast- und Fleischschafe, und der Lohnfuhr-Pferde. Dagegen wurde die Herstellung bez. Erweiterung der Aufnahme über das in der Landwirthschaft beschäftigte Personal beschlossen und zu diesem Behufe demnächst eine besondere Tabelle (von 12 Col.) entworfen.

Die Tabellen für Industrie und Handel vereinfachte die Centralcommission, indem sie die Unterscheidung der 6 Arten des beschäftigten Personals auf 3 reducirte, — bei den Handelsgewerben die Colonnen für die Transportmittel strich, — bei den Fabriken und Handelsgewerben die auf den Umfang der Production und den Werth und die Richtung des Absatzes beseitigte, — und die Tabellen vom Alter der Firmen und den Classen der Geschäfte nach der Anzahl des beschäftigten Personals in Wegfall brachte.

Dem Umfange nach hatte die Commission die in Vorschlag gebrachten Tabellen ungefähr auf die Hälfte reducirt; dem Gegenstande nach war sie in Betreff der Bevölkerung beinahe auf die schon früher, jedoch in unvollkommener Weise, erkundeten Verhältnisse zurückgegangen, und hatte hauptsächlich nur die correctere Feststellung derselben und die systematischere Darstellung vorgesehen. Bei den Gebäuden war allerdings die Tabelle vom Abbruch und Neubau jetzt hinzugekommen, dagegen war bei der Landwirthschaft die früher stattgefundene Aufnahme über die Areal- und Nutzungsverhältnisse des Bodens hinweggefallen. So schien ohne eine grössere Belästigung der Behörden ein wesentlicher Fortschritt in den statistischen Aufnahmen durch die Beschlüsse der Centralcommission begründet zu sein. Allerdings waren von der neuen Einrichtung erhebliche Mehrkosten durch den grösseren Formularbedarf zu erwarten; dagegen liess sich andererseits annehmen, dass die grössere Vollständigkeit der Zählungsresultate diesen Nachtheil mehr als aufwiegen würde.

Die Gutachten der Oberpräsidenten.

Bevor die Minister der Finanzen und des Innern die Ausführung der Beschlüsse der Centralcommission anordneten, deren Inhalt inzwischen bereits durch die Zeitschrift des Bureaus veröffentlicht worden war, forderten dieselben die Aeusserung der Oberpräsidenten darüber ein, ob gegen das von der Centralcommission befürwortete System und dessen Durchführbarkeit überwiegende Bedenken beständen, und eventuell: wie denselben am besten zu begegnen sein würde. In dem Rescript wurde darauf hingewiesen, dass die bisherigen Zählungen zum Theil sehr mangelhafte Ergebnisse geliefert hätten, dagegen unter Anwendung des hier befürworteten Verfahrens in anderen Ländern günstige Resultate erzielt worden seien. Die Aeusserungen sollten nach mündlicher Besprechung mit einigen mit den Volkszählungs-Geschäften und mit statistischen Arbeiten überhaupt vertrauten Männern aus den Regierungscollegien und den Landräthen erstattet werden. — Die hierauf eingegangenen Berichte waren in überwiegender Mehrzahl gegen das von der Centralcommission empfohlene Verfahren gerichtet, insbesondere gegen die Verbindung der Volkszählung mit der Volksbeschreibung und gegen das Princip der Selbsteintragung; nur in den Provinzen Brandenburg und Sachsen hatte sich die Mehrheit der zusammenberufenen Beamten, in Schlesien und der Rheinprovinz eine nach den Persönlichkeiten höchst beachtenswerthe Minorität für die Ausführung der Commissionsbeschlüsse ausgesprochen. Einer späteren Zeit muss es vorbehalten bleiben, auf den Inhalt der betreffenden Actenstücke, welche sehr schätzbares Material zur Kenntniss der Zustände der amtlichen preussischen Statistik enthalten, näher einzugehen.

Vertagung der Reform des Aufnahmeverfahrens.

Inzwischen war die Zeit so weit vorgerückt, dass es zu spät schien, eine nochmalige Berathung der Centralcommission eintreten zu lassen, es wurde daher bei den Aufnahmen von 1861 das frühere Zählungsverfahren beibehalten und auch die bisherige Urliste mit wenigen Modificationen von den Ministerien der Finanzen und des Innern in Anwendung gebracht. In vielen Städten und auch auf dem platten Lande in verschiedenen Kreisen wurde jedoch die Zählung durch Hauslisten oder Haushaltungslisten ausgeführt, wie dieses Verfahren theilweise schon bei den früheren Zählungen stattgefunden hatte. Diesmal kam auch in Berlin die Selbstzählung durch Haushaltungslisten zur Ausführung; die überraschend günstigen Ergebnisse, welche diese Aufnahme gewährte, sind in dem »Berichte der städtischen Centralcommission für die Volkszählung über die Mitwirkung der Commune an der Zählungsausführung und deren Resultate« dargelegt und veröffentlicht worden.

Die statistische Tabelle für 1861.

In Betreff der Tabellenformulare war eine Aenderung schon deswegen erforderlich, weil die nach den Zollvereins-Beschlüssen aufzustellende Gewerbetabelle einen Theil der Erwerbszweige der Bevölkerung, welcher in der bisherigen preussischen Gewerbetabelle enthalten war, nicht mit berücksichtigt hatte. Diese Erwerbszweige wurden nun in 37 Colonnen als ein Anhang der statistischen Tabelle beigefügt: die landwirthschaftliche Bevölkerung (bei welcher 2 besondere Spalten für Inspectoren, Wirthschafterinnen etc. neu hinzugefügt wurden), die Handarbeiter und das Gesinde (ähnlich wie bisher), die Staats- und Communalbeamten (6 Arten), die Pensionäre, Rentiers, Almosenempfänger etc. — Gleichzeitig wurde aber das Formular der statistischen Tabelle auch in Betreff der Angaben von der Bevölkerung im Allgemeinen überarbeitet, und sowohl die Abstufung der Altersclassen (durch Unterscheidung 10jähriger Altersstufen von 30 Jahren ab) wesentlich verbessert, als die Angaben in Betreff des Civilstandes durch Hinzufügung der Zahl der Unverheiratheten, Verwittweten und Geschiedenen erweitert, auch die Unterscheidung der Sprachverhältnisse in die Tabelle mit aufgenommen. Bei der Militärbevölkerung sind jedoch alle diese Verbesserungen im Jahre 1861 noch nicht in Anwendung gebracht worden. In Betreff der Gebäuderubriken der statistischen Tabelle traten kleinere Veränderungen ein; die Colonnen für den Viehstand blieben im Wesentlichen unverändert (es traten nur die Zahlen der landwirthschaftlichen Pferde, der Ferkel und der Böcke hinzu).

Die übrigen Theile des bisherigen Tabellensystems.

Neben der statistischen Tabelle ist auch 1861 eine besondere Liste der Wohnplätze aufgenommen worden; doch ist das Formular derselben jetzt so eingerichtet, dass es für die einzelnen Wohnplätze ausser der Einwohnerzahl und der Zahl der Gebäude auch die Zahl der Familien und die des Viehstandes in 5 Col. ergiebt. — Die Sanitätstabelle ist die frühere geblieben (der 1859 gemachte Zusatz ist schon im vorigen Abschnitt erwähnt); die Kirchen- und Schultabelle ist gleichfalls (mit einer formellen Aenderung) in der früheren Weise beibehalten worden, ebenso die Tabelle der Klöster etc. — Für die Gewerbetabelle ist das von der Zollvereins-Conferenz beschlossene Formular zur Anwendung gebracht, mit einer auf den Wunsch des Handelsministeriums hergestellten Specialisirung der Angaben von den Gesellen und Lehrlingen bei bestimmten Gewerben. Die Tabelle der persönlichen und gewerblichen Verhältnisse der Juden ist unverändert geblieben.

Die Bevölkerungsliste und die Listen der Aus- und Einwanderungen.

In der Bevölkerungsliste der Geburten, Trauungen und Sterbefälle sind für 1861 diejenigen Modificationen bei den Todesursachen eingetreten, welche im vorigen Abschnitte bezeichnet sind; zugleich sind 6 Colonnen hinzugesetzt, welche die Gestorbenen nach dem Civilstande (unverheirathete, verheirathete, verwittwete) unterscheiden. — Das vorgeschlagene Formular für die Auswanderungsliste ist von der Centralcommission berathen und für 1862 zur Anwendung gebracht worden. Es enthält die Zahl der Ausgewanderten nach Geschlecht und Alter (über bez. unter 14 Jahr) mit besonderer Angabe der selbständigen Auswanderer (7 Col.), die bisherigen Erwerbszweige und Arbeitsverhältnisse der Ausgewanderten (18 Col.), und das Ziel der Auswanderung (12 Col.); ausserdem sind die früheren Angaben in Betreff der

Beförderung durch Agenten und in Betreff der Auswanderungen ohne Entlassungsurkunden beibehalten worden. Die Liste der Einwanderungen entspricht genau dem vorbezeichneten Formular in den Angaben der persönlichen Verhältnisse der Eingewanderten (25 Col.) und ergiebt in ähnlicher Weise die bisherige Heimath derselben (15 Col.). Die früher erhobenen Nachrichten über das Vermögen der Aus- und Einwanderer sind als zu wenig zuverlässig fallen gelassen worden.

Arbeiten auf dem Gebiete der Bevölkerungsstatistik.

Die Resultate aller vorgenannten Tabellenaufnahmen von 1861 nebst denen über die Bewegung der Bevölkerung in den Jahren 1859 bis 1861 und den Angaben des Flächenraums sind in Nr. 2 und 3 der diesjährigen Zeitschrift unter dem Titel »Land und Leute des preussischen Staates und seiner Provinzen« in übersichtlicher Zusammenstellung veröffentlicht worden. — In Betreff der weiteren Arbeiten des Directors Engel auf dem Gebiete der Bevölkerungsstatistik darf auf die Aufsätze über das Anwachsen der Bevölkerung in Preussen seit 1816, und über die Aus- und Einwanderungen im ersten Jahrgange der Zeitschrift, sowie auf die Schrift über die Sterblichkeit und Lebenserwartung im preussischen Staate und insbesondere in Berlin im ersten und zweiten Jahrgange der Zeitschrift Bezug genommen werden.

Thätigkeit des meteorologischen Instituts.

Nachdem vorstehend die Hauptmomente in der Entwickelung der amtlichen Statistik des preussischen Staates in den vier letzten Jahren bezeichnet sind, dürfte es noch übrig sein, auf die Thätigkeit des Bureaus in den einzelnen unter dem obenerwähnten System der allgemeinen Aufnahmen nicht begriffenen Zweigen der Statistik hinzuweisen. — Hier wäre zuerst die Thätigkeit des meteorologischen Instituts zu erwähnen, das in dieser Zeit auch hinsichtlich des äusseren Bereiches der ihm zugehenden Beobachtungen seine Wirksamkeit erweiterte. Im preussischen Staatsgebiete selbst traten die Stationen zu Hohenzollern und Hechingen hinzu, mit denen die Zahl derselben jetzt 44 beträgt; dann 30 Stationen in Mecklenburg, Holstein, Hannover, Oldenburg, Lübeck, ferner Salzuflen im Lippischen, Bernburg, Sondershausen und Arnstadt, Dürkheim in der Pfalz, Frankfurt am Main, und mit dem ersten December beginnt die Mitwirkung eines im Königreich Sachsen begründeten meteorologischen Instituts, gegenwärtig die Beobachtungen von 11, künftig 20 Stationen umfassend, so dass alsdann das System der Beobachtungen, welches in dem hiesigen meteorologischen Institut seinen Centralpunkt findet, sich auf 100 Stationen in den verschiedenen Theilen Deutschlands erstrecken wird. — An Schriften, welche von dem Professor H. W. Dove für das meteorologische Institut bearbeitet worden, sind aus den letzten Jahren die in der Zeitschrift des statistischen Bureaus abgedruckten Aufsätze über das Klima des preussischen Staates und des angrenzenden Norddeutschlands in den Jahren 1848 bis 1859 (Temperatur, Feuchtigkeit, Niederschläge) und über die Ueberschwemmungen in Deutschland im Winter 1861 auf 62, und ausserdem: die Uebersichten der Witterung nach den Beobachtungen des meteorologischen Instituts bis zum Jahre 1860 einschliesslich zu erwähnen; das Erscheinen der Jahrgänge 1861 und 62 nebst einer speciellen Darlegung der aus dem ganzen Zeitraum 1848 bis 1862 sich ergebenden mittleren Werthe steht in kürzester Zeit bevor.

Statistische Arbeiten betr.: Grundeigenthum, Landwirthschaft.

Was die Statistik des Grundeigenthums, des Landbaues und der Forstwirthschaft betrifft, so ist auf die Abschnitte 5 bis 7 des Jahrbuches Bezug zu nehmen, welche unter Benutzung der Gewerbetabellen, der statistischen Nachrichten aus der Domänen- und Forstverwaltung, der Denkschriften der Generalcommissarien für die Grundsteuer-Regulirung, der Tabellen von den Consumtionssteuern, der Nachweisungen der landwirthschaftlichen Regulirungsbehörden und der Rentenbanken, der Ermittelungen des landwirthschaftlichen Ministeriums in Betreff der Parcellirungen, der Berichte des Landesökonomie-Collegiums über Ernteerträge etc., der Nachweisungen aus der Gestütverwaltung, der Aufnahmen des Ministeriums des Innern für die Kreisordnung von 1859, der Nachrichten von den Pfandbrief-Instituten, der Angaben der Justizbehörden über Hypotheken und Subhastationen etc. bearbeitet worden sind. Es ist in diesen drei Abschnitten zum ersten Male das in den verschiedenen amtlichen Documenten und in zahlreichen anderen Schriften zerstreute statistische Material in wohlgegliederter Gruppirung zu einem übersichtlichen Gesammtbilde gestaltet worden.

Was die Vervollkommnung der landwirthschaftlichen Statistik angeht, so fallen zwei bedeutende Aufnahmen, welche zur Kenntniss des Congresses gelangen werden, in die Ressorts des landwirthschaftlichen und des Finanz-Ministeriums. Wie indess auch von Seiten des statistischen Bureaus die Förderung dieses Zweiges der Statistik erstrebt worden ist, zeigt vor Allem der in der Zeitschrift abgedruckte Aufsatz des Directors Engel über die Getreidepreise, die Ernteerträge und den Getreidehandel, in welchem nicht nur das vorhandene Aufnahmematerial in neuen Combinationen verwerthet, sondern auch die Nothwendigkeit nachgewiesen ist, die directen Erhebungen auf dem Gebiete der Landwirthschaft zu erweitern. — Als Aufsätze in der Zeitschrift über die Verhältnisse des Grundeigenthums und der Production sind ferner die Arbeiten des Directors Engel über den Acker- und Häuserbau und den Grundcredit, über die Viehhaltung, den Weinbau, und die Aufsätze über Hopfenbau (vom Geh. Rath Helwing) und Seidenbau (vom Rector Rother) zu nennen.

Industrie, Handel und Verkehr.

In Betreff der Industrie, des Handels und Verkehrs sind neben den Abschnitten 8 bis 12 des Jahrbuchs die Uebersichten des Ganges der Industrie, des Handels und Verkehrs im preussischen Staate für 1859 bis 1861 anzuführen. Die Berichte der Handelskammern und kaufmännischen Corporationen waren bis dahin theilweise einzeln erschienen, dann in dem Specialorgan des Handelsministeriums, dem Handelsarchive, abgedruckt worden; die Benutzung des Materials wurde jedoch durch den Mangel an Uebersichtlichkeit im Einzelnen wie im Allgemeinen erschwert. Das statistische Bureau unternahm es daher, den Inhalt derselben nach zweckmässigen Gesichtspunkten zu ordnen und so zu veröffentlichen. Das neueste dieser drei Hefte umfasst nicht weniger als 2 508 den Handelskammer-Berichten entnommene Artikel unter 17 Haupt- und 262 Specialrubriken; denselben geht eine Zusammenstellung der Ansichten und Wünsche der Handelskammern über allgemeine Gewerbs-, Handels- und Verkehrs-Verhältnisse voran. Ausser diesen drei grösseren Werken liegen die Berichte der Handelskammern vier weiteren Aufsätzen von Karl Brämer zu Grunde, welche im zweiten und dritten Jahrgange der Zeitschrift des statistischen Bureaus erschienen sind. — Die Herausgabe der zwanglosen Hefte ist auf die Förderung der Behandlung der gewerblichen Verhältnisse in den Handelskammer-Berichten nicht ohne Einfluss geblieben, und dieselben konnten bald auch den landwirthschaftlichen Vereinen als Muster empfohlen werden.

Auf dem Gebiete der Verkehrsstatistik ist von Seiten der statistischen Centralcommission die Herstellung einer allgemeinen Flussschiffahrts-Statistik für den preussischen Staat eingeleitet. Es trifft dies mit den Bestrebungen zusammen, welche Veranlassung gegeben haben, den Güterverkehr auf den Eisenbahnen in das Programm des statistischen Congresses aufzunehmen.

Das Versicherungswesen.

Aus der Statistik des Versicherungswesens sind die »Beiträge zur Geschichte und Statistik der Feuerversicherung« im zweiten und dritten Jahrgange der Zeitschrift vom Geh. Rath L. Jacobi hervorzuheben, dessen Bestrebungen innerhalb wie ausserhalb der Centralcommission die Förderung dieses Zweiges der Statistik in hohem Maasse verdankt wird. In dem zweiten Aufsatze sind auch die vom Ministerium des Innern für 1860 veranlassten Aufnahmen über die Privat-Feuerversicherung (versicherte Beträge, neue Versicherungen, Jahresprämien, polizeiliche Abschätzungen u. s. w.) mitgetheilt. Der obenerwähnte 13. Abschnitt des Jahrbuchs enthält ferner die entsprechenden durch das Ministerium von den Lebensversicherungs-Gesellschaften eingezogenen Nachrichten (Zahl der Versicherten, versicherte Summen, Prämien). — Mit dem Programm für die Versicherungsstatistik hatte der Director Engel die Vorarbeiten der statistischen Centralcommission für den internationalen Congress eröffnet.

Arbeiten auf anderen Gebieten der Statistik.

Was die vorstehend nicht erwähnten Theile der Statistik betrifft, welche, nach dem von dem Director Engel im Jahrbuch aufgestellten Entwurf, gleichfalls in den Bereich der Arbeiten des statistischen Bureaus gehören, so können allerdings nur einzelne Leistungen erwähnt werden; es würde, wenn der durch das Jahrbuch festgestellten Ordnung zu folgen ist, zunächst in Betreff der Geldinstitute der Aufsatz des Geh. Raths Schmsuch über die Münzprägungen im ersten Jahrgange der Zeitschrift anzuführen sein. — Welche hohe Wichtigkeit der Director Engel der Statistik der Verhältnisse der arbeitenden Classen beilegt, zeigt der Vortrag des letzteren über die Volkszählung; für die Statistik der Preise und Löhne hat derselbe in dem Vorbericht zum Congresse einen Entwurf gegeben, in welchem beide Zweige der Statistik unter neuen Gesichtspunkten verbunden und gegliedert erscheinen. Die Verhältnisse der »Sparcassen als Glieder in der Kette der auf sociale Selbsthilfe gebauten Anstalten« sind von demselben im ersten Jahrgange der Zeitschrift dargestellt. Die Gesammtaufgabe der Statistik auf dem Gebiete der socialen Selbsthilfe ist in dem fünften Abschnitte des Vorberichts zum statistischen Congresse erörtert worden. Die Statistik der Armenpflege und der Gefängnisse suchte der Director Engel durch zweckmässige Einrichtung der Extra-Listen für die betreffenden Anstalten bei Gelegenheit der Volkszählung mit aufzunehmen; die statistische Centralcommission lehnte jedoch die Erhebungen ab um nicht die Bemühungen der Behörden bei der Volkszählung in höherem Maasse in Anspruch zu nehmen. Ausführliche Schemata für die Statistik der Strafanstalten sind von dem Geh. Rath Engel entworfen worden. — Im Bereich der gerichtlichen Statistik ist auf die Beiträge zur Criminal- und Strafanstalts-Statistik vom Geh. Justizrath Triest hinzuweisen, welche im zweiten und dritten Jahrgange der Zeitschrift abgedruckt sind. — Das Kriegsministerium hat dem statistischen Bureau seine reichen Quellen statistischen Materials erschlossen, ein grosser und wichtiger Theil derselben, die Statistik der Krankheits- und Sterblichkeits-Verhältnisse der Militärbevölkerung ist bereits bei dem Bureau bearbeitet und werden die Resultate dem statistischen Congress unterbreitet werden. — Für das Marineministerium hat das statistische Bureau im Jahre 1860 die Aufnahmen in Betreff der zum Seedienst tauglichen Einwohner bewirkt. — Aus der Statistik der Staatsfinanzen kann auf den Aufsatz des Geh. Raths Engel »Kritische Beiträge zur vergleichenden Finanzstatistik der Gross- und Mittel-Staaten Europas mit besonderer Berücksichtigung ihrer Militärbudgets«, — aus der Statistik der Gesetzgebung: auf die systematische Uebersicht der Gesetzgebung des preussischen Staates in der Regentschaftsperiode (vom Geh. Rath Helwing), — aus der Statistik der gesetzgebenden Factoren: auf die Statistik der Urwahlen vom November 1862, und aus der Statistik des Gemeindewesens: auf das Gutachten, die statistischen Aufnahmen der Provinzial-, Kreis- und Gemeindeabgaben betreffend (von dem Verfasser dieser Darstellung), Bezug genommen werden.

So ist unter den dreissig Zweigen der Statistik, deren specielle Bearbeitung nach der von dem Director Engel bestimmten Eintheilung dem statistischen Bureau zur Aufgabe gestellt ist, kaum einer, in welchem nicht schon aus den letzten vier Jahren das statistische Bureau von seiner Thätigkeit Zeugniss gegeben hätte, kann auch das Maass derselben nicht in allen Zweigen ein gleichmässig befriedigendes sein.

Hinweis auf den statistischen Congress.

Nach einer ruhmvollen Geschichte und jetzt inmitten eines neuen Aufschwunges stehend, bietet die amtliche Statistik des preussischen Staates in ihrer gegenwärtigen Lage dem schöpferischen Geiste noch Vieles dar, wo er verbessernd und fördernd einzugreifen vermag. Wie hierin mitzuwirken die Mitglieder des statistischen Congresses berufen sind, zeigen die Fragen, die theils aus längst cultivirten Zweigen der Statistik, theils aus kaum entstandenen in das Programm desselben erhoben sind. Mögen denn die Berathungen des internationalen Congresses in dieser Stadt einen willkommenen Fortschritt auch in der amtlichen Statistik des preussischen Staates, wie auf dem Gesammtgebiet der statistischen Entwickelung begründen!

Berlin, gedruckt in der Königlichen Geheimen Ober-Hofbuchdruckerei
(R. Decker).